성경교수방법론

성경교수방법론

초판 2쇄 | 2018년 9월 27일
저자 | 한춘기
펴낸이 | 박신웅
펴낸곳 | 도서출판 생명의 양식
등록 | 1998 11월 3일, 서울시 제 22-1443호
주소 | 137-803 서울특별시 서초구 반포동 58-10
전화 | (02)533-2182
팩스 | (02)533-2185
총판 | 생명의 말씀사
전화 | (02) 3159-7979
팩스 | (080) 022-8585
교열 | 양명지
북디자인 | 이성희
ISBN 978-89-88618-36-3 03230

www.qtland.com

A r t   o f   t e a c h i n g   t h e   B i b l e

학습자의 삶을 변화시키는

성경교수 방법론

한춘기 지음

생명의 양식

A r t   o f   t e a c h i n g   t h e   B i b l e

머리말

교회는 창설 이래로 하나님의 말씀을 선포하는 일과 가르치는 일과 각종 질병을 치유하는 일과 기도하는 일을 중심하여 왔다. 초대교회가 선포하고, 가르친 성경은 어제나 오늘이나 또 영원토록 동일하다. "하나님의 감동으로 된 것으로 교훈과 책망과 바르게 함과 의로 교육하기에 유익"(딤후 3:16)한 하나님의 말씀에 대한 가르침이 힘을 얻으면 교회와 성도가 힘을 얻고, 반대로 성경의 가르침에 대하여 교회와 지도자가 소홀히 하게 되면 교회와 성도들은 힘을 잃게 된다.

한국교회는 120여년이라는 짧은 역사 가운데서도 "선교역사의 기적"이라고 말할 정도로 부흥하여 왔으나 1990년대 이래로 정체내지는 침체되기 시작하였다. 그 이유를 어디에서 찾을 수 있을까? 교회가 그 사역의 중심을 말씀의 선포와 가르침에서 페스티발 형태의 예배형식과 각종 프로그램으로 옮겨간 것에서 찾을 수가 있을 것이다.

한국교회가 다시 부흥의 불길을 높이기 위해서는 "말씀으로 돌아가자"는 기치 아래 다시 모여야 한다. 오늘과 같은 한국교회의 부흥의 원동력은 100년전 우리의 선배 성도들의 말씀사랑과 기도와 헌신에서 찾을 수 있다. 필자가 작년 한 해 동안 안식년을 얻어 미국 칼빈신학교의 연구교수로 있으면서 《성경교수방법론》이라는 책을 저술하였다. 부족한 점이 많이 있지만 여러 동역자들과 후학들의 필독을 권하고 싶다. 출판을 해주신 생명의 양식사와 원장이신 나삼진 박사님께 감사를 드리며 편집과 출판에 힘써주신 양명지 강도사님과 여러 직원들에게도 감사를 드린다.

2008년 8월

사당동에서 저자 _ 한 춘 기

C o n t e n t s

차례

C o n t e n t s

C o n t e n t s

C o n t e n t s

| 1장 |

서론

이 책은 <성경교수: 어떻게? 그리고 무엇을?>에 대한 대답을 추구함으로써 좋은 성경교사가 되어 효과적인 성경교수를 이끌려는 사람들에게 도움을 주려는 의도로 갖고 있다. 아래에서는 먼저 오늘의 그리스도인들이 속해있는 교회를 살펴보고자 한다.

어떤 사람은 독자적인 성경연구를 통하여 [illegible] 오랫동안 캐나다에서 목회를 하며 신학교를 설립하고 운영하는 목사님이 있었는데 설교 중에 그는 14세 때부터 설교를 하셨는데 나이가 [illegible] 영성이 풍부하였다.

이러한 사람은 타고난 설교자라 할 수 있다. [illegible] 타고난 설교자나 타고난 성경교사는 극소수에 지나지 않는다.

서론

미국 청소년과 종교 연구소(National study of Youth & Religion)에서는 2002-2003년 두해에 걸쳐 미국 청소년들의 종교에 관한 실태를 조사하였다. 1차적으로는 무작위 선정한 부모들과 십대들을 대상으로 전화 인터뷰를 하였고, 이어 2003년 봄과 여름에 실시된 2차 조사에서는 전문 연구자 17명이 미국 45개 주에 흩어져있는 267명을 직접 만나서 심도(深度)있는 면담을 하였다.

그 결과들[1] 중에 신앙가정에서 태어난 청소년이 신앙을 버리게 된 이유

1) Christian Smith & Melinda Lundquist Denton, *Soul Searching – The Religious and Spiritual Lives of American Teenagers* (Oxford: Oxford University Press, 2005). 이 자료는 2002-3년에 실시한 National Survey of Youth and Religion에 근거하였다.

(13-17세)[2] 를 보면 그 절반이 소극적인 이유 때문이었다. 즉, 다시 말하면, 특별한 이유가 없이, 흥미 상실로, 그냥 출석을 하지 않거나 부모의 도움의 부족으로 신앙을 버렸다. 좀 더 구체적으로 보면 다음과 같다(단위: %).

지적 회의 및 불신	32	이유를 모름	22	흥미 상실	13
그냥 출석 않음	12	삶에 문제 생김	10	종교가 싫음	7
부모의 도움부족	1	이유 없음	2		

면접대상자들을 나이별로 세 그룹(13세, 14/5세, 16/7세)으로 나누었을 때 그들 그룹간에는 의미있는 차이는 없었다. 신앙이 있다고 말하는 십대 전체 중에서 주(週) 1회 이상 예배에 출석하는 비율은 40%, 월(月) 1-3회가 19%, 년(年) 수회가 22%, 전혀 출석하지 않는다는 비율이 18%였다. 예배 출석에 대한 통계치를 다시 종교그룹으로 나눠보면 일주일에 1회 이상 예배를 드리는 비율은 보수적인 개신교(CP) 55%, 감리교(MP) 44%, 흑인 개신교(BP) 41%, 로마 가톨릭(RC) 40%, 유대교(J) 8%, 말일성도 그리스도교(LDS) 71%이다.[3]

이들 십대가 예배를 드리는 결정권을 자기자신이 가진다면 지금 보다 훨씬 적은 수가 예배를 드릴 것이라 성도들과 부모들 대부분 예상한다. 그러나 통계치를 보면 놀랍게도 자신들이 예배출석여부를 결정하게 될 때 도리어 예배 출석률이 더 높아질 것임을 예상할 수 있다. 이는 그들 십대들이 의무적이기보다는 자발적으로 예배를 드리는 것을 좋아한다는 것을 의미한다.[4]

미국청소년과 종교연구소의 인터뷰 결과는 기독교가정에서 자라는 십대들에게는 신앙이 그들의 삶에 매우 중요한 영향을 끼침을 보여준다. 그들

2) *Ibid.*, 89 〈표 28〉 Reasons Nonreligious U.S. Adolescent Raised in a Religious Became Nonreligious.

은 일상생활에서 중요한 일을 결정할 경우에 신앙이 영향을 미친다고 응답한 비율이 51%이며 기타 영적 문제 곧 천사의 존재, 이적, 그리고 사후의 생명을 믿는다는 것이 전국적으로 90%인데 보수적인 개신교인 중에서는 97%('확신'과 '대체로'를 포함할 때)에 달하며, 성경을 읽거나 신앙서적을 보며, 주일을 지키는 비율은 전국적으로는 30%이나 보수적인 개신교회에 출석하는 10대들에 있어서는 40%에 달한다. 그리고 '거의' 매주 주일학교에 출석하는 비율이 전국적으로는 35%인데, 보수적 개신교 소속의 십대들은 50%, 1주 1회 이상은 전국적으로 25%, 보수적 개신교 소속의 십대는 35%에 달한다. 한 가지 의외의 결과는 재림(再臨)에 대한 확신의 문제인데 전국의 비율은 50%에 달하는 반면에 보수적 개신교 십대들 중에서는 33%에 불과하다는 점이다.

보수적인 십대들 중에서도 다수가 천사의 실재(21%), 이적(23%), 사후생명(38%), 귀신의 실재(42%)에 대하여 확신을 가지지 못하는 반면에, 그나마 33%만이 재림을 확실히 혹은 대체로 믿는다. 성경의 무오성과 하나님께 헌신을 강조하는 보수적인 개신교의 성격을 고려한다면 이는 매우 충격적인 수치이다. 이는 보수적인 개신교가 청소년의 기독교교육에 있어서 상당히 실패하고 있음을 증명하는 것이다.[5] 전체적으로 본다면 35-40% 사이의

---

3) *Ibid.*, 280 〈Table A.6〉 Religiosity by Age Group of U.S. Adolescents, Ages 13-17(%)
신앙생활의 현황에 대한 통계

예배출석:	(전체	/ 13	/ 14-5	/ 16 / 7세)	전체	CP	MP	BP	RC	J	LDS	NR
일주일 1회+	16	18	17	15	16	29	13	24	6	-	28	-
일주 1회	24	23	26	24	24	26	31	17	34	8	43	-
월 2-3회	12	13	12	12	12	15	16	18	12	10	5	-
월 1회	7	6	6	7	7	7	9	4	8	11	6	-
1년 많이	8	9	8	8	8	7	10	19	8	13	6	1
1년 수회	14	14	14	15	14	13	12	11	21	36	8	4
전혀	18	17	17	20	18	4	9	7	11	22	4	95

4) *Ibid.*, 38.

십대들이 하루에 1회 이상 기도를 하고, 하나님과 가깝다고 생각을 하고 있음을 보여준다.

이는 교회와 가정의 신앙교육에 문제가 있음을 보여줌과 동시에 교회와 기독교학교 그리고 가정에서의 성경교수사역이 얼마나 급하고 중요한지를 말해주기도 한다. 그러므로 교회는 성경교수를 통하여 성도들을 말씀의 토대 위에 굳게 세워서 성숙한 신앙을 갖게 할 성경교사를 확보해야 하는 필요성이 요구된다. 성경교사를 크게 두 그룹으로 나눈다면, 하나는 성경과 신학에 대한 지식은 없지만 열정을 가지고 가르치거나 아니면 이와는 반대로 성경과 신학에 관하여는 많이 알고는 있으나 열정이 없이 가르치는 그룹이다. 즉, 성경교사로서 온전하게 준비되지 못한 교사그룹이다.

다른 하나는, 가르치는 사람이 신학과 성경으로 잘 준비되고, 복음전파에 대한 열정이 있으며, 또한 배우는 사람들의 영혼을 사랑하는 열정이 있어서 성경교수현장에서 변화의 역사를 일으키는 성경교사이다. 성경을 가르치는 사람이라면 누구나 후자의 모습을 마음속에 그리며 그러한 바람을 가지지만 그러하기에는 현실적으로 여러 장애들을 가지고 있다. 여기에서의 장애는 지적 능력의 결핍이 될 수도 있고, 아니면 성경교수의 준비에 성실치 못함이나 말씀에 대한 사랑과 경외심의 부족 등이 될 수도 있다.

어떤 사람은 독자적인 성경연구를 통하여 뛰어난 성경교사의 자질을 갖기도 한다. 오래 전에 캐나다에서 목회를 하며 신학교를 설립하고 운영하는 목사님이 있었는데 그는 14세 때부터 설교를 하셨는데 나이가 들어서도 그의 설교에는 힘이 있었고, 감명이 있었으며, 영성이 풍부하였다. 이러한 사람은 타고난 설교자라 할 수 있다. 마찬가지로 타고난 성경교사도 있다. 그러나 타고난 설교자나 타고난 성경교사는 극소수에 지나지 않는다. 대부분의 설교자와 성경교사는 교육을 통하여 지식을 얻고 은사를 개발한다.

---

5) *Ibid.*, 44.

이 책은 〈성경교수: 어떻게? 그리고 무엇을?〉에 대한 대답을 추구함으로써 좋은 성경교사가 되어 효과적인 성경교수를 이끌려는 사람들에게 도움을 주려는 의도로 갖고 있다. 아래에서는 먼저 오늘의 그리스도인들이 속해있는 교회를 살펴보고자 한다.

01_ 교회의 현실

한국교회는 120년의 역사를 가지고 있지만 다른 서구국가들의 교회와 비교한다면 교회역사가 짧은 교회라 할 수 있다. 그렇지만 선교초기부터 교회는 크게 부흥하여 20세기말 현재 세계의 10대 교회 중에 한국교회(여의도 순복음교회, 은혜와 진리교회, 주안장로교회, 금란교회, 인천숭의교회)가 절반을 차지한다. 또한 전체인구에 비교해볼 때 기독교인의 비율이 높을 뿐 아니라 교회의 대내외적 활동도 매우 활발하다. 파송선교사의 수를 보면 한국교회는 미국교회에 이어 두 번째다.[6] 이렇게 한국교회가 급속하

---

6) 한국교회의 해외선교사 파송수. 크리스챤 투데이, 2007. 1. 19, 173개국에 16,616명 (예장합동 1,700명), 크리스챤 21세기, 2008. 3. 23. 예장합동 1,082가정 1,975명 파송.

게 부흥한 요인 중 하나는 선교초기부터 교회지도자 교육과 성경교육을 통하여 성도들을 말씀에 대한 열정과 교회에 대한 헌신으로 무장시켰기 때문이다.

세계 10대(大) 교회에 속한 한국교회

그러나 요즈음은 어떠한가? 한국교회도 1990년대에 들어와서 정체 내지는 감소하는 경향을 보이고 있다. 기독교를 일찍 받아들이고 우리에게 복음을 전해준 미국, 영국, 캐나다, 그리고 호주에서도 기독교가 한 시기 동안 절정을 이루다가 20세기 후반기에는 지속적으로 하향곡선을 그리고 있다. 이러한 영적 쇠퇴의 이유를 연구하고 인식하고 그리고 대비를 한다면 한국교회는 땅 끝까지 복음을 전하는 첨병의 역할을 할 수 있을 것이다.

영국교회는 언약교도들과 같은 헌신적이면서도 아름다운 신앙적 전통의 역사를 가지고 있으며 지금도 겉모습으로는 아름답고 고전적인 예배당을 소유하고 있으나 그 중 상당수 예배당의 내부는 상점이나 아파트 및 사무실 등으로 개조되어 있다. 이는 1960년대 이후부터 생긴 현상이다. 유럽교회에 비교한다면 미국의 교회는 그나마 아직은 살아 있다고는 할 수 있으나 개혁신앙을 가진 일부 교회조차도 기후가 나빠지면 주일예배 자체를 취소하는 교회가 많은데 그 이유는 교회로 올 때 일어나는 교통사고책임에 대한 소송을 피하기 위함이라고 한다. 설사 교통사고가 난다고 하더라도 어떻게 교인이 자기 교회를 상대로 하여 소송을 할 수 있으며, 또한 그러한 소송이 두려워 교회가 주일 예배를 취소하는 것이 온전한 신앙공동체의 모습인가? 왜 그렇게 되었을까? 물론 그들은 말하기를 교회에 오다가 사고가 나는 것을 예방하기 위하여 예배를 취소할 수밖에 없다고 한다. 또한 각 가정에서 가장의 인도 하에 예배를 드릴 수 있음을 말하고 객관적인 면에서 보더라도 미국개혁교단(CRC)과 같은 일부 개혁교회들은 그렇게 말을 할만도 하다. 그러나 더 근본적인 이유를 말한다면 교회가 성도들을 성경으로 무장시키는 일을 소홀히 하였기 때문에 교회지도자와 성도 모두 영적 헌신의 정신을 잃어버렸기 때문이다.

이러한 현실을 고려할 때 교회와 지도자의 첫째 사명은 성경교수를 통하여 성도들을 성숙시키는 것이라 하겠다. 곧 성경의 내용을 지식적으로 알게 하고, 아는 것을 확신하게 하고, 확신을 통하여 삶의 변화를 일으키고, 더 나아가 성경적인 사고와 가치관을 갖게 하는 일이 교회의 사명이 되어야 한다. 성경을 가르치는 일과 더불어 중요한 것은 효과적인 성경교수방법이다.

부흥하는 교회와 부흥하지 못하는 교회는 어떠한 차이가 있을까? 외적으로는 부흥하는 교회의 특징은 성도들이 자기들의 지도자인 목사님을 자랑한다는 것이며 쇠퇴하는 교회의 특징은 지도자에 대하여 부정적인 생각을 갖는다는 점이다. 그러나 내적으로는, 부흥하는 교회는 성경을 효과적으로 잘 가르치는 교회이다. 곧 성경을 잘 가르치면 성도들의 신앙이 성숙해지고, 신앙이 성숙해지면 교회생활에 더욱 열심을 낼 뿐 아니라 이웃에게 복음을 증거하기도 하고, 교회로 인도해 오기 때문이다. 이 말은 성경을 제대로 가르치지 못하면 부흥하지 못한다는 말과 같다.

1980년대 이후 우리나라에서 제자훈련으로 크게 부흥한 예로는 서울 강남의 'ㅅ' 교회가 대표적이다. 지금 다수의 한국교회의 지도자들은 그 교회의 영향을 받아 제자훈련의 전성기라고 할 정도로 제자훈련 모임 만들기를 좋아한다. 그러나 같은 교재와 같은 방식으로 제자훈련을 시행하지만 몇 소수의 교회 외에 지도자들이 간절히 바라는 부흥이 일어나지 않는다. 다수의 교회가 부흥하지 못하는 이유는 무엇일까?

제자훈련이 성도들의 삶과 가치관의 변화에 초점을 두지 않고, 성경지식 전달에만 목표를 두기 때문이다. 1세기나 21세기 혹은 'ㅅ' 교회나 그리고 다른 교회에서 가르치는 내용인 성경은 같다. 그러므로 성경교육의 내용도 동일하다. 그러면 부흥과 정체라는 상이한 결과의 원인은 무엇일까? 교회 환경이 좋아서일까? 알고 보면 그것도 아니다. 배우는 사람들의 수준도 거의 비슷하다. 그러나 성경교육의 결과의 차이는 너무나 크다.

그렇다면 원인은 어디에 있는가? 원인은 성경을 가르치는 성경교사의 헌신과 열정에 있다. 자동차 연료탱크에 있는 휘발유가 호스를 통하여 캬브레타로 흘러 들어가야 자동차가 달릴 수 있다. 연료탱크에 휘발유가 가득 들어있다고 해도 휘발유가 호스를 통하여 캬브레타로 흐르지 않으면 자동차는 달릴 수 없다. 이는 단지 자동차에만 해당되는 원리만이 아니라 영적인 면에서도 마찬가지다. 하나님의 말씀이 성도들에게 지속적으로 공급될 때 성도들은 영적으로 성숙하게 되고 교회는 영적으로 살아 움직이게 된다.

어떻게 하면 말씀을 통하여 성도들이 영적으로 성숙해질 수 있는가? 영적 성숙을 위해 필요한 것이 있다. 그 첫째는 영적으로 살아있는 교사이다. 교회는 영적으로 살아있는 교사를 필요로 한다. 그러므로 교회지도자의 임무는 이러한 영적인 교사를 찾아내든지 아니면 성경교수를 통하여 영적인 교사를 자체적으로 길러내는 일이다.

어떻게 하면 성도들을 영적으로 성숙하게 할 수 있는가? 그렇게 하기 위해서는 교회지도자들이 영적 성숙에 먼저 관심을 가져야 한다. 영적 성숙은 설교사역과 더불어 교육사역을 통하여 일어난다. 교회의 많은 지도자들이 설교에 시간과 물질을 투자하는 만큼 교육에 투자하려 하지 않기 때문에 교회가 양적으로 성장하는만큼 영적으로 성숙하지 못한다. 지금은 한국교회의 체질 개선이 절박한 시기이다. 이는 요즈음 아이들의 신체적 여건과 유사하다. 그들의 체격은 예전보다 많이 좋아졌지만 체력은 예전만 못해진 것처럼 교회도 체격 곧 양적인 면에서는 성장하였으나 체력 곧 영적인 면에서의 성숙은 그러하지 못한 것이 사실이다.

이러한 성도들의 영적 성장을 위해서는 올바른 성경교수가 필요하다. 성도들이 영적으로 성숙하기 위해서는 영적인 교육, 도전적인 교육, 삶을 위한 교육이 필요하다. 이러한 영적 성숙을 위한 교육에서는 장기적인 목표와 단기적인 목표가 제시되어야 한다. 장년부 같은 경우에는 1년, 5년, 혹은 10년 단위로 목표를 정할 수 있고, 주일(교회)학교의 경우에는 대부분의 교회에서 채택한 것처럼 2년(유년, 초등, 소년부), 3년(유년, 초등, 중등, 고등), 4년(대학, 청년부)의 과정에 대한 장기적인 목표와 1년 단위의 단기적인 목표를 세워야 한다. 이러한 장단기 성경교수 계획의 실천을 통하여 성도들은 영적으로 성숙해갈 수 있다.

02_ 성경교수의 개념

영적 성숙에 필요조건인 성경교수란 어떤 것인가? 성경교수라는 개념 안에는 최소한 세 가지의 개념 곧 성경, 교수, 그리고 성경교수라는 개념이 포함되어 있다. 그러므로 성경교수의 개념을 이해하기 위해서는 먼저 이들 개념에 대한 지식이 전제(前提)된다. 아래에서는 교수(教授)와 성경교수란 개념을 순서대로 살펴볼 것이다.

1. 교수(教授)

교수란 무엇인가? 교수는 가르치는 것이다. 가르친다는 것은 '사람들로 하여금 알게 하는 것이다'[7] 사람들로 하여금 무엇을 알게 하기 위해서는 가르쳐야 한다. 가르치되 잘 가르쳐야 한다. 가르치는 사역은 가르치는 사람이 준비한 것을 전달하는 활동이다. 그러나 이는 어떤 지식을 단순히 전달하는 것 이상의 활동으로서 이는 생각하게 하고 적용하게 하고 발전시킬 수 있는 능력을 키워주는 활동이다.

어떤 철학자는 교수(敎授)를 무의식 영역에 있는 것을 회상케 하는 것이라 말하기도 한다. 이러한 사상에서는 사람들은 이미 태어날 때 모든 지식을 갖고 있으므로 교수란 대화를 통하여 학습자 스스로 깨닫게 곧 회상하게 하는 것이라고 말한다. 어떤 사람은 교수란 학습이 일어나도록 도와주는 활동이라고 한다. 마치 정원사가 꽃이나 나무를 가꿀 때 잡초를 제거해주고, 물을 뿌려주듯이 교사는 학습에 장애가 되는 것은 제거하여 주고, 필요한 것은 제공하여주는 활동으로 생각한다.

교수의 개념이 어떠하든 공통적인 것은 학습자들을 가르쳐 알게 하는 활동으로 간주한다는 점이다. 이러한 가르침에는 두 가지가 있다. 하나는 오늘 내가 '무엇을 가르친다'는 목적의식을 가지고 그 준비한 내용을 전달하는 의도에 초점을 두는 가르침이다. 다른 하나는, 배우는 사람들이 이해하고 알게 하는 것에 초점을 두는 가르침이다. 내용을 전달하는 것에 초점을 두는 것은 가르치는 의도를 강조하는 것이고, 배우는 사람들이 이해하는데 초점을 두는 것은 가르치는 활동의 성취에 초점을 두는 것이라 할 수 있다.

가르치려는 의도성(意圖性)을 강조하는 것을 교수(敎授)의 의도적(意圖的) 용법이라고 한다면 의도성과 더불어 가르침이 실제로 일어나는 것 곧 성취를 강조하는 것을 교수의 성취적(成就的) 용법이라고 한다. 이러한 교수의 개념은 그 대상, 내용, 방법, 목표 등에서 교육 및 훈련 등과 구별된

---

7) Israel Scheffler, *Conditions of Knowledge* (Chicago: The University of Chicago Press, 1983), 55-56.

다. 사람이 말로서 다른 사람을 가르칠 수 있는가? 주지주의의 관점에서 본다면 지식을 주입하고 부어 넣음으로 가능하다고 본다. 관념론에서는 사람은 이미 모든 것을 다 알고 태어나므로 가르친다는 것은 무의식의 세계에 있는 것을 의식의 세계로 이끌어내는 것에 불과하여 어떤 새로운 것을 알게 할 수는 없다고 생각한다.

그러나 성경은 사람이 알게 되는 방법을 다르게 표현한다. 사도 바울은 "이를 인하여 내가 주 안에서 내 사랑하고 신실한 아들 디모데를 너희에게 보내었노니 저가 너희로 하여금 그리스도 예수 안에서 나의 행사 곧 내가 각처 각 교회에서 가르치는 것을 생각나게 하리라"(고전 4:17)는 말씀에서 '생각나게 한다' 라고 표현하고 있다.

어떻게 해서 교사들이 학습자들로 하여금 알게 할 수 있는가? 하나님께서 최소한 세 가지[8] 면에서 교수사역에 간섭하시기 때문이다. 첫째는 사람에게 배울 수 있는 능력을 주심으로 가르칠 수 있게 하신다. 하퍼(Norman E. Harper)는 이러한 능력의 근원을 하나님께서 창조 때에 사람에게만 부여하신 '하나님의 형상'[9] 이라는 개념에서 찾는다. 하나님께서 사람을 자신의 형상으로 창조하셨다는 것은 사람들에게 합리성을 주셨다는 의미이며, 또한 사람이 이러한 합리성을 수여(受與)받았다는 것은 가르치고 배울 수 있는 능력을 가지고 있음을 의미한다.

둘째는 하나님께서 특별계시인 성경을 통하여 많은 학습의 자료들을 공급하시기 때문이다. 그러므로 가르치는 교사들은 단순히 과목에 대한 지식의 전수에 그쳐서는 안 된다. 학과목의 지식과 함께 신앙을 통합함으로써 학습을 통하여 하나님에 대한 신앙을 더 넓고 깊게 해주어야 한다.

---

8) Lucien E. Coleman, Jr., *How to Teach the Bible* (Nashville, Tenn.: Broadman Press, 1979), 22-23.

9) Norman E. Harper, *Making Disciple* (Christian Studies Center), 이승구역, 《현대기독교교육》(도서출판 엠마오, 1986), 28-47.

셋째는 교수사역에 성령께서 적극적으로 참여하시기 때문이다(요 16). 성령께서는 우리로 하여금 깨닫게 하시고, 알게 하시고, 기억나게[10] 하신다. 그러므로 사도 바울은 고린도전서 1장에서 "나는 심었고 아볼로는 물을 주었으되 오직 자라게 하시는 분은 하나님이시라"고 말하였다. 이러한 교수사역에 대한 이해는 교사와 학습자의 가르침에 대한 자세만이 아니라 성령의 역사가 중요함을 보여준다. 성경교사는 성령을 의지함으로써 자신의 가르치는 사역에 성령께서 역사하시기를 간구해야 한다.

2. 성경교수

그러면 성경교수란 무엇인가? 성경교수를 정의한다면 성경을 가르치는 활동이다. 성경교수는 그와 비교할 수 있는 개념들인 설교 및 주해와는 다르다. 주해는 주로 성경원어의 의미를 파악하고 저술 당시의 문화적, 언어적, 정치적, 경제적, 사회적 상황에 대하여 학문적으로 의미를 규명하는 작업이다. 설교는 주해라는 이론적 해석을 설교자가 참고하여 본문말씀이 저술 당시의 특정한 시대에, 특정한 지역에서 살았던 성도들에게 하나님께서 주시는 의미와 교훈을 먼저 찾고 그리고 그 교훈을 오늘의 성도들에게 적용함으로써 하나님의 뜻을 깨닫게 하고 결단하게 하는 것이다.

10) Roy Zuck, *Spiritual Power in Your Teaching* (Chicago: Moody Press, 1971), 55.

성경교수는 어원에 대한 연구, 용법연구, 배경 그리고 문맥 안에서의 해석 등에 초점을 두는 주해처럼 이론적인 성격만을 띠지 않는다. 이런 점에서 성경교수는 주해와 다르다. 그렇다고 해서 지나치게 적용에 초점을 두어 실제적인 삶의 정황만을 다루어서도 안된다. 성경교수는 제한된 몇 구절의 핵심적인 의미를 파악하고 그 의미를 현대의 삶의 정황에 적용하여 가르치는 것이다.

좋은 성경교사는 환자를 치료하는 의사와 같은 위치에 있어야 한다. 의사는 환자들의 낫고자 하는 욕망을 실현시켜주는 사람이다. 의사는 건강을 회복하기를 원하는 환자들의 병을 정확히 진단하여 치료함으로써 환자들이 원래의 건강을 회복할 수 있도록 돕는 목적을 가지고 치료한다. 의사가 말기암환자에게 "왜 당신은 낫기를 원합니까?" 라고 물으면 왜 이러한 우문(愚問)을 하는가 생각할 수도 있다. 그러나 환자가 목표를 확실하게 가짐으로써 병에서 빨리 회복되게 하는 동기를 유발하는 물음이 될 수도 있다. 성경교사도 마찬가지다. 성도들이 왜 성경을 배워야 하는지에 대한 목적을 분명하게 인식하게 하는 것이 필요하다.

의사는 진찰실로 들어오는 환자의 얼굴색을 보고, 목소리를 들으며, 코로 체취(體臭)를 맡으며, 손이나 청진기를 사용하여 진단하고 그에 따라 처방을 내린다. 성경교사도 다양한 요소를 참고하여 학습자들이 영적으로 어느 단계에 있는지를 살피고 그에 따라 무엇을 어떻게 가르칠까를 정해야 한다. 그리고 성경의 의미와 교육을 가르치고 그 다음에는 어떻게 살아야 하는가에 대한 교훈을 찾아서 각자의 삶에 적용해야 한다.

성경교사는 설교자도 아니고 성경주해가도 아니다. 곧 성경교사는 영적 생명을 얻게 하고 회개하고 죄에서 돌아서도록 결단을 하게 하는 설교를 하는 사람이 아니라 학습자들로 하여금 성경본문을 이해하게 함으로써 영적으로 성숙하고 자라도록 하는 사람이다. 성경교사는 성경단어의 주해에만 그치지 않고 그 의미를 이해하고, 확신케 하고, 그 말씀대로 사는 방안을 제시하는 사람이어야 한다.

루터는 "교회의 생명과 존재는 하나님의 말씀에 근거한다"고 하였다. 이러한 루터의 전통에 따라 개신교는 하나님의 말씀인 성경을 가르치는 사역에 전념하여왔다. 그러나 21세기의 목회자들과 신학교교육은 성경교육보다는 설교에 많은 관심을 가지고 있다. 물론 설교에 대한 연구지(誌)와 서적이 많이 출판되고 또한 설교에 관한 세미나가 많이 개최되는 것은 매우 좋은 현상이다. 그러나 교회가 올바로 성숙하기 위해서는 교육 특히 성경교수가 지금보다 더 강조될 필요가 있다.

예수님의 사역에는 늘 가르침이 있었다. 초대교회도 가르침을 중요시 하였다. 개신교가 다시 성경으로 돌아올 수 있었던 것도 루터와 칼빈을 비롯한 종교개혁자들이 요리문답 등을 통하여 성경교수를 강조한 전통 때문이다. 중세기 동안 로마 가톨릭교회가 의식(儀式)으로만 흐르고 성경을 가르치지 않음으로 결국 쇠퇴하게 된 것을 볼 수 있다. 서양의 교회는 말할 것도 없고 열심있고 부흥하는 한국교회에서도 장년주일학교의 출석이 장년예배의 10%에도 미치지 못하는 이 현상은 무엇을 말하는가? 왜 이러한 결과가 초래되었을까? 그리고 한국교회의 앞날은 어떻게 될 것인가?

교회가 성경교수를 이렇게 소홀하게 취급하는 이유가 무엇인가? 그 첫째 이유로는, 교회가 교육의 핵심인 교수사역의 중요성에 대한 이해부족 때문이다. 그래서 교육에 관심이 있다고 하는 교회들조차도 그 교육적 관심이 교육프로그램에 대한 관심이지 성경교수 자체에 대한 관심은 아닌 것이다. 둘째로는, 내실보다는 외형에 관심을 갖기 때문이다. 그래서 교회지도자들은 주일학교 교사의 확보에 관심을 갖고는 있으나 그들 교사들이 가르치는 교수의 질에 대해서는 소홀하게 된다. 실제로 성경을 가르치는 교사의 상당수가 자신이 가르치는 성경을 제대로 알지 못한다. 성경을 가르치는 주일학교 교사가 성경을 제대로 알지 못하는 이유는 무엇인가? 그 이유는 교사에게 꼭 필요한 성경을 읽고, 묵상하고, 해석하고, 가르치는 훈련을 받지 못하였기 때문이다. 셋째로는, 교사가 성경내용을 머리로만 알고 성경말씀의 깊은 의미를 알거나 체험하지 못하였기 때문이다. 곧 성경의 내용을 알지만 그것의 영적 의미를 파악하지 못하는 영맹(靈盲)이 되어 성경의 중요성을 깨닫지 못하기 때문이다. 마지막으로는, 성경본문의 내용파악에만 힘을 쏟고 현대적인 적용과 의미를 전하데 어려움을 느끼기 때문이다. 성경교수가 성경내용을 요약하여 전하는데 급급하고 현대적인 적용을 해야 한다는 필요성도, 또 그렇게 할 수 있는 능력도 개발하지 못하였기 때문이다.

그러면 성경교수에 관한 문제들을 해결하기 위해서 성경교사가 해야 할 일들은 무엇인가? 첫째로 성경본문을 읽고, 분석하고 이해하는 능력을 갖추어야 한다. 그에 대한 좋은 참고서들은 성경을 장르에 따라 읽는 방법에 대한 책들(IVP에서 번역 출판한 '어떻게 읽을 것인가?' 시리즈 등), 설교하는 방법에 대한 책들(두란노 서원의 '그 말씀' 에 나오는 '어떻게 설교할 것인가?' 시리즈 등)이 많은 도움을 준다. 그러나 어떻게 읽고, 어떻게 설교하느냐 하는 것은 '어떻게 가르칠 것인가?' 와의 차이점도 인식할 필요가 있다.

둘째는 성경의 핵심을 파악할 수 있는 능력을 길러야 한다. 어빙 젠슨(Irving Jensen)의 성경연구자료는 성경의 핵심내용 파악에는 매우 큰 도움을 주나 성경분석이 너무 세분화되어 있어서 성경교사에게 지루함을 준다. 그럼에도 교사는 핵심 주제를 파악하는 교육과 연습을 하는데 있어서는 그러한 성경연구자료가 필요하다. 이러한 성경핵심 파악능력을 기르기 위해서는 수학책의 각 장(章) 뒷부분에서 연습문제를 풀게 하는 것처럼 성경교수도 연습을 통하여 익히게 해야 한다.

셋째는 상상력을 키워야 한다. 상상력은 이야기에서 의미를 찾게 해준다. 설교준비에는 묵상이 필요하다. 한국교회의 큰 기둥이셨던 한○○ 목사님의 설교 준비과정에 대한 이야기를 들은 적이 있다. 설교원고를 다 준비한 후 설교하기 전날 밤에는 묵상을 하고 난 후에 강단에 섰다고 한다. 그의 설교가 은혜롭고 감화력이 있었던 것은 묵상에 있었다고 할 수 있다. 설교에 묵상이 필요하듯이 성경교수에 있어서는 상상이 필요하다. 과거에 주어진 말씀이 묵상을 통하여 오늘의 성경교사에게 다시 생생하게 살아남으로 감화력이 있고 삶을 변화시키는 성경교수를 하게 된다.

넷째는 성경내용을 오늘 우리의 상황에 적용시키는 능력을 키워야 한다. 교회교육에서는 성경지식 자체의 전수를 넘어 현장과의 접목인 적용이 필요하다. 성경구절을 외우게 하는 게임인 Mebig, 예배에 캐릭터를 등장시키는 Wing Wing 예배 등은 이러한 현장과의 접목을 시도하는 것이라 할 수 있다. 이와 더불어 교사들의 성경교수능력을 개발하기 위해서는 주일학교 교사 워크샵을 개최하는 것이 좋다. 진지하고 열정적인 분위기 조성, 맛있는 음식의 준비, 분위기를 띠우는 순서진행, 교수사역에 대한 비전을 불어 넣어주는 강사초빙 등은 이미 많은 교회들이 사용하는 방법이다.

교회교육 지도자들이 주일학교 교사들의 빈약한 성경교수 능력을 해결하기 위하여 많은 노력을 함에도 불구하고 교회에서의 성경교수 사역이 지속적으로 실패한다. 이러한 실패의 원인은 교사들의 성경본문에 대한 이해의 부족 때문이다. 성경본문에 대한 이해가 실패하는 이유 중 하나는, 성경교사들이 성경본문의 장르를 무시하고, 성경의 원래의 뜻을 파악하려 하지 않을 뿐 아니라 성경 자체보다는 성경교수의 한 실례(實例)를 보여주는 주일공과 책의 내용을 중심으로 가르치기 때문이다. 이와는 반대되는 현상도 있다. 성경교수의 실패원인 중의 다른 하나는 한 번에 너무 많은 내용을 가르치려 함으로써 본문의 중심사상을 파악하는데 실패하기 때문이다. 이와 같은 사례는 주일학교에서 처음 가르치는 사람들이 겪는 문제이기도 하다. 이와 유사한 예로는, 처음 설교하는 설교자들은 한 번에 너무 많은 신학적인 내용을 전함으로써 성도들이 말씀의 중심내용을 이해하여 은혜를 받게 하는 것이 아니라 혼돈가운데 헤매게 하다가 설교자 혼자 은혜를 받으며 설교시간을 끝나는 것과 같다. 설교에서만 아니라 성경교수에서도 성도들이 받을만한 적절한 내용의 양(量)만을 가르쳐야 한다.

길에서 외국사람이 서툰 한국말로 길을 물어오면 우리끼리 말하는 속도로 대답을 하지 않고 천천히 그리고 쉬운 말로 한다. 왜 그렇게 하는가? 그 사람이 이해할 수 있도록 하기 위함이다. 성경교수의 실패는 성경교사가 배우는 사람들의 지적 수준에 맞는 언어를 사용하지 않고 자기 수준의 언어를 사용하기 때문이다. '눈높이 ㅇㅇ' 이라는 참고서 광고를 볼 수 있다. 학과목의 교수에서만이 아니라 성경교수에서도 눈높이 교수가 필요하다. 꼬마둥이를 데리고 슈퍼에 가면 부모의 눈에 잘 뜨이게 진열해 놓은 물건과 꼬마둥이의 눈에 잘 뜨이게 진열해 놓은 물건이 다르다. 이러한 소비자 중심를 배려하는 슈퍼주인의 자세가 성경교사들에게도 필요하다. 사도 바울은 고린도 성도들에게 "내가 어렸을 때에는 말하는 것이 어린 아이와 같고 깨닫는 것이 어린 아이와 같고 생각하는 것이 어린 아이와 같다가 장성한 사람이 되어서는 어린 아이의 일을 버렸노라"(고전 13:11)고 하였다. 이 성경구절은 배우는 사람들의 수준에 맞추어 가르쳐야 함을 의미한다.

성공적인 성경교사가 되려면 효과적으로 가르쳐야 하고 효과적으로 성경을 가르치려면 학습자의 수준에 맞추어 교수해야 한다. 교수방법에 대한 불변의 왕도(王道)는 없다. 가르치는 사람의 능력에 따라, 배우는 사람의 수준에 따라, 가르치는 환경에 따라, 가르치는 내용에 따라 방법은 달라야 한다. 그러나 도움이 되는 방안을 모색한다면, 무엇보다 먼저 성경에 초점을 두어야 한다는 점이다. 성경을 가르치고, 성경의 장르에 맞추어 가르치고, 성경의 문맥을 파악해서 가르치고, 성경의 원래의 뜻을 파악하고 현대적인 적용을 가르치게 될 때 성경교수는 효과를 발휘할 수 있다.

03_ 성경교수의 목표

무슨 일이든 효과적으로 하려면 목표를 먼저 설정해야 한다. 성경교수도 효과적인 것이 되려면 교수목표를 설정해야 한다. 단순한 교수목표가 아니라 적절하고 타당한 교수목표여야 한다. 그러한 교수목표 몇 가지를 서술하면 다음과 같다.

첫째는 배우는 사람들로 하여금 성경지식을 갖게 하려는 목표를 세워야 한다. 교회는 설교와 교육을 통하여 성도들을 성숙한 그리스도인으로 만들 수 있다. 성숙한 그리스도인이란 영적 책임감이 있고 하나님의 뜻에 충성하며 성경말씀을 따라 사는 사람이다. 성도들이 성경말씀대로 살기 위해서는 성경에 대한 지식이 있어야 한다. 성경을 알지 못하면 성경말씀대로 살 수 없다. 그러므로 성경지식은 성숙한 성도가 되기 위한 필요조건이다. 기독교인이 20%가 넘는 우리 사회에서 기독교가 큰 영향을 끼치지 못하는 이유는 무엇일까? 그것은 교회에 적(籍)을 둔 교인(Church member)들은 많으나 예수님의 제자가 된 성도(Christian)는 적기 때문이다. 풍성한 성경지식은 사람들로 하여금 예수님의 제자인 성도가 되게 하는 필요조건이다.

둘째는 성경을 사모하는 성도가 됨을 목표로 삼는다. 성도들이 성경을 사모할 때 읽게 되고 연구하게 되고, 이렇게 성경을 읽고 연구할 때 더욱 성경을 사모하게 된다. 그렇다면 어떻게 해야 배우는 사람들로 하여금 성경을 사모하게 할 수 있을까? 가장 기본적인 요소는 성령의 역사다. 성령께서 그들의 마음속에 역사하실 때만 성도들은 성경을 사모할 수 있다. 그러므로 성경교사는 배우는 사람의 마음속에 성령께서 역사하시도록 기도해야 할 책임이 있다. 이와 더불어 가르침과 함께 삶을 통하여 학습자들에게 모범을 보이는 일이다. 사람들은 들음을 통하여 배우는 것보다 봄으로써 배우는 것이 더 많다. 이러한 교사의 노력이 성령의 역사와 함께 할 때 성도들은 성경을 사모하는 마음을 갖게 된다.

셋째는 성경말씀에 순종하는 성도가 됨을 목표로 삼아야 한다. 성경을 알고 사모한다고 하여도 순종이 없으면 열매가 없는 나무와 같다. 그러므로 학습자들이 말씀에 순종하는 삶을 사는 것이 성경교수의 목표가 되어야 한다. 성경말씀에 대한 순종은 성경이 하나님의 말씀임을 확신하고 또한 그것을 자신의 믿음과 생활의 기준으로 받아들일 때 가능하다. 참된 순종은 들음에서 오는 것이 아니라 마음으로 믿고 받아들임에서 온다. 많은 그리스도인들이 성경을 알지만 순종을 하지 못하는 것은 말씀을 공부할 때 말씀에의 참여자가 아니라 관람자의 입장에 있기 때문이다.

넷째는 성경적 사고를 하게함을 목표로 삼는다. 죄로 오염된 사람은 성경적 사고를 할 수 없다. 그러나 죄로 오염된 사람이라 할지라도 성령의 역사로 하나님과의 관계를 회복하고 성경을 알게 되면 성경적인 세계관 곧 성경적 인간관, 가치관, 물질관을 가질 수 있게 된다. 세상문화를 통하여 습득하게 되는 지식과 경험들은 성도들로 하여금 인본주의적 세계관을 가지게 하는데 이러한 인본주의적 세계관은 성경적 혹은 개혁신학적 세계관과 충돌한다. 성경적 세계관은 체계적이고 포괄적인 성경교수를 통해서만 형성될 수 있다.

그러므로 성경교수는 성경지식, 성경의 사모, 그리고 성경에의 순종이라는 기초 위에 성경적 세계관의 형성을 그 목표로 삼아야 한다. 이러한 성경적 사고 혹은 성경적 세계관을 형성한 성도는 성경을 자신의 영적 성장의 도구로 사용하게 된다. 바울 사도도 디모데후서 3:16-17에서 "모든 성경은 하나님의 감동으로 된 것으로 교훈과 책망과 바르게 함과 의로 교육하기에 유익하니, 이는 하나님의 사람으로 온전케 하며, 모든 선한 일을 행하기에 온전케 하려 함이니라"고 하였다. 성경은 하나님의 사람인 성도들을 바르게 세워주는 힘이다.

2장

성경교사

좋은 교사는 가르치는 내용에서 무엇이 중요한지를 알고 그 중요한 것을 강조한다. 중요한 것을 강조하기 위해서는 아깝지만 덜 중요한 것은 삭제해야 한다. 처음 가르치는 교사는 의욕이 앞서서 너무 많이 가르치려고 한다.

서론

교사, 학습자, 그리고 교육내용 등이 교육의 질(質)을 결정하는 중요한 요소들이다. 주일학교교육의 내용이 성경이라는 점은 모든 성경교사에게 같다. 그리고 가르치는 대상도 그리스도인이라는 점에서 모두 같다. 이렇게 교육내용이 같고 교육대상자가 동일함에도 불구하고 교육의 결과에 차이가 나는 것은 교사라는 요소 때문이다. 다른 말로 하자면 성경교수의 성공 여부는 교사에 달려있다.

21세기의 한국교회 교육지도자가 가지고 있는 가장 큰 관심은 교육지도자마다 차이가 있을 것이다. 지도자에 따라 교사선발에, 교재선택에, 교육환경 조성에, 교회출석 장려를 위한 시상제도에, 혹은 수적 부흥 등에 관심을 둘 수 있다. 그러나 교사가 누구냐에 따라 교회교육은 질적인 면만이 아니라 양적인 면에서 큰 차이가 난다. 교회교육 지도자의 가장 큰 관심중의 하나가 교사선발이다. 교회가 교사를 선발할 때 그 기준은 무엇일까? 지도자에 따라 학벌이 그 기준이 될 수가 있고, 신앙연륜이, 혹은 아이들을 좋아하고 사랑하는 교사의 성품이 그 기준이 될 수 있다. 우리는 무엇이라고 대답해야 할까? 우리가 해야 할 대답은 다음의 예(例)에서 유추할 수 있다.

사랑하는 사람의 질병치료를 위해 병원을 선택할 때 그 기준을 어디에 둘 것인가? 병원시설이 현대식인가에 둘 것인가? 아니면 병원이 집에서 얼마나 가까운가에 둘 것인가? 그것도 아니라면 의사를 내가 신뢰할 수 있는 사람인가에 둘 것인가? 아마 대부분의 사람은 자신이 신뢰하는 의사가 있는 병원을 선택할 것이다. 마찬가지로 성경교사의 선발기준도 신뢰할 수 있느냐이어야 한다. 좀 더 구체적으로 신뢰할 수 있는 성경교사의 본질은 무엇이며 그의 임무는 무엇인지를 살펴보자.

01_ 성경교사의 본질

보스(Howard F. Vos)는 교사의 본질을 다음과 같은 세 가지로 제시하였다. 먼저 진리를 알고, 알고 있는 진리대로 살고, 마지막으로는 진리를 선포하는 방법을 아는 것[1] 이라고 하였다. 몬로(Ala Monroe)는 "지금으로부터 1900년 전 퀸틸리안(Quintilian)은 좋은 선생이란 먼저 좋은 사람이 되어야 하고 그는 또한 지적이어야 하며 관찰력이 있어야 하되 그 보다 정직한 사람이 되어야 한다고 하였다. 이러한 말은 아리스토텔레스 이래 현재까지 모든 사람들이 강조하는 점이다. 사람들은 말을 단순하게 듣는 것이

1) Howard F. Vos, *Effective Bible Study* (Grand Rapids, Mich.: Zondervan Publishing House, 1956), 179.

아니라 귀를 기울인다. 그리고 그의 확신에 따라 영향을 받는다. 정직하고 신실한 사람이 존경을 받는 이유는 사람들은 그의 정직성을 믿기 때문이다. 따라서 교사는 자신의 성품을 통하여 영향을 끼친다"[2] 고 하였다.

보스는 성경교사에게 요구되는 두 번째 본질로는 하나님을 믿고 성경을 하나님의 말씀으로 받으며, 가르침의 중요성과 가치에 대한 지식을 갖추는 것이라 하였다. 그리고 구원의 체험을 가져야 한다고 하였는데 그 이유는 "육에 속한 사람은 하나님의 영의 말씀을 받지"(고전 2:14상) 않기 때문이다. 그리고 성경교사는 그날그날 가르치는 교수내용만을 알아서는 좋은 교사가 될 수 없다. 교사가 성경 전체의 구조와 내용에 대하여 알고 있어야 그 날의 교수내용을 올바르게 전할 수 있기 때문이다.

또 다른 한 가지는 성경교사는 성경을 좋아해야 한다. 성경교사는 아마추어가 되어야 한다. 아마추어의 원래의 의미는 아모레(amore)인데 그 의미는 '좋아한다, 섬기다' 의 의미를 가지고 있다. 그러한 의미가 시대의 변화에 따라 좀 더 완벽한 기술을 가진 '프로' (professional)와 비교되어 '서툰' 의 의미로 사용되기 시작하였다. 그러나 예수님은 당시의 바리새인들이나 서기관들과 같은 종교프로들에게 '화 있을진저' 라고 저주하셨다. 왜냐하면 그들이 순수한 열정이나 참된 섬김의 정신이 없이 자신들의 명예와 유익을 위하여 일하는 자들이었기 때문이다. 원래의 아마추어의 뜻에 맞는 교사가 주일학교 학습자들에게 필요하다. 그래야만 성경을 가르치려는 교사의 열정이 배우는 사람들에게 그대로 전해지기 때문이다. 교사자신이 성경에 열정을 가지고 있지 않을 때 그들에게서 배우는 사람들이 성경에 열정을 갖기란 매우 어렵고 또한 그들에게서 진지함을 이끌어내기도 어렵기 때문이다.

---

2) Alan H. Monroe, *Principles and Types of Speech* (Scott Foresman and Company, 1939), 5-8.

그리고 성경교사가 사람들을 좋아할 때 비로써 배우는 한 사람 한 사람을 인격체로 대하고 그들에게 깊은 관심을 가지기 때문이다. 실력이 있고 열심히 가르치는 사람들 중에서도 비인격적인 언행으로 말미암아 비난을 받는 사람들이 있다. 이러한 사람들은 성경교사가 되지 말아야 한다. 사람들을 좋아해야만 그들에게 필요한 것은 무엇이며, 그들이 좋아하고 싫어하는 것이 무엇인지에 관심을 갖는 좋은 교사가 될 수 있다.

성경교수에서 배우는 사람들에게 영향을 끼치는 것은 교육과정이나 교육내용이 아니라 교사 자신이다. 성경교사를 하나님의 대언자라 부르는 것은 하나님은 사람을 통하여 일하시기를 기뻐하신다는 의미를 포함한다. 말씀과 성례 그리고 기도는 하나님께서 우리에게 주신 은혜의 수단이다. 하나님께서는 이러한 은혜의 수단들과 중개자인 성경교사들을 통하여 배우는 사람에게 은혜를 주신다. 러브레이스(Lovelace)는 "그리스도인은 가장 중요한 은혜의 수단 중의 하나"라고 하였다. 그러므로 성경교사는 성경교육에서 그 무엇으로도 대체(代替)할 수 없는 핵심요소인 것이다.

성경교사가 중요하다는 또 다른 의미는 성경교사가 성도들의 영적 성숙에 있어 좋은 안내자가 될 수도 있고 아니면 장애물이 될 수도 있기 때문이다. 한번은 교회교육 사역을 하는 사람들이 모여서 어떤 교육목표를 제시해야 효과가 클 것인가? 즉, 교육목표로 "어떤 사람이 되게 할 것인가?"를 논의하게 되었다. 여러 좋은 생각들이 제시되었다. 그때 제안된 교육목표들을 보면, 작은 예수라든가, 디모데, 바울, 혹은 성숙한 그리스도인, 천국일꾼 등등이었다. 설왕설래하던 모든 논의를 끝내게 한 말은 "우리와 같은 학생들이 되게 하자"는 대답이었다.

만일 이러한 목표를 향하여 나아가지 않으면, 이천년 전 예수님 당시의 종교지도자들이 주님으로부터 정죄를 받은 것처럼 우리도 정죄를 받을 수 밖에 없다. "그러므로 무엇이든지 저희의 말하는 바는 행하고 지키되 저희의 하는 행위는 본받지 말라 저희는 말만 하고 행치 아니하며"(마 23:3)라는 꾸짖음에서 우리가 제시해야 할 교육목표를 볼 수 있다.

교사는 의도적으로 그리고 비의도적으로 배우는 사람들에게 영향을 끼친다. 그러므로 교사는 학습자들의 영적 성장에 대한 책임을 지닌 사람이다. 그리고 교사는 교육대상에 관심을 가져야 하는지 아니면 교육내용 전수에 관심을 두어야 하는지에 대한 갈등 사이에서 고민할 때가 있다. 다시 말하자면 '교사는 성경을 가르치는 사람인가?' 아니면 '배우는 사람들을 가르치는 사람인가?' 에 대한 물음 사이에서 갈등을 느낄 때가 있다. 그러나 참다운 교사는 '성경을 가르치는 사람' 곧 성경내용만을 전수(傳授)하는 사람이 아니라 '사람을 가르치는 사람' 곧 지정의 모든 영역에서 총체적으로 가르치는 사람이어야 한다.

유능한 교사의 표시(標識)는 어떤 한 단어로 말할 수 없다. 유능한 성경교사의 표시는 구체적인 교수내용과 방법에 대한 지식, 그리고 교사로서의 성품소유 이상이어야 한다. 그는 이 모든 것 이상의 그 무엇을 가지고 있어야 한다. 곧 지적 호기심을 자극하고, 좋은 내용을 전수할 뿐 아니라 학습자와의 인격적 관계를 유지하는 교사이다.

그러므로 유능한 성경교사가 되기 위해서는 첫째로, 성경지식을 확대하려는 열정을 필요로 한다. 해박한 성경지식은 좋은 교육의 출발점이다. 멘켄(H. L. Mencken)은 "교수방법에 대하여 아는 것이 없어도 지식이 있는 사람은 잘 가르칠 수 있다"고 하였다. 현대와 같이 세분화된 전문영역에서 가르치는 사람들은 전문지식의 소유만으로도 훌륭한 교수를 한다. 그러나 주일학교의 성경교사는 내용에 대한 지식이상을 필요로 한다.

유능한 성경교사가 되기 위해서는 지식만이 아니라 그러한 지식에 대한 열정을 필요로 한다. 지식에 대한 열정이란 가르치는 내용 곧 하나님의 말씀에 대한 뜨거운 사랑을 말한다. 이러한 열정이 있는 교사는 교육내용에 관한 지식을 소유하려는 마음만이 아니라 교육내용 자체에 대한 사랑의 마음을 가지고 있다. 이러한 성경지식에 대한 열정은 성경의 주인이 되시는 하나님과 그의 영적 자녀인 성도들에 대한 열정적인 사랑을 포함한다.

좋은 교사가 가지는 이러한 열정을 구체적으로 살펴본다면 다음과 같은 두 가지[3] 로 나눌 수 있다. 첫째로, 하나님과 사람에 대한 열정이다. 성경교사는 성경내용을 전수하는 사람이요 학습자를 가르치는 사람이다. 그러므로 좋은 교사는 과목내용 교수(敎授)를 위하여 준비를 열심히 할 뿐 아니라 가르치는 대상인 학습자에 대한 관심과 사랑의 마음을 갖고 있다. 이러한 교사의 마음은 학습자들로 하여금 하나님의 말씀인 성경을 잘 이해하고, 깨닫고 그 말씀대로 살기로 결심하도록 만드는데 관심을 집중하게 한다. 이를 위해서 성경교사는 먼저 말씀을 주신 하나님에 대한 열정과 헌신을 가진다.

목회자들은 누구나 자기 교회의 부흥을 원한다. 그러나 모든 목회자가 교회를 부흥시킬 수 있는 것은 아니다. 안산에 있는 'ㅇ' 교회는 비교적 짧은 기간에 교회가 크게 부흥하였고 또한 교회가 설립한 학교도 2006년도 통계를 보면 국내에서 25위 안에 드는 명문학교가 되었다. 어떻게 서울도 아닌 공장지역이었던 곳의 학교가 이렇게 명문학교가 될 수 있었을까? 그 학교의 졸업생들을 면접해보면 남학생이나 여학생이나 한결같이 얼굴이 맑고 밝으며, 마음은 진실하고 아름답고, 삶의 태도는 긍정적이고 적극적이다. 이러한 결과를 낳게 된 것에는 여러 이유가 있겠지만 가장 핵심적인 것은 지도자가 말씀에 대한 열정으로 가득 차서 일하기 때문이다. 이러한 열정은 하나님과 사람에 대한 사랑에서 나온다. 하나님과 사람에 대한 목회자의 열정이 교회와 학교와 성도들을 위하여 헌신하게 하고 이러한 헌신이 상대방에게 전해져서 그들의 삶을 진지하게 변화시킨 것이다. 이는 물론 하나님의 은혜와 성령의 역사를 전제(前提)로 한다. 그러므로 유능한 성경교

---

3) Jim Wilhoit & Leland Ryken, *Effective Bible Teaching*. 최예자 외역, 《성경을 효과적으로 가르치는 비결》(도서출판 프리셉트, 1996), 72-75.

사가 되기 위해서는 열정을 가지고 하나님을 사랑하고, 사람들을 사랑하는 사람이 먼저 되어야 한다.

둘째로, 가르침에 대한 열정을 가진다. 좋은 교사는 주어진 공과나 교재에만 의존하는 소극적인 교육이 아니라 필요한 자료들을 찾아 연구하는 적극적인 교육을 한다. 이러한 적극적인 연구는 배움에 대한 열정에서 나온다. 성경교사는 억지로 마지못하여 가르치는 사람이 되거나 맡은 책임 때문에 어쩔 수 없이 가르쳐서는 안 된다. 예수 그리스도께서 승천하시기 전에 제자들에게 "가서 제자를 삼고, 가르치고, 지키게 하라"고 하신 대위임령인 마태복음 28:19-20을 보면 가르침은 예수님께서 명하신 일이다. 그러므로 성경교사는 열정을 가지고 가르치는 소명의 사람이어야 한다.

소명감은 우리를 힘들게 하는 것이 아니라 가르치고자 하는 동기를 유발시킨다. 마치 진리가 우리를 억압하는 것이 아니라 자유하게 하듯이 소명감은 성경교사로 하여금 더욱 자신에게 주어진 일에 헌신하도록 동기를 유발시킨다. 이러한 동기유발도 철학적 배경에 따라 두 가지로 나눌 수 있다. 하나는 세속 동기이론들이 기초로 하는 것으로서 사람들에게는 필요한 욕구들(needs)이 결핍되었을 때 이러한 욕구를 충족시키려는 동기가 일어난다는 것이다. 학자들은 그러한 욕구의 특성을 연령에 따라 구분한다. 그러나 기독교교육에서 말하는 동기는 결핍된 욕구를 충족하기 위한 것이 아니라 하나님과 그의 사역에 대한 자발적인 헌신에서 우러나는 것이다. 성경교사의 헌신, 희생, 봉사 그리고 섬김은 이러한 자발적인 동기유발에 근거한다는 점에서 일반 동기이론과는 차이가 있다.

성경교사가 가지는 소명(召命)은 사명(使命)과는 차이가 있다. 우선 일의 성격에서 차이가 있다. 소명은 하나님께서 위탁하신 일을 하라고 부르시는 것이다. 신학적 용어인 소명은 영어로는 'calling'이라고 한다. 이 단어에는 '부른다'의 뜻이 있다. 그러므로 소명으로 주어진 일은 나의 일이 아니라 하나님의 뜻을 이루라고 하나님께서 부르신 하나님의 일이다. 그러나 사명은 개인, 사회와 국가에 대한 자신의 생각의 실천이다. 국민교육헌장 앞부분에 보면 '우리는 역사적 사명을 띠고 이 땅에 태어났다' 고 진술한다. 여기에는 '사명' 이라는 단어가 맞다. 우리 조국과 민족을 위하여 우리 국민 모두는 헌신하고 봉사하고자 하는 생각을 가져야 하고 그 일을 실천해야 한다.

이러한 개념적 차이는 사역의 과정과 결과에 대한 반응에도 차이를 가져온다. 소명감을 가진 사람은 일의 쉽고 어려움이나 개인적인 유익이나 불이익을 초월하여 헌신적인 자세로 일한다. 우리는 사회의 여러 영역에서 특히 종교영역에서 큰일을 성취한 사람들에게서 이러한 소명에서 우러난 헌신의 자세를 본다. 그러나 사명감을 가진 사람은 자신의 유익을 먼저 생각한다. 이 유익은 물질적인 것일 수도 있고 명예나 지위나 지식이 될 수 있다.

뿐만 아니라 결과에 있어서도 소명감으로 일하는 사람은 모세나 바울과 같이 큰 성취를 해도 교만하지 아니하고 다만 자신이 해야 될 일을 한 것으로 알고 감사하는 마음을 갖는다. 그 반대로 큰 어려움을 겪게 될 때에는 낙심하지 아니하고 좌절하지 아니하고 하나님의 뜻과 그의 영광만을 생각한다. 반면에 사명감을 가지고 일하는 사람은 큰 성취를 통하여 자신을 드러내기를 원하고 모든 것이 자신의 능력과 힘으로 된 것으로 알고 교만과 독선에 빠지기가 쉽다. 교회지도자들 중에서도 간혹 이러한 사람을 볼 수 있다. 이러한 자세로 일하는 사람들이 실패를 하는 경우에는 큰 절망과 좌절감에 빠진다. 자신의 억울함을 말하고, 다른 사람을 원망하고, 시대를 비난하게 된다. 성경교사는 자신의 유익을 위하여 일하는 사람이 아니라 하나님을 위하여 일하는 사람이어야 한다.

02_ 성경교사의 자격

훌륭한 성경교사들에게서 공통적으로 볼 수 있는 자질들[4]이 있다. 첫째는 가르치는 은사의 소유이다. 하나님은 각 사람들에게 은사를 주셨다(롬 12장, 고전 12장, 엡 4장 참조). 그러나 모든 사람이 같은 은사를 받은 것이 아니다. 하나님께서 어떤 사람에게는 가르치는 은사를, 어떤 사람에게는 신유의 은사를 또 다른 사람들에게는 또 다른 은사를 주신다. 찬양대에서 봉사해야 할 사람들에게는 아름다운 목소리와 음악적인 감각을 은사로 주시고, 주일학교에서 성경교사로 봉사해야 할 사람들에게는 학습자들을 사랑하는 마음을 은사로 주시고, 또한 아는 것을 설득력이 있게 잘 표현할 수

---

4) Norman E. Harper, 이승구 역, *op. cit.*, VI. 3.

있는 은사를 주신다. 가르치는 은사란 학습자들이 진리를 이해할 수 있도록 쉽게 설명해 줄 수 있는 능력을 말한다. 그러므로 성경교사들은 하나님께서 우리에게 주신 재능을 잘 개발해야 한다.

스윈들(Charles S. Swindoll)은 디모데전서 4:11을 근거하여 교사들 자신이 가르치는 은사가 있는지 여부를 다음의 다섯 가지로 진단[5] 할 수 있다고 하였다.

- 은사에 대하여 배운다(4:11).
- 주어진 일에 긍정적인 자세를 가진다(4:12).
- 주어진 일에 착념한다(4:13).
- 주어진 일에 전심전력한다(4:15).
- 주어진 일에 충성한다(4:16상).

성경교사에게 요구되는 두번째 자격은 가르침에의 소명의식이다. 소명은 목회자들만이 가지는 특수한 은사가 아니다. 모든 그리스도인은 하나님의 소명을 받아 각자에게 주신 일을 하게 된다. 목회사역만이 소명을 필요로 하는 것이 아니라 그리스도인들은 땅에서 하는 모든 일에 소명의식을 필요로 한다. 이러한 소명의식이 있을 때 그리스도인은 각자의 직업을 통하여 하나님께 영광을 돌리려 하고, 하나님의 뜻을 이루려고 노력하게 된다. 그 중에서도 성경교사는 성경을 가르치는 소명을 받아 하나님께 영광을 돌리는 사람이다. 가르치는 은사를 받았다고 해서 모두가 가르침의 소명을 받은 것은 아니다. 성경교사가 가르치는 은사와 더불어 가르침의 소명을 받아 일할 때 그의 가르침의 사역은 더 풍성한 열매를 맺을 수 있다. 이러한 소명의 소유여부를 알기 위해서는 "왜 나는 교사가 되어야 하는가?"라는 질문을 자신에게 물어보아야 한다.

셋째는 배우는 사람들을 사랑하는 마음이다. 사도 바울은 고린도전서 12

---

5) Charles Swindoll, *The Gift of God* (Anaheim, CA: Insight for Living, 1992), 83-85.

장에서 다양한 은사를 제시한 후에 마지막 31절에서 "너희는 더욱 큰 은사를 사모하라"고 말한다. 그리고 다음 장인 13장에서 더욱 큰 은사로서 '사랑'을 제시한다. 이 본문(고전 13장)은 성경교사에게 13장에서 가르치는 은사나 소명이 있더라도 배우는 사람에 대한 사랑이 없으면 그러한 가르침에는 아무 유익이 없음을 교훈한다. 심지어 바울 사도는 "내 몸을 불사르게 내어 줄지라도 사랑이 없으면 아무 것도 아니라"고 말한다. 기독교 학교와 공립학교의 교사도 학습자들을 사랑하는 마음을 가져야 하지만 특히 성경교사에게는 이러한 학습자에 대한 사랑이 있어야 한다.

공립학교에서든 기독교학교에서든 아니면 주일학교에서든 교사의 제일 되는 자격은 배우는 사람을 사랑[6] 하는 것이다. 미국의 기독교 학교는 교사들에게 공립학교의 교사들이 학습자들을 사랑하는 것보다 더 큰 관심을 가지고 사랑할 것을 요구한다. 또한 그리스도인 교사 특히 성경교사는 어디서 누구를 가르치든지 배우는 사람들을 사랑하는 마음을 가져야 한다.

〈아이들을 사랑한 교육자 페스탈로찌(1746-1827)〉

약 20년 전에 내가 섬기던 교회의 한 고등학생이 한 사립대학 교육학과에 지원하고 면접을 보게 되었다. 면접을 하기 전날인 주일에 마주 앉아 점심을 먹으면서 나에게 질문하기를 "목사님, 면접 때 어떤 질문을 할 것 같아요?" 하길래 "어떤 질문을 할 것 같니?' 라고 되물었다. 아직 어린 학생이 그에 대한 생각을 하기는 어려웠을 것이다. 내가 그 학생에게 "교수님들이 너에게 '왜 교사가 되기를 원하니?' 라고 물으면 무엇이라고 대답할래?"고 물어보았다. 그리고 우리의 대화는 계속되었다. 면접 후에 우리는 다시 대화하게 되었다. "목사님이 물어보신 그 질문을 받았어요" 하길래 "뭐라고 대답했니?"라고 했더니 지난

6) Paul H. Hirst, *The Logic of Education* (London: Routledge and Kegan Paul, 1970), 55.

번에 우리가 함께 나누었던 얘기를 자세히 했더니 놀라는 얼굴로 오래 들으셨다고 한다. 교사에게 여러 자질이 필요하지만 가장 중요한 것은 학습자를 사랑하는 것이다. 세상의 학교에서도 그러한데 주일학교 교사에게는 더더욱 학습자에 대한 사랑의 자질이 필요하다.

넷째는 성경을 가르치는 교사에게는 기독교적 관점, 성경지식, 학습자에 대한 이해, 그리고 대상과 내용에 따른 적절한 교수방법에 대한 지식이 요구된다. 실제 교육현장에서 중요한 것은 성경교사의 관점이다. 이러한 관점에서 학습자에 대한 교사의 인간관이 나온다. 성경교사가 학습자들을 어떠한 존재로 보느냐 하는 것은 교육에 있어 매우 중요하다. 학습자를 교사가 원하는 방향으로 만들어 갈 존재로 보느냐, 아니면 마치 기계처럼 외적인 자극에 따라 반응하는 존재로 보느냐, 그것도 아니면 스스로 자기의 삶을 설계하는 자율적인 존재로 보느냐 아니면 하나님의 형상과 모양으로 지음을 입은 존재로서 측량할 수 없는 가능성, 합리성, 비(非)충족적인 동기유발(動機誘發)의 성향을 가진 존재로 보느냐에 따라 교사의 교수자세는 달라진다.

성경교사에게는 성경적 세계관 이상의 더 많은 것이 요구된다. 그는 가르쳐야 할 성경에 대한 지식도 가져야 한다. 아무리 좋은 방법론을 터득하고, 좋은 인격을 가지고 있다고 할지라도 해당교과에 대한 지식이 없으면 좋은 교사가 될 수 없는 것처럼 성경교사는 성경에 대한 풍성한 지식을 가져야 한다.

더 나아가 성경교사는 효율적인 교수능력을 필요로 한다. 효과적인 성경교수(effective Bible teaching)가 성경적 세계관에서 온다고 한다면 이러한 효율적인 성경교수(efficiency of Bible teaching)는 발달이론에 대한 지식에서 온다고 할 수 있다. 곧 세계관은 '올바른' 것을 가르치게 하는 효과에 관한 것이라면 발달이론은 '잘' 가르치게 하는 효율에 대한 것이다. 이러한 발달이론에서 교수법이 나온다. 그러므로 교수법은 교사, 학습자, 교육내용, 환경, 교육시간 등에 따라 달라진다.

03_ 성경교사의 임무

성경교사의 임무를 어떻게 규정해야 할 것인가? 교회 주일학교 성경교사의 임무는 주일 예배 한 시간 전에 모여 주어진 공과를 가르치는 것뿐인가? 예배를 드리기 전에 설교를 한 번 더 하는 것인가? 그것이 아니면, 성도들에게 성경이야기를 해주는 것인가? 아니면 주어진 그 주일 공과의 내용을 순서에 따라 설명해 주는 것인가?

이러한 것들도 물론 성경교사의 임무이다. 그러나 성경교수가 이러한 과정에만 머물렀기 때문에 성경공부 시간이 지루하고, 따분하고, 다른 부서의 활동이 없을 때나 참석하는 모임으로나 전락하게 되었다. 장년성경 공부반을 가르치는 한 성경교사가 성경시간에 들어오지 않는 성도를 만나게 되면 그들은 한결같이 그 시간에 모이는 전도회나 기타 선교회 일 때문에 들어오지 못함을 미안해하고 다음에는 잘 들어오겠다고 말한다. 성경공부를 다른 육체적인 봉사를 하지 않는 시간에 하는 활동 정도로 간주하는 것이다. 왜 그럴까? 그들의 믿음이 약해서? 아니면 다른 부서의 일이 성경공부보다 더 중요하기 때문에? 그 대답은 성경공부 시간에 새로운 어떠한 도전을 받을 수 없기 때문이다.

배우는 사람들에게 새로운 도전을 주는 활력있는 성경교수를 하기 위해서는 성경교사는 어떤 목표를 가지고 가르쳐야 되는가? 일부 진보적인 신학자들은 보수적 교회에서의 성경교수를 성경암송이나 하게 하고 성경 이야기를 하는 것쯤으로 비하한다. 몰라도 한참 모르는 이야기다. 많은 진보적인 신학자들은 성경이론에 대한 적은 이성적(理性的)인 지식만 가지고 있지 성경 자체를 잘 모르고 체험도 없다. 성경을 교수한다는 것은 성경본문을 읽고, 암송하게 하는 단계에 초점을 두는 것은 맞지만 거기에 그치는 활동이 아니다. 곧 배우는 사람들로 하여금 성경지식에 대한 믿음과 열정을 가지게 하고, 더 나아가 성경적인 사고와 생각을 하게 하고, 영적 체험을 하게 하며, 최종적으로는 성경말씀과 지식에 합당하게 삶으로써 말씀에 부합하는 삶을 살게 하는 것이다.

이러한 관점에서 볼 때 성경교사가 목표로 하는 것은 먼저, 성경에 대한 그리고 성경에 관한 지식을 갖게 하는 것이다. 학습자가 성경에 관한 체계적인 지식을 갖게 하려면 성경교사는 어느 정도의 기간에 무엇을 가르치고, 또 어떻게 가르치겠다는 목표를 가지고 있어야 한다. 곧 성경교수에 대한 비전과 준비가 있어야 한다.

배우는 사람들로 하여금 배운 말씀대로 살게 하는 것이 성경교수이다. 가르침은 지식만을 전수하는 것이 아니라 생각을 변화시키고, 삶을 변화시키는 것이다. 삶을 변화시켜 성경말씀대로 살게 하려면 우선 성경의 의미를 깨닫게 해야 한다. 그렇게 하려면 성경본문이 원래의 수신자나 청중들에게 주는 의미는 무엇이며, 한 걸음 더 나아가 오늘 21세기를 살아가는 우리들에게는 어떠한 의미를 주는 것인가를 알게 해야 한다. 오늘 우리 한국교회의 문제는 이러한 성경말씀의 현대적 적용에서 약하다는 점이다.

무엇이 좋은 성경교수이며, 누가 좋은 성경교사인가? 어떻게 하면 좋은 성경교수를 하는 성경교사가 될 수 있는가? 첫째는 배우고자 하는 동기를 유발시키는 것이 좋은 성경교수이며, 좋은 성경교사다. 그러면 어떻게 해야 배우고자 하는 동기를 일으킬 수 있을까? 우선 가르치는 사람의 진지함이다. 진지함은 말에서 나오는 것이 아니라 가르치는 사람의 말, 태도, 자세 모두에서 우러나는 것이다. 왜 똑같은 말을 하는데 어떤 사람의 말은 설득력이 있고 다른 사람의 말은 설득력을 갖지 못하는 것일까? 사람은 언어를 통하여 말을 하지만 언어와 함께 그의 태도와 자세 곧 가르치는 사람이 얼마나 자신이 하는 말에 확신을 가지며, 가치를 두며, 또 전하려는 의욕을 상대방이 느끼느냐에 따라 교사의 말에 귀를 기울일 수도 있고 그렇지 않을 수도 있다.

동기를 유발시키려면 성취하고자 하는 목표를 먼저 분명하게 제시해야 한다. 이러한 성취목표는 가르침의 방향과 내용을 정해준다. 이러한 목표는 성취하기에 너무 어려운 것이어서도 안 되고, 너무 쉬운 것이어서도 안 된다. 설정하는 목표는 열심히 노력하면 성취할 수 있는 것이어야 한다. 노력을 하면 성취할 수 있는 목표가 좋은 목표이다.

그리고 지금 배우는 내용이 매우 중요함을 알게 함으로 동기를 유발할 수 있다. 말을 통하여 또는 진지하게 가르침으로써 사람들은 무엇이 중요한가를 안다. 교사의 이러한 진지한 자세는 마치 비싼 물건을 파는 세일즈맨의 자세와 비교할 수 있다. 비싼 물건을 파는 사람들은 진지함을 보임으로 자신이 파는 물건이 비록 비싸기는 하지만 그만한 값을 치를만한 가치가 있는 것이라는 인상을 줄 수 있다. 성경교사는 성경을 파는 사람이다. 그가 파는 성경이 너무나 귀하다는 것을 말로써나 행동으로써 보임으로 성경을 배우려는 동기를 불러일으킬 수 있다.

좋은 교사가 되는 둘째 요소는 의사소통을 명료하게 할 수 있는 능력을 지니는 것이다. 의사소통을 명료하게 하기 위해서는 우선 학습자들에게 익숙하지 않은 용어나 어려운 용어들을 피해야 한다. 성경을 가르칠 때 사람들에게 익숙하지 않거나 어려운 용어의 사용을 피하고 잘 알고 있는 쉬운 용어들을 사용함으로써 원활한 의사소통을 할 수 있다. 의사소통을 명확히 하기 위해서는 같은 말을 반복하는 것도 좋은 방법이다. 단순한 반복이 아니라 말하고자 하는 것을 말하고, 또 강조하여 말한 것을 요약하여 되풀이할 때 의사소통은 원활하게 될 수 있다.

좋은 교사가 되는 셋째 요소는 학습자들이 학습할 때 주의를 집중시키는 방법을 아는 것이다. 어떻게 하면 학습자들의 주의를 집중시킬 수 있을까? 그러한 방법 중의 하나는 가르칠 때 억양을 다양하게 함으로써 주의를 집중하게 할 수 있다. 낮은 목소리로 말하던 사람은 중요한 대목에서 목소리를 높임으로, 그리고 높은 목소리로 말하던 사람은 목소리를 낮춤으로 자신의 말을 강조할 수 있고 주의를 집중하게 할 수 있다.

학습자들의 주의를 집중시키는 또 다른 수단으로는 질문이라는 방법을 사용하는 것이다. 원래 질문이라는 방법은 가르친 것을 얼마나 이해하고 있는가를 알아보기 위해서 사용하는 것이기도 하지만 동시에 사람들로 하여금 주의를 집중하게 하는데도 사용한다. 그러한 질문이 되기 위해서는 먼저 함께 있는 모든 사람들을 대상으로 질문함으로써 그들 모두로 하여금 질문에 대한 답을 생각하게 한다. 그리고 나중에 특정한 사람을 지명하여 그로 하여금 대답을 하게 한다. 이러한 방법을 사용함으로 모든 사람이 질문에 대한 답을 생각하게 할 수 있다.

넷째 요소는 좋은 교사가 되려면 강조해야 할 중심사상에 초점을 맞추어 가르쳐야 한다. 성령의 감동으로 쓰여진 성경을 공부하는 시간이 지루하여 하품이 나고, 재미없고 시간낭비라고 느껴지는 이유는 무엇일까? 현대인은 결과를 중요시 여긴다. 결과를 얻도록 하기 위해서는 강조해야 할 초점이 있어야 한다. 핵심이나 초점이 없는 성경공부는 실패할 수밖에 없다. 성경을 가르친다고 해서 저절로 초점이 생기는 것이 아니라 내용을 논리에 맞게 제공해야만 초점이 생긴다. 성경공부에 대한 성도들의 불만 중의 하나는 초점이 너무 많다는 것이다. 그러므로 좋은 교사가 되기 위해서는 교수 내용이 논리성을 띠어야 하고 논리성을 띠려면 논지를 분명히 세우고 그 논지를 중심으로 내용을 전개할 때 초점도 드러나게 된다.

여기서 말하는 논지란 무엇인가?[7] 논지의 구성은 주제가 되는 주어와 설명을 하는 보어로 구성되어 있다. 성경교사의 논지를 구성하는 한 요소인 주제는 "성경구절이 말하는 것"(what a biblical passage is about)[8] 이다. 이러한 성경의 주제는 공과에서는 제목이 될 수 있고, 일부 성경에서 볼 수 있는 것과 같은 문단마다 주어진 제목이다. 그리고 설명 혹은 보어란 "성경구절에서 그 주제에 대하여 말하는 것"(what the passage says about that subject)을 가리킨다.

한가지의 예(例)를 들어보자. 어릴 때 봄철이나 가을철에 학교에서 덕수궁과 같은 옛 궁궐들로 소풍이나 무슨 대회를 가서 그림도 그리고 어떤 때는 주어진 제목에 따라 글짓기를 한다. 가을철 글짓기에 자주 나오는 제목은 '가을단풍' 이었다. 제목으로 주어진 '가을 단풍' 은 글짓기의 주제이고 그 내용은 가을단풍은 사람의 마음을 설레게 하는 것이라든지, 삶을 다시 한 번 생각하게 한다는 등이 그 중심을 이룬다. 주제가 되는 '가을단풍' 에 '사람의 마음을 설레게 하는 것' 이라는 등의 설명을 붙인 것이 논지이다. 글에 논지가 있고, 그리고 설교에도 논지가 있듯이 성경교수에도 논지를 구성함으로써 성경교수가 긍정적이고, 재미있게 될 뿐 아니라 성경교사는

7) Wilhoit & Ryken, *op. cit.*, 86.
8) *Ibid.*, 86-87.

좋은 교사가 된다.

좋은 교사는 가르치는 내용에서 무엇이 중요한지를 알고 그 중요한 것을 강조한다. 중요한 것을 강조하기 위해서는 아깝지만 덜 중요한 것은 삭제해야 한다. 처음 가르치는 교사는 의욕이 앞서서 너무 많이 가르치려고 한다. 그러나 학습자들이 그 전하는 것을 다 받아들이기에는 너무 벅차다. 그러므로 전하는 사람이나 가르치는 사람은 성도들이 받아들일 수 있는 만큼만 전해야 한다. 밥도 너무 많이 먹으면 체한다. 적당한 양을 먹으면서 잘 씹어야 제대로 소화를 시킬 수 있다. 병목현상이 생기는 길을 보면 대체로 두 갈래 길을 통해서 온 차들이 서로 먼저 들어가려고 끼어듦으로써 교통이 더 복잡해지는 경우가 많다. 한대씩 교대로 순서를 따라 진입하면 훨씬 빨리 갈 수 있는 것을 서로 양보하지 않음으로써 더 늦어지는 것이다. 성경교수에서도 마찬가지이다. 어떨 때는 더딜지라도 순서에 따라 적당한 분량만을 가르침으로써 좋은 성경교수가 되고 좋은 교사가 될 수 있다.

좋은 교사가 되는 마지막 다섯째 요소는 성경교수를 건설적이고 좋은 분위기에서 진행하는 것이다. 좋은 성경교사가 되기 위해서는 좋은 방법과 좋은 내용이 필요하다. 그러나 이것은 어디까지나 필요한 것일 뿐이지 그러한 요소가 좋은 교사가 되도록 보장하는 것은 아니다. 성경교사는 성경교수의 분위기를 방해하는 요소가 무엇인지를 생각한다. 방해요소가 불평불만을 하는 소수의 사람들일 수도 있고 물리적인 환경일 수도 있다. 그러한 방해요인들을 찾아내고 해결하여 좋은 분위기를 만드는 사람이 좋은 교사이다. 문제가 되는 사람을 빨리 짚어내고 그 사람으로 하여금 전체 분위기에 잘 적응할 수 있도록 도와주는 사람이 좋은 교사이다.

| 3장 |

성경의 주제와 의미파악

성경교사의 업무는 단순히 성경지식만을 전수하는 것이 아니라 성경본문이 현대인들에게 어떠한 의미를 주며 무엇을 말하고 요구하는지를 전하는 것이다.

요즘 많은 사람들이 '… 되어집니다' 라는 표현을 [illegible]
좋은 언어 표현이 아닐 뿐 아니라 듣는 사람들에게 효과적으로 [illegible]
수동태로 많이 쓰이는 영어 문장과는 달리 우리말 [illegible]

서론

성경교사는 성경을 교수하는 사람이다, 이러한 성경교수의 내용은 성경이다. 그러므로 성경교사는 성경의 주제에 통달해야 한다. 성경교사는 성경전체의 내용을 상황에 따라 5분안에, 10분 안에, 혹은 1시간 안에 또는 16시간에 맞춰 요약할 수 있어야 한다, 저자는 1981년 1월에 전도폭발(Evangelism Explosipn) 훈련을 받기 위하여 케네디(James Kennnedy) 목사님이 시무하시는 코랄리지 장로교회를 일주일간 방문하였다.훈련 첫날 전도를 나가기 전 저녁식사 시간이었다. 한 참석자가 전도폭발의 전도내용을 전하는데 30분이 걸리는데 상대방이 시간이 5분밖에 없다고 할때 어떻게 해야 하느냐고 물었다. 그러자 케네디 목사님이 그 사람을 앞으로 나오도록 청한 후에 5분만에 그에게 전도폭발의 내용을 전하였다. 케네디 목사님은 전도폭발의 창시자일 뿐 아니라 숙달된 전도자였던 것이다.

전도자가 전도내용에 숙달해야 하듯이 성경교사는 성경에 숙달해야 한다, 그리고 그 내용에 대하여도 해박한 지식을 가지고 있어야 한다. 이 장(章)에서는 구체적인 교수법에 앞서 성경의 본질과 그 중심주제 그리고 어떻게 성경의 의미를 파악할 수 있는지에 대하여 살펴보자.

01_ 성경이란

구약시대에는 하나님께서 주신 계시를 통하여 하나님의 뜻을 알 수 있었다. 특히 모세를 통하여 주신 계시를 기록한 것을 모세오경이라고 하기도 하고, 율법이라고도 하는데 지금 우리가 가지고 있는 구약성경의 앞부분을 구성하고 있다. 그 후에 하나님께서는 제사장들과 선지자들을 통하여 자신의 뜻을 이스라엘 백성에게 전하셨는데 이러한 것들이 구약성경의 나머지 부분을 이루고 있다. 예수님의 강림 이후에는 예수님의 가르침과 선포가 복음서의 중심을 이루고 있고 그 뒷부분인 사도 바울의 서신들과 여러 제자들의 서신들과 계시록을 모은 것이 신약성경이다.

하나님의 말씀인 성경

지금 우리가 가지고 있는 66권으로 구성된 성경은 니케아 회의(AD 325)에서 정경으로 결의하여 받았다. 그 후 5세기에서 15세기에 이르는 중세 로마시대에 성경 이외에 외경이 성경에 첨가되었고 그 외에 의식, 성지순례, 성례, 연옥, 및 교황무오설 등의 전통들이 성경에 버금가는 권위로서 첨가되었다. 1517년 종교개혁자들은 "오직 믿음, 오직 은혜, 그리고 오직 성경"이라는 표어를 교회개혁의 기본으로 삼았다. 이 때 성경은 종교개혁자들의 신앙의 근본이었다. 그리고 성경해석에 있어서도 중세 로마 교회가 크게 의존하던 풍유적 해석을 벗어나서 문자적 문법적 해석을 지지함으로써 성경의 주제와 그 의미의 파악을 올바로 할 수 있는 토대를 마련하였다. 이제 아래에서는 하나님께서 우리에게 주신 성경의 본질에 대하여 살펴보자.

1. 성경의 본질

하나님께서 모세와 제사장 그리고 선지자들을 통하여 우리에게 주신 구약과 예수님의 교훈과 그 제자들을 통하여 주신 신약으로 구성된 성경의 본질에 대하여 살펴보자. 먼저, 성경은 하나님께서 우리에게 계시하신 하나님의 말씀일 뿐 아니라 성령의 영감을 통하여 인간저자들을 통하여 우리에게 주어졌으므로 오류가 없다는 점이다. 여기에서 '영감'은 라틴어

---

1) Norman L. Geisler & William E. Nix, *A General Introduction to the Bible*, revised and expanded (Chicago: Moody Press, 1986), 34.

'inspirare' 에서 온 것으로 '… 위에 혹은 … 안으로 불어넣다' 의 뜻이다. 신학적인 의미로는 신적인 영향아래 있는 상태를 가리킬 때 사용되었다. [1] 이는 디모데후서 3:16의 '감동' (theopneustia)과 같은 단어이다. 그리고 성경은 각 부분이 서로 조화되며 모순이 없으며 동시에 점진적인 계시에 근거하고 있다.

이러한 성경의 핵심적이고 기본적인 본질에서 다음과 같은 몇 가지 신학적 문제들을 유추(類推)할 수 있다. 첫째는 하나님의 말씀인 성경에는 오류(誤謬)가 없다. 이렇게 주장하는 이론을 '성경무오설' 이라고 한다. 성경의 무오(無誤)를 말할 때는 성경의 원본을 각 민족의 언어로 번역한 책 곧 현재 세계 여러 나라에서 사용하는 성경에 오류가 없다고 말하는 것이 아니다. 우리가 사용하고 있는 번역된 성경에는 오류가 있을 수 있고 시대적 문화적 차이로 모순같이 보이는 것이 있을 수 있으므로 교회는 시대에 따라서 성경을 다시 번역하는 일들을 계속 진행하고 있다. 성경무오라는 말은 원본 성경에 오류가 없다는 말이다. 그러면 왜 원본 성경에는 오류가 없을까? 하나님은 '참' 이시기 때문에(살전 1:9, 요일 5:20) 그의 계시의 기록인 성경에는 오류가 있을 수 없다. 성경은 잘못을 하실 수 없는 참이신 하나님의 말씀이기 때문에 잘못이 있을 수가 없다(히 6:18, 딛 1:2). 또한 성경은 잘못하실 수 없는 성령의 감동으로 된 것이기 때문에 오류가 있을 수 없다(딤후 3:16).

둘째는 하나님의 말씀인 성경은 권위가 있는 말씀이기 때문에 오류가 없다. 종교개혁의 표어 중 하나인 "오직 성경"은 성경의 권위를 나타내는데 이러한 권위에 근거하여 성경무오설을 말한다. 반대로 성경에 오류가 없다는 것에 근거하여 성경이 권위를 말할 수 있다. 그 뿐 아니라 성경은 내재적인 권위를 가진다. 특히 예수님께서 자주 구약을 인용하심으로써 구약의 권위를 인정하셨다. 성경이 신앙과 삶의 최고 권위라는 것은 예수님께서 마귀의 시험을 물리치실 때(마 4:4, 7, 10), 부활에 관하여 바리새인들에게 말씀하실 때(마 21:42), 성전을 깨끗게 하실 때, 또한 그의 권위를 변호하실 때(막 11:17) 구약을 인용을 하신 것과 같은 예(例)들에서 볼 수 있다. 바울도 유대인과의 논쟁 때 성경을 사용하셨고(행 17:2), 베드로(벧후 3:16)도 논쟁에서 성경을 사용하였다.[2)]

셋째는 하나님의 말씀인 성경에는 통일성이 있기 때문에 오류가 있을 수 없다. 성경은 40여명이 1500년의 기간에 기록되었음에도 불구하고, 성경의 중심사상에는 통일성이 있다. 성경이 통일성을 가지고 있다는 주장은 자체적으로 모순이 되지 않음을 말한다. 성경의 신뢰성과 타당성은 일관성(consistent)과 정합성(coherent)에 근거한다. 이러한 통일성은 불분명하고 간접적인 구절들은 좀 더 분명하고 직접적인 구절에 근거한 해석을 요구한다. 성경의 통일성에는 계시의 점진성이 포함되어 있다. 점진성이란 신약의 말씀은 구약의 말씀보다 더 분명하게 하나님의 뜻을 나타내심을 의미하는 것으로 이는 구약이 완전치 않거나 잘못되어서가 아니라 단어가 가지고 있는 의미가 처음에는 부분적으로 계시하셨으나 나중에는 좀 더 완전하게 계시하심을 말한다. 예를 들면, 창세기 17:10에서는 "너희 중 남자는 다 할례를 받으라 이것이 나와 너희와 너희 후손 사이에 지킬 내 언약이니라" 고 하셨다. 그러나 사도 바울은 갈라디아서 5:6에서 "그리스도 예수 안에서는 할례나 무할례가 효력이 없되 사랑으로써 역사하는 믿음뿐이니라"고 함으로써 구약의 할례가 신약에서는 믿음으로 대치되었음을 말한다. 구약과 신약에서 하나님과 그 백성간의 관계를 맺어주는 구체적인 증표는 할례에서 믿음으로 바뀌었지만 그 내용에는 통일성이 있음을 보여준다.

넷째는 하나님의 말씀인 성경에는 신비성이 있다. 성경이 신비하다고 말하는 것은 인간의 이성(理性)으로는 이해하기 어려운 부분들이 성경에 있음을 의미한다. 이러한 성경의 신비성은 인간의 이성에 모순이 되지 않으면

---

2) *Ibid.*, 52-53.

서도 제한적인 인간의 이성을 넘어서는 것을 말한다.[3] 무한하신 하나님께서는 동시에 모든 것을 아시나, 유한한 인간은 그때그때마다 부분적으로만 알 뿐이다. 곧 유한한 우리 인간은 성경의 모든 부분을 항상 분명하게 깨달을 수 있는 것이 아니다. 성경의 이적을 부인하는 사람들은 판단의 근거를 온전하지 않은 인간의 이성에 두기 때문이다. 그래서 이성에 의지하는 합리주의 신앙인들은 성경에 기록된 이적을 받아들일 수가 없기 때문에 성경을 믿지 못하게 된다. 삼위일체 교리 등에서 혼란이 야기되는 것은 성경의 신비성에 대한 인간의 제한적인 이해 때문이다.

그러나 이성으로 이해할 수 없다고 하여 또한 과학적으로 증명할 수 없다고 하여 다 비합리적이라거나 비이성적인 혹은 비과학적인 것이라 할 수 없다. 이성이나 합리성 그리고 과학은 이분(二分)하는 것이 아니라 삼분(三分)해야 한다. 곧 이성, 비이성, 그리고 초이성(超理性)으로 나누어야 한다. 그러나 합리주의 신앙인들은 이성을 초이성을 제외하고 단순하게 이성과 비이성으로 나눔으로써 스스로의 함정에 빠지게 된 것이다. 성경의 신비성은 성경의 초이성적인 요소와 사건들 때문이다.

그러므로 성경을 하나님의 말씀이라고 고백하는 것은 이러한 성경의 무오성, 권위성, 통일성, 신비성을 받아들임을 의미한다. 이러한 기본적인 신앙고백을 하는 성경교사만이 성경을 가르칠 때 확신을 가지고 가르칠 수 있고, 그 결과로는 효과적인 성경교수를 하게 되는 것이다.

2. 성경의 언어

성경은 인간들을 대상으로 주신 하나님의 계시이기 때문에 인간들이 이

---

3) *Ibid.*, 46.

해할 수 있는 언어로 기록되었다. 이러한 하나님의 계시를 인간이 이해할 수 있는 언어로 기록되기까지는 4단계[4] 곧 영감, 정경, 전수 그리고 번역을 거쳤다. 하나님께서 모세와 제사장, 선지자, 그리고 예수님의 제자들에게 성경을 기록하게 하시려고 계시를 주셨다고 말할 때는 성경저자들에게 기록할 수 있도록 한 단어 한 단어로 불러주셨다는 의미가 아니라 그들의 마음에 영감을 주셔서 하나님의 뜻을 알게 하시고(요 14:26), 영감을 받은 사람들이 그 계시를 자신과 그 민족들이 이해할 수 있는 인간언어로 기록하였다는 의미이다.

구약시대에 하나님께서 자신의 뜻을 인간에게 알리시는 방법[5]에는 여러 가지가 있었다. 어떤 때는 천사를 통하여(창 18:19, 22; 출 3), 어떤 때는 이상과 꿈을 통하여(단 7:1; 창 41), 어떤 때는 우림과 둠밈 그리고 주사위를 통하여(출 28:30; 잠 16:33), 어떤 때는 도덕법과 피조물을 통하여(롬 2:15), 그리고 귀에 들리는 목소리와 이적을 통하여(삼상 3; 삿 6:40) 하나님의 뜻을 인간에게 알려주셨다.

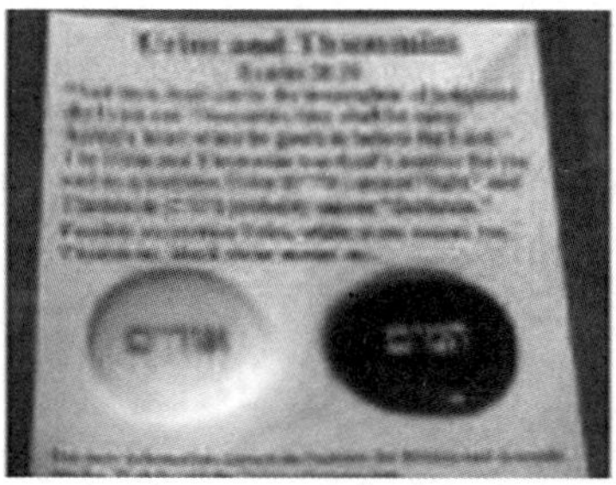
우림과 둠밈

성경은 이러한 여러 의사소통의 매체 중에서 하나님의 뜻이 인간의 언어로 기록된 것이다. 이렇게 하나님의 계시를 인간의 언어로 기록하신 이유는 기록이 여러 유익한 점을 갖고 있기 때문이다. 그러한 유익한 점에는 정확성, 전달성 그리고 보존성 등이 있다. 인간은 말보다는 글로 표현될 때 더 많은 것을 더 정확하게 전달할 수 있다. 예수님의 제자들도 자신들이 들었다고 생각하는 것을 잘못 전하기도 하였다(요

---

4) *Ibid.*, 321.
5) *Ibid.*, 321-322.

21:23). 그러나 글로 기록하여 전하면 계시를 오래 그리고 정확하게 보관할 수 있다는 유익이 있다.

이러한 성경은 읽는 사람들이 사용하는 언어로 기록되었다. 그러므로 다른 책을 읽을 때처럼 성경을 읽어야 한다.[6] 곧 성경본문을 이해하기 위해서는 성경에 쓰여진 단어, 구(句), 문장의 문자적, 일반적인 의미를 먼저 파악하려고 노력해야 한다. 곧 일반 언어의 요소와 법칙을 사용하여 성경을 읽고 해석하고 가르쳐야 한다. 그 의미는 성경의 각 단어와 구절에 자의적(恣意的)으로 신비스러운 의미를 첨가하거나 해석자의 의도에 따라 매 성경단어를 비밀스런 암호로 생각하거나 정상적인 문맥으로부터 본문을 분리하지 말라는 뜻이다.

이는 성경본문이 비유로 표현되어있지 않다면 성경본문을 풍유적으로 해석하지 말아야 함을 의미한다. 비유가 아닌 성경본문을 풍유로 해석한다면 그것은 자의적이고 주관적인 해석이 되어 타당성과 신뢰성을 잃게 된다. 예를 들면, 선한 사마리아 사람이 강도 만난 사람을 치료해준 후에 주막주인에게 계속 돌봐줄 것을 부탁하면서 동전 2개를 주었을 때 이를 당시에 사용하던 동전 2개로 생각해야지 신약과 구약 성경이라고 해석하지 말라는 뜻이다.

또한 성경의 각 구절은 문맥의 관점에서 이해해야 한다. 많은 단어들이 여러 의미를 가지고 있다. 그러므로 특정한 문장에서 어떤 의미로 사용되었는지를 판단하기 위해서는 문맥을 생각해야 한다. 예를 들면, 인자라는 단어에는 최소한 두 가지의 의미가 있다. 사랑(仁慈)의 의미도 있고 인간의 아들(人子)이란 의미도 있다. 그러나 한 문장에서 어느 의미로 사용되었는지를 결정하기 위해서는 문맥을 참고해야 한다. '코스모스'(cosmos)라는 단어는 훨씬 더 많은 의미로 사용되었다.

---

6) R. C. Sproul, *Knowing Scripture* (Downers Grove, Ill.: InterVarsity Press, 1978), 63.

성경은 하나님의 계시이지만 지금의 사람들과는 시간적, 공간적, 관습적, 언어적, 문화적, 영적인 면에서 차이[7]를 가지고 있다. 그러므로 성경 원래의 뜻을 찾아내기 위해서는 다음과 같은 질문을 염두에 두어야 한다. '이 단어는 원래 수신자에게 어떤 의미를 전달하고 있는가?' '문화는 이 글에 어떤 영향을 미쳤는가?' '문맥에서 이 단어의 의미는 무엇인가?' 그리고 '이 문제는 무엇이며 그 내용에 어떤 영향을 주는가?'를 생각하게 되면 성경의 본래 뜻을 찾을 수가 있을 뿐 아니라 한걸음 더 나아가 오늘의 성도들에게 주는 의미도 찾을 수가 있게 된다.

---

7) Roy B. Zuck, *Basic Bible Interpretation* (Wheaton, Ill.: Victor Books, 1991), 16-18.

02_ 성경의 주제

이번 절(節)에서는 성경주제를 다루기 위한 전(前) 단계로 성경전체에 대한 개관을 살펴보면서 성경주제에 대한 이해를 하고자 한다.

1. 성경의 개관

구약은 약 1,000년(BC 1400-400)이라는 긴 기간에 걸쳐서 기록되었고 저자는 대략 30명에 이르지만 그 내용은 하나님중심이라는 통일성을 가지고 있다. 구약의 내용은 세상의 창조에서부터 시작하여 하나님의 택한 백성인 이스라엘이 바벨론으로 포로로 잡혀갔다가 다시 가나안으로 돌아오는 역사까지를 포함하고 있다.

구약은 그 내용성격에 따라 역사서, 시서(詩書), 선지서라는 세 영역으로 분류될 수 있다. 역사서는 17권인데 이는 다시 모세오경(창세기-신명기)과 역사서(여호수아-에스더)로 나눌 수 있고, 시서는 5권으로 욥기에서 아가서까지이다. 그리고 선지서는 5권의 대선지서(이사야-다니엘)와 12권의 소선지서(호세아-말라기)로 구성되어 있다.

신약은 50년 어간에 걸쳐 저술(45-95)되었는데 저자는 8명((마태, 마가, 누가, 요한, 베드로, 바울, 야고보, 유다)이며 헬라어로 저술되었다. 신약은 구약과 비교할 때 새언약(마 26:28, 고후 3:6, 히 9:15)이며, 새계명(요 13:34, 요일 2:7-8)이며, 새창조(고후 5:17, 갈 6:15)요, 새생명(롬 6:4, 7:6)이며, 새하늘과 새땅(벧후 3:13, 계 21:1), 새이름(계 2:17, 3:12), 그리고 새노래(계 5:9, 14:3)이다. 구약의 마지막 선지자인 말라기의 예언 이후 400년은 예언이 없었던 침묵기였다. 400년간의 침묵 후에 이스라엘이 기다리던 메시아의 오심을 통하여 세상의 구원에 대한 하나님의 역사가 다시 시작되었다.

성경내용은 아래와 같은 성경의 주제에 따라 정리할 수 있다.[8)]

구약은 세 부분 곧 세상의 창조, 인류의 역사, 선택한 백성의 역사로 나눌 수 있다. 세상의 창조는 세상창조의 목적(잠 16:4)과 피조물들, 안식일과 가정에 대한 교훈을 포함한다. 그리고 인류의 역사는 홍수 전의 역사(BC 4004-2349)와 홍수 후의 역사(BC 2349-1921)로 나뉘어지는데 홍수 전 인류의 역사는 아담과 하와, 타락, 아담과 하와의 자손들의 역사이고, 홍수 후 인류의 역사는 노아와 그의 자녀들로부터 시작한다.

하나님의 택하신 백성인 이스라엘의 역사는 다시 4시대 곧, 가나안 족장

---

8) C. R. Jaarsma, R. H. Postma & J. Tuls, *Outline of Sacred History* (Grand Rapids, Mich.: The Van Noord Book and Publishing Co.), 11, 93.

시대, 애굽에서의 노예시대, 국가시대, 포로 시대 등으로 나눌 수 있다. 가나안에서의 족장시대(BC 1921-1635)는 아브라함, 이삭, 야곱 그리고 요셉의 시대이다. 이 시대는 아브라함의 삶을 통하여 믿음을 보여주고 이삭을 통해서는 하나님 앞에서 화평과 기도하는 삶을 보여준다. 그리고 야곱의 삶과 그의 자녀들을 통하여 12지파를 이루어간다.

그리고 애굽에서의 노예시대(BC 1635-1491)가 그 뒤를 잇는데 애굽에서 고생하는 이스라엘 백성들과 모세를 통하여 그들을 구원하시는 하나님, 구원함을 받은 이스라엘이 출애굽을 하게 되는 것을 보여준다.

그리고 국가시대는 신정국가 시대(BC 1491-1095)와 왕국시대로 나누어진다. 신정국가는 40년간의 광야생활과 가나안에서의 생활(BC 1451-1095)을 포함한다. 광야생활에는 시내산까지 가는 여정과 하나님께서 주신 율법, 그리고 광야에서의 이스라엘의 방황 등을 포함한다. 가나안에서의 생활은 가나안을 정복하는 과정(BC 1451-1427), 가나안의 분할(BC 1427-1425) 그리고 사사 시대(BC 1425-1095)를 포함한다.

그리고 왕국시대는 통일왕국 시대(BC 1095-975)와 분열왕국 시대(BC 975-586)로 나눈다. 통일왕국 시대는 사울(BC 1095-1056), 다윗(BC 1056-1015) 그리고 솔로몬(BC 1015-975)왕이 통치한 시대이며 분열왕국은 북 이스라엘 왕국(BC 975-721)과 남 유다 왕국(BC 975-586)으로 구분된다. 포로 시대는 바벨론 포로시대(BC 586-536)와 팔레스타인에서 이방민족들에게 정복을 받은 시대인데 이스라엘 백성을 정복하여 통치했던 민족들 중에는 바사, 애굽, 수리아, 로마 등이 포함된다.

그리고 신약은 크게 다섯 부분 곧 교회의 창설자이신 우리 주 예수 그리스도, 오순절 성령의 강림과 교회 설립, 교회의 성장, 교회교리의 정립, 교회의 미래 등으로 나눌 수 있다. 교회의 창설자가 되시는 예수 그리스도에 대해서는 먼저 그의 오심에 대한 예언인 창세기 3:15에 예언된 구속주, 창세기 49:10에 기록된 야곱의 유다에 대한 축복, 신명기 18:18에서 모세가 말한 선지자, 이사야 9:6의 그리스도의 탄생과 이름, 이사야 53:7의 주님의 고난, 미가 5:2의 그리스도 탄생지, 시편 16, 22, 68, 89편의 메시아 시편 등으로 나눌 수 있다.

그리고 메시아의 탄생 기사, 유년기와 준비기간(4-27), 그의 3년간의 사역(27-30), 그의 수난, 갈보리에서의 고난, 그의 죽으심과 장사, 부활과 승천을 포함하는 그의 생애가 4복음서에 기록되어 있다. 그리고 비유와 율법의 해석을 통한 예수님의 교훈, 병든 자와 죽은 자를 일으키시고 영적 세계와 자연의 주인이 되심을 보여주신 그의 이적, 중보자 되시는 예수님은 완전한 하나님이시며 인간이심과 선지자, 제사장, 왕으로서의 그의 직무가 포함된다.

교회의 설립에는 오순절 성령의 강림이 촉매제가 되었고 베드로를 통하여 초대 예루살렘 교회는 크게 성장을 하게 되었다. 예루살렘 교회(30-37)에 박해가 일어남으로 유대인들이 흩어져서 이방인에게 전도(37-51)하게 됨으로써 점차 교회는 이방인들에게까지 확장되었다. 그 중에서도 바울이 교회와 예수님을 믿는 성도들을 체포하기 위하여 다메섹으로 가는 길에서 부활하신 주님을 만나 회심하게 된 것과 바울이 사도로 세움을 받은 후 세 차례에 걸친 선교여행을 통하여 이방인 가운데 교회를 설립(51-67)함으로써 소아시아와 마게도냐 그리고 로마에 이르기까지 성도와 교회가 확산되게 되었다.

교회의 교리는 바울의 서신들에 나타나 있다. 로마서는 인간의 죄, 칭의, 성화 등에 대하여, 고린도 전후서는 초대교회가 가진 여러 잘못된 교리들에 대하여, 옥중서신인 갈라디아, 에베소, 빌립보, 골로새서는 각각 이신칭의(以信稱義), 교회론, 기쁨, 성도들의 의무에 대하여, 데살로니가 전후서는 경건한 삶에 대하여, 목회서신인 디모데 전후서, 디도서는 목회자인 디모데와 디도에게 목회에서 지켜야 규칙들을 전하였고, 빌레몬서는 개인서신이다. 바울 서신 13권과 공동 서신 8권은 기독교의 중요한 교리들을 포함하고 있다.

교회의 미래는 요한계시록에 포함되어 있는데 이는 신약에서의 유일한 예언서이다. 계시록의 목적은 성도들이 세상 끝 날까지 믿음을 지킬 것을 권면하기 위하여 앞으로 일어날 일들에 대하여 성도들에게 계시하는 것이다.

2. 성경의 주제내용

성경은 단순하게 여러 내용을 집합해 놓은 것이 아니라 그 나름대로의 주제를 가지고 있다. 성경에는 많은 주제가 있으나 그 중에서 중요한 주제들을 살펴보면 아래[9] 와 같다.

• 은혜: 타락한 사람에게 주시는 하나님의 크신 호의로서 신구약을 통하여 나타나는 핵심내용이다. 사람은 하나님의 은혜에 의지할 뿐이다. 일부 성도들이 구약시대의 사람들은 순종함으로 구원을 받고 신약시대의 사람은 믿음으로 구원을 받는다는 것은 잘못된 생각이다. 구약시대 때나 신약시대 때나 구원은 은혜로 얻는 것이다.

• 질서와 혼란: 하나님은 모든 것을 질서에 따라 만드셨기 때문에 보시기에 좋았다. 창세기 3장은 사람과 세상에 악이 들어왔음을 보여준다. 그리고 하나님은 이러한 혼란을 극복하게 하셔서 하나님과 사람 사이에 그리고 사람들 사이에 창조질서를 회복시켜주심을 보여준다.

• 죄/정죄/은혜: 하나님은 인간의 죄와 악에 대하여 끝없는 사랑과 자비로 대하심으로써 하나님의 처음 계획을 회복하심을 나타낸다.

• 선택: 하나님은 이스라엘을 하나님의 특별한 백성으로 선택하셨다. 이

---

9) Harry Wendt, *Leader's Manual for Crossways* (Minneapolis, Minn.: Crossways International, 1994), 23-26.

는 하나님의 은혜에서 나온 것이다. 선택교리는 성경 전체에서 핵심적인 내용이다.

• 언약: 하나님께서는 아브라함, 다윗, 그리고 시내산에서 이스라엘과 언약을 맺으셨다. 성경을 통하여 이 언약이 지속된다. 한 예로서 하나님은 아브라함에게 "내가 내 언약을 나와 너와 네 대대 후손의 사이에 세워서 영원한 언약을 삼고 너와 네 후손의 하나님이 되리라. 내가 너와 네 후손에게 너의 우거하는 이 땅 곧 가나안 일경으로 주어 영원한 기업이 되게 하고 나는 그들의 하나님이 되리라"(창 17:7-8)고 하신 말씀에서 인간과 맺으신 하나님의 언약을 볼 수 있다.

• 회상: 고대 이스라엘이 과거를 회상할 때는 단순히 기억만 하는 것이 아니라 경험을 다시 하였다. 이러한 과거에 대한 회상은 이스라엘이 다시 한 번 새롭게 되도록 해준다.

• 광야: 하나님은 이스라엘 백성을 광야로 이끄셔서 그들과의 관계를 더욱 공고하게 하셨다. 광야는 무엇인가를 기대하고 새롭게 시작되는 장소이다.

• 가나안: 가나안 땅은 이스라엘 역사에서 중요한 주제이다. 가나안 땅은 아브라함과 그의 자손에게 약속된 땅이지만 선지자들은 그 땅의 주인이 하나님이심을 말한다.

• 성령: 구약에서 하나님의 영(靈)은 사람에게 자신의 뜻을 전하시며 동시에 능력을 부어주시는 수단이었다. 이 영(靈)은 하나님의 천사와 비슷한 역할을 한다. 하나님의 영은 구약에서는 택하신 사람 곧 사사, 왕, 선지자에게 임하였다. 신약에서는 예수님, 제자들 그리고 이방인들에게 임하였다.

• 하나님의 임재(臨在): 예루살렘 성전이 이스라엘의 성소가 된 것은 하나님께서 임재하시는 곳이기 때문이다. 성전은 하나님께서 이스라엘 가운데 임재하시는 곳이었고 적(敵)으로부터 이스라엘을 보호해 주는 증표였다.

• 주의 날: 주의 날의 개념은 이스라엘 초기 역사에서 시작하여, 포로 전 선지자, 포로 후 선지자 그리고 예수님에게서 완전히 드러났다.

• 율법과 율법주의: 율법은 하나님께서 모세를 통하여 이스라엘에게 행하라고 주신 명령인데 후에는 형식적으로 행하는 율법주의로 전락하였다.

• 하나님의 아들: 구약에서는 이스라엘을 지칭하는 말이었다. 신약에서는 예수님을 하나님의 아들이라 하였는데, 그 이유는 예수님이 성육신하신 하나님이시기 때문만이 아니라 그는 참 이스라엘이시기 때문이었다.

• 인자(人子): 인자는 가장 높은 곳의 거룩하신 분이시고, 복음서에서는 예수님을 가리키는 말이었고, 그는 하나님의 왕국을 물려받은 분이시다. 예수님은 그의 사역에서, 고난을 예언할 때, 그의 재림을 말할 때 이 용어를 사용하였다.

• 왕권: 이스라엘의 초기에는 하나님만이 통치자였다. 그러나 이스라엘 백성의 요구로 이스라엘을 다스릴 왕을 그들에게 주셨다(삼상 8:4-9). 그 결과는 어떠하였는가?(삼상 8:10-18). 비참함과 고난의 연속이었다.

• 남은 자: 처음 사람이 하나님을 배반한 후에 하나님의 백성은 아브라함과 그의 후손들을 지칭하였다. 이 후 수많은 사람들은 아브라함의 자손이 되면 저절로 하나님의 백성이 된다고 믿었다. 선지자들은 아브라함의 육신적 후손과 언약은 다른 것이라고 가르쳤다. 이사야 선지자는 하나님의 참된 백성으로서의 '남아있는 의인'을 말하였다.

• 의/축복; 악/형벌: 신명기는 하나님의 길을 따르는 자에게는 물질적 축복이 주어지고 악한 자에게는 형벌이 따른다고 말한다. 신약에서의 의인에게는 물질적 축복이 아니라 고난을 받을 것을 말한다. 신약은 그리스도에게 속하는 것을 축복이라 말한다. 그리고 성공도 사람들이 생각하는 것이 아니라 삶을 통하여 얼마나 하나님의 영광을 높이고 다른 사람을 섬기느냐로 판단한다.

구약의 중요한 주제들[10]은 다음과 같다.

• 주 하나님은 한 분이시다: 유일신 하나님은 이스라엘의 유일한 교리이며 고귀한 진리이며 히브리 종교의 중심이다. 쉐마(신 6:4-5)로 지칭되는

구절에서 이러한 개념을 볼 수 있다: "이스라엘아 들으라 우리 하나님 여호와는 오직 하나인 여호와시니, 너는 마음을 다하고 성품을 다하고 힘을 다하여 네 하나님 여호와를 사랑하라."

이스라엘의 신개념은 세 단계를 보여주는데 1) 하나님이 모든 신중에 가장 높은 분이라는 믿음이라는 단일신론에서, 2) 하나님만을 배타적으로 경배하는 일신숭배로 그리고 3) 오직 한 분 참된 하나님만이 계시다는 믿음의 유일신의 개념을 형성하게 되었다.

구약은 유일신만을 이야기하는 것이 아니라 그에 의하여 창조된 세상은 한 분 하나님께 전적으로 종속된 하나의 단일체임을 말한다. 또 일신론은 단일윤리의 필수적인 전제이다. 모든 권세, 모든 피조물, 모든 존재는 한 분 하나님으로부터 유래되었다.

• 선한 창조: 하나님께서 만물을 창조하셨을 때 만물은 그 분의 성품을 나타내게 되었으므로 따라서 피조세계는 선하였다. 예를 들면, 창세기 1:31에서 "하나님이 그 지으신 모든 것을 보시니 보시기에 심히 좋았더라" 고 하셨는데 여기에서 '좋았더라' 고 한 것은 피조물들의 본질이 선하였음을 의미한다.

• 악(惡): 악은 무엇이며 그것은 어디에서 오는가? 그 해결책은 첫째, 하나님은 한 분이시며, 악은 거할 곳이 없다고 한 랜솜(John C. Ransom)의 견해가 있다. 둘째, 악의 실재는 인정하나 하나님의 실재를 부인하는 버트란트 러셀(Bertrand Russell)의 견해가 있다. 그의 추론은 일신론 하나님은 주권을 갖고 계실 것이며 그 권능을 가지고 악을 제거하실 것이다. 그러나 그렇게 하지 아니하시므로 이러한 악이 존재하는 것을 볼 때 하나님은 존재하지 않으신다. 셋째, 성경은 하나님의 실재를 의심하지 않으면서, 동

---

10) A. J. Conyers, *How to read the Bible*, 정옥배 역, 《어떻게 성경을 읽을 것인가?》 (서울: 한국기독학생회 출판부, 1989), 113-131.

시에 악의 실재를 대단히 진지하게 받아들인다. 악은 창조의 일부가 아니며, 어떤 것이라기보다는 어떤 것의 결핍이다. 악은 어떤 것이 잘못된 것이라고 성경은 말한다. 예를 들면, 성경에 613개의 명령이 나오는데 죄란 이 613개의 율법에서 벗어난 모든 것을 가리킨다는 것이 랍비들의 견해이다.

성경에서는 죄란 하나님과의 관계의 상실 및 그에 따라 피조물 및 나머지 인간들과의 관계의 상실로 규정한다. 창세기 4:14은 "주께서 오늘 이 지면에서 나를 쫓아 내시온즉, 내가 주의 낯을 뵙지 못하리니, 내가 땅에서 피하며, 유리하는 자가 될지라. 무릇 나를 만나는 자가 나를 죽이겠나이다"고 하였다. 죄의 결과는 하나님과 다른 피조물과의 관계단절을 의미한다. 루이스(C. S. Lewis)는 죄란 하나님께 대한, 그의 질서에 대한, 존재 자체에 대한 반역이라고 하였는데 그 의미는 죄란 단어의 원래 뜻에서 찾을 수 있다. 죄란 말은 히브리어로는 '하타스', 헬라어로는 하마르트티아인데 그 의미는 표적에서 '벗어나다' 이다.

• 하나님의 백성: 하나님의 백성이란 영혼을 가진 인간들로서 하나님을 섬기는 사람을 말하는데 하나님과 그의 백성의 관계는 룻의 고백에 잘 나타나있다: "어머니의 백성이 나의 백성이 되고 어머니의 하나님이 나의 하나님이 되시리니." 하나님께서 이스라엘을 그의 백성으로 선택하신 것은 하나님께서 그의 사명을 수행하도록 하기 위해 어떤 사람을 택하는 것 이상을 의미한다. 곧 그에 대하여 무엇인가를 계시하시는 것이다.

• 구속의 하나님: 구속(救贖)이란 속박에서 풀려나는 것 혹은 보다 바람직스러운 상태로 회복되는 것을 말한다. 구약은 이러한 구속의 결과들을 보여준다. 그러면 구속을 말하는 의도는 무엇인가? 이렇게 하나님께서 인간을 구속하신 이유는 인간들로 하여금 하나님중심의 의로운 행동, 생각, 작용, 곧 의의 삶을 살게 하는 것이다.

03_ 성경의 의미파악

성경교수는 내용의 전달만이 아니라 그 의미의 전달도 포함한다. 성경교수가 내용의 전달을 넘어 의미파악을 필요로 하는 것은 성경이 배경으로 하고 있는 문화와 생활습관이 현대인들의 것과 다르기 때문이다. 이러한 문화와 생활습관의 차이는 성경내용을 이해하기 힘들게 하는데 이것을 성경시대와 현대시대 사이의 간격(間隔)이라고 한다.

효과적인 성경교수를 위해서는 성경교사가 이러한 성경내용의 의미를 먼저 파악해야 한다. 그 후에 그 내용을 현대인의 삶에 적용시킴으로써 현대의 성도들이 받아들일 수 있게 해야 한다. 그러나 성경의 일부는 원래의 수신자에게 적용된 것과 마찬가지로 현대인들에게도 직접 적용될 수 있는 것들도 있다.

성경의 대부분은 적용가능 여부에 있어 양극단의 중간에 위치한다. 그러므로 올바른 성경교수를 위하여서는 원(原)수신자와 현대인 사이에 실재하는 간격을 좁혀야 한다. 이를 위해서는 두 단계를 밟게 된다. 첫째 단계는 현대인들이 성경 당시로 돌아가는 단계이다. 이 단계를 통하여 '성경본문이 기록된 당시의 수신자들에게는 어떤 의미를 갖는가?' 를 파악하게 된다.

성경 당시로 돌아가기 위해서 성경교사는 본문을 재현해야 한다. 본문을 재현한다는 것은 성경시대로 돌아가서 그 당시의 상황을 다시 구성하는 것을 의미한다. 이렇게 해야 하는 이유는 성경본문이 성경 당시 수신자에게 주었던 의미를 파악하고 이해하기 위함이다. 다드(C. H. Dodd)는 이상적인 교사는 1세기의 당시로 돌아가서 그 모든 것을 느끼고 생각하고 나서 다시 오늘의 현실로 돌아와서 그가 발견한 진리를 현재의 상황에 적용시킨다고 하였다.

시간과 공간의 제약을 받고 있는 우리가 어떻게 성경시대로 돌아갈 수 있나? 물리적으로는 불가능하나 상상이라는 방법을 이용하게 되면 가능하다. 그러므로 자신의 임무를 잘 수행하기 위해서는 성경교사는 성경내용들을 마음속에 그릴 수 있는 상상이라는 능력을 키워가야 한다. 이를 위해서는 좌측(左側) 뇌(腦)가 아니라 우측(右側) 뇌를 잘 사용해야 하는데 그 이유는 상상을 풍부하게 하기 위해서다. 왜냐하면 좌측 뇌는 논리적인 영역을 담당하고 우측 뇌는 감성적인 것을 다루기 때문이다.[11]

또한 성경교사는 성경본문에 포함되어있는 문화적인 풍습과 관례를 이해하기 위하여 성경시대의 문화적 배경을 연구해야 한다. 배우는 사람들의 이해를 돕기 위해서는 실물, 슬라이드, 지도 등을 사용할 수 있다. 특히 출애굽기에 기록된 이스라엘 백성들의 출애굽의 경로라던가, 사도행전에 기록된 바울 사도의 전도여행의 경로 등을 지도를 보면서 가르치면 효과적이다.

---

11) 하루야마 시게요(春山茂雄), 腦內革命, 박해순, 《뇌내혁명》(서울: 사람과 책, 1996), 18.

그리고 둘째 단계는 성경 당시의 상황에서 다시 현실로 돌아오는 단계이다. 이는 '오늘 본문이 지금 우리에게는 어떠한 의미를 주는가?'를 생각하는 단계이기도 하다. 존 스타트(John Stott)는 "(성경공부)는 단순한 강해가 아니라 의사소통이다 … 따라서 구약시대와 괴리된 현실을 연결하는 다리가 필요하다. … (성경교사)는 성경에서 하나님의 계시의 진리를 끌어내어 현대인의 삶 속에 적용시키는 일을 해야 한다"[12] 고 하였다. 성경이 생소하게 느껴지는 것은 성경의 상황과 우리의 삶이 조화되지 않고 괴리되어 있기 때문이다. 성경교사는 성경을 배우는 사람들에게 적합한 언어로 표현해야 한다.

요즘 많은 사람들이 '… 되어집니다' 라는 표현을 한다. 이러한 표현은 지도자로서 좋은 언어표현이 아닐 뿐 아니라 듣는 사람들에게 효과적으로 전달되지도 않는다. 수동태로 많이 쓰이는 영어 문장과는 달리 우리말은 능동태로 표현되는 것이 좋다. 그러면서도 현대인의 언어 및 사고와 조화될 수 있어야 한다. 곧 현대인의 지성과 마음 그리고 경험에 호소했을 때 그대로 수용되는 것이어야 한다.

성경교사는 성경본문을 현대인의 지식, 삶 및 경험과 어떻게 조화시킬 수 있는지를 고려해야 한다. 성경교사의 임무는 단순히 성경지식만을 전수하는 것이 아니라 성경본문이 현대인들에게 어떠한 의미를 주며 무엇을 말하고 요구하는지를 전하는 것이다. 그렇게 함으로써 성경의 교훈과 현대의 삶이 통합된 그리스도인의 진정한 삶을 영위할 수 있게 해준다.

---

12) Wilhoit & Ryken, *op. cit.*, 100.

| 4장 |

성경해석

풍유적 해석은 문자적 해석을 무시하고, 전통적 해석은 개인성을 무시하며, 합리적 해석은 초자연성을 무시하고, 주관적 해석은 객관성을 무시한다. 이러한 관점에서 볼 때 성경교사는 역사적, 문법적, 문자적 성경해석 방법을 강조해야 한다.

지금까지의 성경해석원리에 대한 논의에 대한 정리는 [illegible] 제시할 수 있다: 1) 성경이 최고의 권위를 가진다는 관점에서 해석한다. 2) 성경으로 성경을 해석한다. 다시 말하면, [illegible] 믿음의 유추법 이기도 하다. 3) 성경을 이해하고 바로 해석하는데 성령은 믿음과 성령은 꼭 필요하다. 4) 성경에 근거하여 [illegible] 개인의 경험에 기초하여 성경을 해석하지 말아야 한다는 것이다.

서론

성경교수는 중요한 3단계의 과정으로 구성되어있다. 첫째는 관찰의 단계이고, 둘째는 해석의 단계이고, 마지막 셋째는 적용의 단계이다. 성경해석은 성경교수의 3단계 중에서 두번째 단계인데 이는 성경해석은 성경관찰을 근거로 하는 과정임을 뜻한다. 성경관찰을 통하여 성경내용을 파악하는 과정이 없이 바로 해석을 하게 되면 지엽적(枝葉的)인 문제에 매달리게 되어 성경의 의미를 바로 해석할 수 없게 된다.

이는 마치 그림을 그리는 사람이 전체 숲을 보면서 스케치를 하는 과정을 무시하고 나무 한그루와 그 나무의 무성한 잎들에 집중하다 보면 균형잡힌 그림을 그릴 수 없게 되는 것과 같다. 성경해석도 관찰에 기초해야 한다. 그러나 성경해석 그 자체가 성경교사가 추구하는 목적은 아니다. 이 점이 성경교사와 주석가(註釋家)의 차이점이다. 주석가에게는 정확한 해석이 그들의 목표가 된다. 그러나 성경교사에게는 성경의 원래의 의미뿐 아니라 현대의 우리들에게 주시는 교훈이 무엇인가? 하나님께서 나에게, 우리에게 주시는 교훈이 무엇인가를 생각하고, 그 교훈을 따르게 하는 것 곧 어떻게 우리에게 적용할 것인지를 찾는 것이 목표이다.

좋은 성경해석자가 되기 위해서는 몇 가지 요구되는 전제(前提)사항이 있다. 먼저 성경을 하나님의 말씀, 정확무오한 하나님의 말씀, 성령의 영감으로 쓰여진 계시임을 믿는 것이다. 이러한 신앙의 전제 위에서 성경저자가 원래 의미했던 것이 무엇이며, 오늘의 우리에게 주시는 의미는 무엇인지를 찾아가는 노력이 필요하다.

그러므로 성경해석자가 되기 위해서는 영적인 준비를 먼저 해야 한다. 영적인 준비는 지적인 준비를 전제로 한다. 영어 선생에게 영어에 대한 지식이 요구되듯이 성경해석자에게는 성경에 대한 지식이 요구된다. 그리고 합리적인 연구를 담보하기 위해서는 지성적인 자질이 있어야 한다. 그러나 이러한 준비도 좋은 성경해석자가 되기 위한 충분조건이 아니라 필요조건이다.

성경해석자에게 요구되는 다른 조건으로는 신앙이 있다. 신앙이 없으면 성경진리를 부분적으로 곧 이성적으로는 이해할 수는 있어도 온전하게 이해하지는 못한다. 성경해석을 하는데 필요한 신앙의 구체적 조건에는 몇 가지가 있다. 첫째는 중생이다(고전 2:6-16, 고후 2:15-18). 중생은 성령이 역사한 결과이다. 이러한 성령은 또한 성경의 뛰어난 해석자이기도 하다(요 16:13). 성령의 도움이 없이 성경을 해석하려 할 때는 실패한다. 둘째는 헌신이다. 성경해석자는 신앙의 사람이어야 한다. 신앙의 사람이란 성경이 진리라는 것에 대하여 지적으로 동의하는 차원을 넘어 성경의 교훈에 순종하며 헌신을 하는 사람이다. 성경을 올바로 이해하고 해석하려면 연구하는 말씀에 순종하려는 결심이 있어야 한다. 셋째는 기도이다. 성경해석자는 기도의 사람이어야 한다. 한국이 낳은 최고의 주석가인 박윤선 박사의 성경주석을 읽으면 그 주석의 진가를 체험하게 된다. 그의 주석은 단순히 지적인 연구의 산물만은 아니다. 지적인 면이나 학문적인 면에서는 최근의 뛰어난 주석서들에 비하면 미흡한 점이 있을 수 있다. 그러나 그의 주석이 오늘날에도 성경해석의 기초가 될 수 있는 것은 그 해석의 방향이 올바르기 때문인데 그 이유는 기도로 쓴 주석이기 때문이다.

01_ 성경해석의 필요성

그러면 우리는 성경을 왜 해석해야 하는가? 이러한 성경해석은 언제부터 시작하였는가? 성경해석의 역사는 구약시대로 거슬러 올라간다. 일반적으로 성경해석의 역사에서 가장 먼저 언급되는 인물은 에스라이다. 에스라 당시의 이스라엘 백성들은 바벨론에 포로로 잡혀갔다가 70년이라는 세월을 포로로 살다가 다시 팔레스타인으로 귀환하였다. 그러나 그 당시의 유대인들은 생활 언어로 아람어를 사용하였기 때문에 히브리어로 된 성경을 이해할 수가 없었다. 히브리어 성경을 이해하기 위해서는 해석이 필요하였다. 그래서 에스라가 이스라엘 백성들에게 히브리어로 된 성경을 읽어준 후에 그들이 이해할 수 있는 아람어 방언으로 해석해주었다. 그 후에도 오랫동안 유대인들은 여러 나라로 흩어져 살았기 때문에 자기의 문화는 유지하고 있었으나 언어인 히브리어를 몰랐다. 그래서 이스라엘 백성들은 성경을 이해하기 위하여 그들이 사용하는 언어인 헬라어로 히브리어 성경을 번역하였는데 그것이 칠십인경이다.

칠십인경:
헬라어판 구약성경

하나님의 뜻을 바로 알기 위해서는 성경을 읽을 수 있어야 할 뿐 아니라 읽은 것을 바로 해석할 수 있어야 한다. 그래서 사람들은 하나님의 뜻을 알기 위해서 성경을 해석한다. 성경해석을 통하여 하나님의 뜻을 알 때 영적으로 성숙한 성도가 된다. 그러므로 성경해석은 지적인 탐구만이 아니라 영적인 성숙을 추구하는 사역이다.

사도행전 8:26-40은 '빌립과 에디오피아 내시'의 이야기이다. 그 이야기가 성경해석에 관하여 주는 교훈이 있다. 곧 사람들이 성경을 읽는다고 해서 누구나 그 의미를 깨닫는 것은 아니라는 것이다. 성경을 바로 읽지 못하면 그 의미를 왜곡하거나 오해하게 되지만 동시에 누구나 적절한 도움을 받으면 성경을 바로 해석할 수 있다는 의미이다. 사도행전 8:30의 말씀을 다시 보자: "네가 읽는 것을 깨닫느뇨? 이 말은 비록 내시가 성경을 읽고 있지만 그 의미를 깨닫지 못함을 암시하고 있다. 이 구절은 성경해석의 필요성을 강력하게 제기한다.

이러한 성경해석의 필요성에 대한 이유로는 네 가지로 제시할 수 있다. 먼저는, 성경의 본질 때문이다. 많은 성구들이 성경해석의 필요성을 강조하고 있다. 베드로 사도는 "(성경) 중에 알기 어려운 것이 더러 있으니 무식한 자들과 굳세지 못한 자들이 다른 성경과 같이 그것도 억지로 풀다가 스스로 멸망에 이르느니라"(벧후 3:16하)고 하였다. 둘째는 예수님의 교훈 중 성경해석의 필요성을 말하는 내용이 많다. 특히 비유로 말씀하신 후에는 해석을 해주셨다. 셋째는 성경저작 당시와 현시대 사이의 차이들–역사적, 문화적, 철학적, 언어적, 공간적–은 성경을 올바로 이해하는데 장애가 된다. 성경은 이러한 장애를 극복하는데 필요하다. 또한, 타락으로 말미암아 인간의 이성이 오염됨으로 말미암아 합리적으로 이해를 하지 못하기 때문에 성경해석이 필요하다.

그리고 올바른 해석을 위해서 다음과 같은 것들이 필요한 요소[1] 로 꼽힌다. 곧 진실된 마음, 겸손, 성경에 대한 존경심, 그리고 성령의 도움을 구하는 기도 등이다. 여기서는 먼저 성경해석에 있어서 잘못된 방법 세 가지를 먼저 살펴보고자 한다. 첫째는, 이성적 방법(rationalistic)이다. 이는 인간 이성으로 성경의 타당성, 역사성을 판단하려는 것인데 그 결과는 성경의 초자연성의 부인으로 이어진다. 곧 이성에 의지하는 성경을 해석하는 경우에는 마태복음 14:15–21의 예수님이 행하신 오병이어의 기적이나 마태복음 14:22–33에 기록된 예수님께서 물위를 걸으신 이적을 부인하게 된다. 이것은 진보적인 신학의 배경을 가진 사람들의 성경해석의 기초이다.

둘째는, 풍유적 해석방법이다. 이 해석법은 성경 각 구절은 각기 숨겨진 의미를 가지고 있다고 전제하면서 그 숨겨진 의미를 자기의 입장을 합리화하는데 사용한다. 특히 헬라 문화와 자신들의 믿음 사이의 갈등을 해소하기 위하여 유대인들이 사용하기 시작한 방법이다. 이 방법의 기원은 알렉산드리아의 유대 그리스도인들인데 그들의 성경해석의 한 가지 예(例)는 다니엘서 6장에 기록된 사자굴에서의 살아나온 다니엘의 이적을 합리화하기 위하여 사자굴을 실제의 굴(窟)이 아니라 영적 고난과 시험을 의미하는 것으로 해석하였다.

셋째는, 교리적 방법(dogma teaching)이다. 이는 경직되고 적의적인 마음에서 나온 방법으로 로마 가톨릭의 교리가 그 대표적이다. 그들은 마태

---

1) Thomas E. Fountain, *op. cit.*, Ch. 3.

복음 16:18-19에서 예수님께서 베드로를 반석이라고 한 것에 기초하여 베드로를 교회의 첫 교황이요 반석으로 해석한다. 이는 성경의 의미를 찾아내고자 하는 자세라기보다는 자신들의 교리의 합리화를 추구하는 것이다.

성경해석의 이러한 오류를 피하고 올바로 해석하기 위한 방법은 문법적 역사적 방법이다. 이는 성경을 풍유, 우화, 전설, 전통이 아니라 역사의 참된 기록으로 믿는 것에서 출발한다. 이는 2세기 안디옥에서 사용된 가장 오래된 해석 방법이기도 하다. 현대의 문법적 역사적 방법을 이전 시대에는 '문자적' 이라고 불렀다. 4세기 제롬(Jerome)이나 종교개혁자 루터와 칼빈도 이러한 문법적 역사적 해석방법을 지지하였다.

성경을 올바르게 해석하기 위해서 다음과 같은 질문들이 도움이 될 것이다. 성경본문에 나오는 단어는 원래 수신자에게는 어떤 의미를 전달하고 있는가? 당시의 문화는 이 글에 어떤 영향을 미쳤는가? 문맥상으로 볼 때 이 단어의 의미는 무엇인가? 그리고 그 문제는 무엇이며 그 내용에 어떤 영향을 주는가? 이와 더불어 성경해석에 대한 정확한 이해를 위해서는 성경해석의 역사를 조명해보는 것도 큰 도움이 된다. 그러므로 아래에서는 먼저 성경해석의 역사를 개괄해보려고 한다.

02_ 성경해석의 역사

성경해석의 역사를 연구하는 이유와 그를 통하여 얻는 교훈[2]에는 몇 가지가 있다. 첫째는, 성경해석 역사를 통하여 과거의 성경해석에 대한 교훈을 배운다. 곧 각 해석법의 장점과 단점을 앎으로서 우리가 취해야 할 방법을 찾을 수가 있다. 둘째는, 어느 누구라도 잘못된 해석원칙을 적용하면 해석도 잘못된다는 사실을 깨닫기 위함이다. 잘못된 해석방법을 선택하게 되면 영적 자세와 열정이 있다고 하더라도 잘못된 길로 접어들 수밖에 없음을 알게 된다. 셋째, 올바른 신앙과 성경지식을 가진 사람만이 하나님께서 성경저자들을 통하여 주시는 교훈을 바로 찾아낼 수 있음을 배운다.

---

2) Roy Zuck, *op. cit.*, 27.

이러한 성경해석의 필요성과 성경해석 역사를 통하여 얻을 수 있는 교훈을 염두에 두고 아래에서 성경해석의 역사를 시대적으로 살펴보면서[3] 우리가 가져야 할 성경해석의 관점을 찾아보고자 한다.

1. 유대해석

바스라 근교에 있는 에스라의 무덤

성경해석의 기원은 모세가 받은 율법을 에스라(BC 457, 느 8:8-9)가 이스라엘 백성들에게 해석하여 준 것에서 시작되었다.[4] 에스라는 이스라엘 백성들에게 히브리 성경을 읽은 후 아람어로 해석하여 주었다. "하나님의 율법 책을 낭독하고 '그 뜻을 해석하여' 백성으로 그 낭독하는 것을 다 깨닫게 하며"(느 8:8)라고 한 것은 당시의 이스라엘 사람들이 일상언어로 아람어를 사용하여 히브리어를 이해할 수 없었으므로 히브리어 성경을 깨닫게 하기 위해서는 설명이 필요하였던 것이다. 이것이 성경해석의 기원이다.

에스라에 대하여 말하기를 "이 에스라가 바벨론에서 올라왔으니 저는 이스라엘 하나님 여호와께서 주신 바 모세의 율법에 익숙한 학사로서 그 하나님 여호와의 도우심을 입으므로 왕에게 구하는 것은 다 받는 자더니"(7:6)라고 하면서 그를 '율법에 익숙한 학사'라 불렀다. 에스라는 학식이 있었으며 하나님의 법인 모세의 율법을 가르쳤다. 에스라의 가르침에는 해석과 설

3) A. Berkeley Mickelsen, *op. cit.*, 20-53.

4) Thomas E. Fountain, *Keys to Understanding and Teaching Your Bible* (Nashville, TN: Thomas Nelson Publishers, 1983), 11.

명이 있었다. 에스라는 많은 군중들에게 모세의 율법을 이른 아침부터 정오까지 읽었다(느 8:3 "수문앞 광장에서 새벽부터 오정까지 남자, 여자 무릇 알아들을 말한 자의 앞에서 읽으매…"), 그리고 "하나님의 율법 책을 낭독하고 그 뜻을 해석하여 백성으로 그 낭독하는 것을 다 깨닫게 하매"(느 8:7-8)라고 하였다. 이 상황은 이중언어를 사용하였으므로 "히브리 원어는 큰 소리로 포로 이후의 팔레스타인 지역의 공용어였던, 아람어로 통역되었을 것이다."[5] 이때부터 통역과 설명이 뒤따랐다. 이스라엘의 일부 사람들의 임무는 성경을 복사하여 일반 백성들에게 번역과 설명을 해 주었다.

그러나 오늘날과 같은 체계적인 성경해석의 기원은 유대선생 힐렐(BC 70-AD 10)에서 시작되었다. 힐렐은 613개의 모세율법의 명령을 6개의 주제로 정리하였다. 그리고 구약의 해석을 위한 7개의 규칙을 제시하였다. 힐렐은 율법에서 현대적인 의미를 찾아내는데 성경해석이 중요하다고 생각하여 구체적인 규칙을 처음으로 정리하였으며 그것들을 일곱 가지로 정리하였다.[6]

---

5) Raymond A. Bowman, "The Book of Ezra and the Book of Nehemiah," *Interpreter's Bible, III*, (Nashville, Tenn.: Abingdon), 737._

6) Eduard Lohse, *The New Testament Environment*, (tr.) by John E. Steely, (Nashville, Tenn.: Abingdon, 1974, revised), 170-171. 힐렐이 제시한 7가지의 규칙은 첫째, 작은 것에서부터 더 큰 것으로 유추해가는 것이다. 셋째는, 일반적인 것에서 특수한 것으로 유추한다. 어떤 단어가 반복되어 나오면 후자는 전자를 해설하는데 사용할 수 있다. 넷째는, 모든 성경구절들은 다른 유사구절의 관점에서 해석해야 한다. 예) 민수기 25:1에서 이스라엘 백성을 간음하게 한 사람은 민수기 22-24장에 나오는 발람으로 해석한다(Midrash Sifre Numeri: $ 131). 힐렐의 규칙은 2세기에 이스마엘(R. Ishmael)에 의하여 13규칙으로 확충되었다. 첫째는 덜 중요한 것에서 더 중요한 것으로 혹은 그 역(逆)으로 나아간다. 둘째는, 유추하여 결론을 짓는 것이다. 즉, dough-offering과 dues는 제사장에게 드리는 선물이다. Heave-를 드리는 것은 제사장에게 드리는 선물이다. Heave-를 제사장에게 드리지 않는 것은 dues를 드리지 않는 것이다(미쉬나 Betzah, I, 6). 셋째는, 일반적인 것에서 특수한 것으로 유추한다. 어떤 단어가 반복되어 나오면 후자는 전자를 해설하는데 사용할 수 있다. 넷째는, 모든 성경구절들은 다른 유사구절의 관점에서 해석해야 한다. 예) 민수기 25:1에서 이스라엘 백성을 간음하게 한 사람은 민수기 22-24장에 나오는 발람으로 해석한다(Midrash Sifre Numeri: $ 131). 힐렐의 규칙은 2세기에 이스마엘(R. Ishmael)에 의하여 13규칙으로 확충되었다.

쿰란 공동체를 결성한 일부 유대인들은 팔레스타인에서의 복잡한 생활과 유대 종교에 적의를 가진 정치적 사회적 세력들 때문에 그들이 하나님을 섬기기가 불가능하다고 느꼈다. 율법을 지키기가 어렵고 구약 성경을 연구할 시간이 없음을 알고 율법에 따라 살 수 있는 금욕주의 공동체를 구성하였다. 큰 박해 기간에 다른 사람들이 이 그룹에 동참하였다. 그들은 여기서 성경을 필사하고 주석을 썼고 이 주석에 해석을 달았고 성경자료들은 쿰란파 자신의 관점에서 설명을 하였다. 나훔에 대한 주석은 쿰란 공동체와 다르나 동시대 그룹의 성경자료들을 해석한다. 이사야 주석은 종말론 적으로 해석한다. 하박국 주석은 이 세 가지 과정을 다 보여준다. 즉 본문을 먼저는 쿰란, 그리고 동시대의 다른 그룹, 그리고 종말론적으로 해석한다.

에스라와 느헤미야는 성경해석을 아주 엄격하게 하였는데 이후의 바리새인들도 이러한 해석방법을 채택하여 해석하게 되었다. 그리하여 바리새인들은 율법의 아주 작은 한 철자에까지 의미를 부여하게 되었다(마 5:18). 그리고 1세기의 랍비 아퀴바(Rabbi Aquiba)는 모든 반복, 대화의 방법, 병행법, 동의어, 단어, 문자, 문자의 모양 등에도 감추어진 뜻이 있다고 주장하였다.

오랫동안 이스라엘 백성들에게는 구전 율법이 있었다. 이것을 기록한 결과로 두 종류의 랍비문학의 형태가 생겨났다. 하나는 미드라쉬 혹은 미드라쉼(midrash or midrashim)라고 하는 것과 다른 하나는 미쉬나(mishna)이다. 전자는 구약에 주석을 단 것이다. 모세오경의 미드라쉬 중 가장 오래된 것 세 가지는 출애굽기의 멜키타(Mekilta), 레위기의 씨프라(Sifra), 그리고 민수기와 신명기의 씨프레(Sifre)[7]이다. 미쉬나는 성경 자료들을 주제별로 해석한 것이다. 힐렐(Hillel)이 처음으로 주제들을 분류했으나 현재의

---

7) Morton Scott Enslin, *Christian Beginnings* (NY and London, Harper and Brothers Publishers, 1938). 104-110.

분류는 아키바(Akiba)의 공헌이 크다. 이러한 주제는 신학적인 것이 아니었으며 그 주제들 몇 가지를 예로 들면 씨앗, 절기, 여성, 상처, 성물, 성결 등이다.

미드라쉼과 미쉬나 두 가지 모두 할라카(Halakah)와 하가다(Haggadah)로 구분되었는데 할라카는 율법에 대한 논의이며 하가다는 율법 이외의 것들 즉, 역사, 예언적 권면, 시편에 대한 개인적 경험 등에 관한 것이다. 미쉬나는 성경을 설명한 것이고 이후의 학자들은 미쉬나를 해석하였는데 이를 기초로 하여 탈무드가 만들어졌다. 그리고 탈무드에도 두 가지가 있는데 팔레스타인 탈무드와 바벨론 탈무드가 그것들이다. 팔레스타인 탈무드는 450년경에 나타났고 바벨론 탈무드는 500년에서 550년 사이에 나타났는데 바벨론 탈무드가 팔레스타인 탈무드보다 양(量)으로 보면 4배나 더 많다. 탈무드는 히브리어와 아람어로 되어있으며 이 탈무드에는 미드라쉼과 미쉬나 및 하라카와 하카다가 모두 들어있다.

2. 교부시대

교부시대의 성경해석의 일반적인 특징은 풍유적 해석방법이다. 1세기의 초대교부들 곧 로마의 클레멘트(30-95), 안디옥의 이그나시우스(35-107), 져스틴 마터(100-164), 그리고 이레니우스에 대해서는 거의 알려져 있지 않다. 알렉산드리아 교부들의 모토는 "너희가 믿지 아니하면 이해하지 못할 것이다"(사 7:9)인데 그 원래의 뜻은 한글성경에서와 같이"너희가 믿지 아니하면 정녕히 굳게 서지 못하리라"이다. 클레멘트(150-215)는 성경은 참 뜻을 그 속에 감추고 있다고 생각하였다. 그 감추어진 의미에는 다섯 가지 곧 역사적 의미(이야기), 교리적 의미(신학적), 예언적 의미, 철학적 의미, 신비적 의미(도덕적)가 있다고 믿었다. 오리겐(185-254)은 사람

히포 성 어거스틴
(354-430)

이 몸, 영, 혼의 세 요소로 구성된 것같이 성경도 세 가지의 의미를 가지고 있다고 생각하였다. 몸은 문자적 의미를, 혼은 도덕적 의미를, 영은 풍유적 또는 신비적 의미가 있다고 보았으며 이중에서 도덕적, 풍유적 의미 두 가지를 강조하였다.

안디옥 교부들의 해석방법은 알렉산드리아 학파의 해석방법보다 건전하다. 즉 풍유적 해석을 견제하고 문자적 역사적 해석을 추구하였다. 그들의 장점은 계시의 발전, 성경의 통일성이 기독론적임을 인정한 것이며, 성경의 원어연구를 강조하고 주석을 썼으며 중세와 종교개혁시대에 큰 영향을 끼쳤다는 점이다. 제롬(347-419)은 풍유적 해석을 하는 오리겐을 따랐다가 나중에 안디옥 학파의 영향을 받아 문자적 해석에 초점을 두었다.

어거스틴(354-430)은 문자적 해석을 따르는 마니교에 빠져 있다가 밀란의 성당에서 행해진 암브로스의 풍자적 해석에 근거한 설교를 듣고서 구약을 이해하게 되었다. 그 결과로 어거스틴은 풍유적 해석을 하였다. "의문은 죽이는 것이요 영은 살리는 것임이니라"(고후 3:6)는 성경구절에 근거하여 어거스틴은 "기독교 교리(On Christian Doctrine, AD 397)"에서 "믿음의 유추"를 법칙을 제시하였는데[8] 이는 어떤 구절이 성경 전체의 내용에 상치된다면 그 해석은 받아들이지 않는다는 법칙을 의미한다. 그는 또한 풍유 해석의 근거로서 일곱 가지의 해석원리를 제시하고 그에 근거하여 풍유적 해석의 근거를 마련하였다.

8) Roy Zuck, *op. cit.*, 39

3. 중세시대

중세는 로마 가톨릭교회의 첫 교황인 그레고리 대제(540-604)에서부터 시작된다. 그의 성경해석은 교부들의 방법을 따랐다. 토마스 아퀴나스(1225-1274)는 "문자적 의미는 저자가 의도하는 것이나 참 저자는 하나님이시므로 성경에서 많은 의미를 찾을 수가 있다"고 간주하여 성경은 역사적, 풍유적, 비유적, 유추적 의미를 갖고 있다고 주장하였다. 이 당시는 성경해석에 관한 한 황무지와 다름없었다. 그리고 성경에 대한 새롭고 창조적인 사고도 없었다. 즉, 교회의 전통과 성경의 풍유화만 대두되었던 시대였다. 이 중세시대에는 모든 성경구절은 4개의 의미를 가지고 있는 것으로 생각하였다. 따라서 모든 성경구절에서 네 가지의 의미를 찾아내려는 시도를 하였다.

그 네 가지 의미는 문자적, 풍유적, 도덕적, 신비적 의미인데 1) 문자적 의미는 하나님과 우리 조상들이 한 일을 우리에게 보여주고, 2) 풍유적 의미는 우리의 신앙이 감추어진 곳을 우리에게 보여주며, 3) 도덕적 의미는 우리에게 일상생활의 법칙을 제공해주고, 4) 신비적 의미는 우리들이 투쟁을 끝낼 곳을 보여준다고 하였다. 한 가지 예를 들면, '물'의 문자적 의미는 보통 물이고, 풍유적으로는 세례의 교리를, 도덕적으로는 정결한 생활을, 신비적으로는 하늘 예루살렘의 생명수를 의미하는 것으로 해석하였다. 프란시스칸 수도사들은 성경의 이러한 사중적(四重的) 의미가 동등하게 중요성을 지닌다고 생각하였으나 토마스 아퀴나스 계통의 도미니칸 수도사들은 문자적 의미가 다른 세가지 의미의 기초가 된다고 생각하였다.

종교개혁에 큰 영향을 끼친 위클리프(John Wycliff 1330-1384)는 성경이 교리와 삶의 근거임을 강조한 개혁주의 신학자이다. 그는 로마 교회의 전통적 권위를 반대하고 성경해석을 위한 규칙을 제시하였다. 그 규칙으로

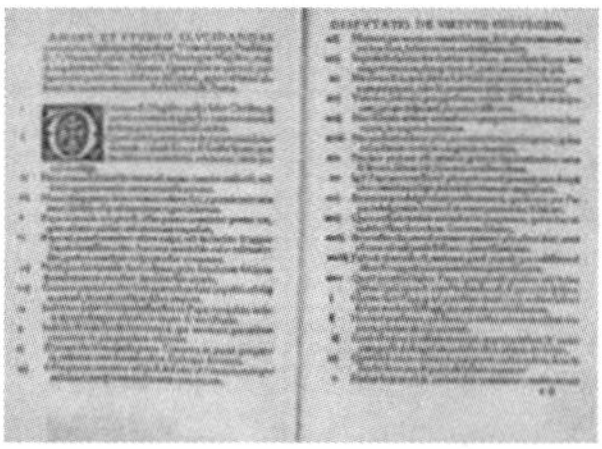

루터의 95개 조항

는 첫째, 좋은 번역판을 택하라. 둘째, 성경의 논리를 이해하라. 셋째, 한 구절을 다른 구절과 비교하라. 넷째, 겸손하고 간구하는 자세를 가져라 등이다. 그리하면 성령께서 가르치실 것이라고 주장하면서 문법적, 역사적 해석을 강조하였으며 "문자적 역사적 의미에 모든 필요한 것이 다 포함되어 있다"고도 하였다.

4. 종교개혁 시대

마르틴 루터
(1483-1546)

종교개혁가인 루터(1483-1546)는 성경해석의 방향전환에 큰 공헌을 하였다. 그는 성경해석의 근거를 가톨릭 교회와 교회회의, 그리고 교황의 권위에서 '오직 성경'의 권위로 방향을 전환하였다.

루터는 1) 중세시대의 4중적 성경해석방법을 따르지 않고 성경에는 오직 하나의 근본적인 의미만 있다고 강조하였다. 곧 문자적 의미만 받아들였으며, 2) 성경해석권이 교회에만 있다는 주장을 배척하고, 개개인 신자 모두가 성경을 해석할 수 있는 능력과 특권이 있다고 믿었고, 3) 이렇게 모든 성도들 개개인이 성경해석을 하기위해서는 성도들이 자신의 모국어로된 성경을 가지고 있어야 한다고 생각하여 성경을 독일어로 번역하였으며, 4) 그 뿐 아니라 성경해석에 있어서 성령의 조명의 필요성을 인정하였고, 5) 성경해석 방법에 있어서도 풍유화 대신 그리스도 중심적인 해석을 선택하였다. 그리하여 시편, 바울서신, 요한복음은 높이 평가하였으나 야고보서와 요한계시록은 낮게 평가하였다. 이러한 기독론의 강조는 풍유적 해석의 여지를 여전히 남겨놓은 결과를

제네바에 있는 종교개혁 기념 벽
좌로부터 파렐, 칼빈, 베자, 낙스

낳았다.

칼빈(1509-1564)은 성경전권을 주석할 때 동시대의 멜랑톤이나 부써와는 다른 방법을 썼다. 즉, 멜랑톤은 지나치게 간단히 성경을 주석하였고 부써는 너무 장황한 설명을 하여 독자로 하여금 그 의미를 찾아 헤매게 할 때가 있었으나 칼빈은 성경을 해석할 때 1) 성경저자의 간단명료한 의미를 소개하는데 초점을 두었다. 즉, 성경저자가 의도한 것이 무엇이었느냐를 밝히는 것이 성경해석자의 임무라고 믿었고, 2) 루터가 제정한 일반적 원리에 동의하였으나 모든 성경구절에서 그리스도가 나타나야 한다는 점에는 동의를 하지 않았으며, 3) 성경의 뜻을 이해하기 위해서는 성령의 조명이 필요하다고 믿었으며, 4) 문법적 역사적 해석방법을 따랐고, 5) 풍유적 해석을 배격하고 성경은 성경으로 해석하였으며, 6) 문맥, 문법, 단어, 병행구절의 연구를 통하여 저자의 뜻을 찾는데 집중하였다.

5. 종교개혁후기

1545-1563년 사이에 로마 가톨릭 교회는 그들이 용납할 수 있는 종교개혁의 내용과 범위를 규정하였다. 반면에 개신교회는 신조를 만들어 로마 가톨릭 교회에 대응하였는데 두레틴(Jean-Alphonse Turretin 1648-1737)은 성경해석의 기준으로 1) 성경도 다른 책과 같이 해석하고, 2) 성경의 단어, 표현에 유의하며, 3) 목적은 본문에 대한 저자의 의도를 찾으며, 4) 해석자는 이성을 사용하고 다른 성경과 모순되지 않아야 하며, 5) 저자들의 의견은 그들 당시의 관점에서 이해해야 한다는 점 등을 제시하였다.

칼빈주의에 대응하여 일어난 경건주의는 신조주의에 대한 반발로서 하나님의 말씀을 단순히 문법적으로, 역사적으로, 분해적으로 연구하는 것은 한 사상을 겨우 수박 겉핥기식으로 아는데 불과하나, 죄를 책망하며 죄지은 것을 애통해하며 기도하는 태도로 성경을 연구하면, 진리의 핵심을 파악하게 될 것이라고 주장하였다. 경건주의의 대표자는 스페너(Philipp Jakob Spener 1635-1705)인데 그는 주관적인 성경해석에 치우침으로써 문법적 역사적 성경해석방법을 버리고 '내적 조명' 을 강조하였다.

17-18세기에 나타난 문서 및 언어 연구학파는 성경원본연구를 활발하게 하였다. "현대 문서비평의 아버지"로 알려진 벵겔(Johann A. Bengel, 1687-1752)은 1734년에 비평적인 주석과 함께 헬라어 신약성경의 비평판(批評版)을 출판하였고, 1742년에는 철학성, 영성, 경건성을 강조하는 신약주석(Gnomen Novi Testamenti)을 썼다. 합리주의의 선구자인 홉스(1588-1679)와 스피노자(1632-1677)는 이성이 진리와 비(非)진리를 가려낼 수 있는 능력이 있다고 주장함으로써 계시가 이성의 판단을 받게 하는 결과를 초래하였다.

6. 19세기

이 시기는 자유주의 신학이 절정을 이룬 시기이다. 자유주의는 성경을 인간의 저술로 봄으로써 성경에 잘못이 있다고 생각하였고, 죄, 타락, 지옥과 같은 초자연적인 것은 합리성에 근거하여 모두 부인하였다. 그들은 "하나님께서 본문을 통해 무엇을 말씀하고 계시는가"에 관심을 갖기보다는 "이 고대의 히브리 종파의 종교적 의식이 오늘날 나에게 무슨 의미를 제공해주는가"에 집중한다.

7. 20세기

이 시기는 자유주의 신학에 대한 반발이 일어나서 다시 성경으로 돌아온 시기이다. 이러한 자유주의 신학에 대한 반발로 나타난 신학이 신정통주의 신학인데 이 신학의 핵심은 성경을 인간의 종교적 의식의 산물이라는 자유주의자의 생각도 따르지 않을 뿐 아니라 성경은 하나님의 말씀이라는 정통주의의 견해도 받아들이지 않는다. 그들의 주장은 1) 성경은 하나님의 자기계시에 대한 인간의 증거이지 계시 그 자체는 아니며, 2) 성경무오설을 인정하지 않으며, 3) 하나님과 인간이 만날 때 비로소 성경은 하나님의 말씀이 되며, 4) 인간실존에 깊은 관심을 가지나 객관적 계시는 강조하지 않으며, 5) 창조, 타락, 부활, 재림은 신화적으로 해석한다.

20세기의 새로운 성경해석학파로는 성경본문의 역사적 배경을 무시하고 성경을 픽션의 구조적 요소를 가진 것으로 보는 구조주의, 성경을 경제적, 정치적으로 억압받는 자의 관점에서 해석하는 해방신학, 성경을 성차별주의자의 억압이라는 관점에서 분석하는 여성신학, 그리고 성경에 나타난 초(超)문화적 의미를 찾는 인종해석학 등이 있다.

역사적으로 볼 때, 성경해석에는 다양한 방법이 있다: 문자적(literal), 풍유적(allegorical), 전통적(traditional), 합리적(rationalistic), 그리고 주관적(subjective) 성경해석방법 등이 있다. 풍유적 해석은 문자적 해석을 무시하고, 전통적 해석은 개인성을 무시하며, 합리적 해석은 초자연성을 무시하고, 주관적 해석은 객관성을 무시한다. 이러한 관점에서 볼 때 성경교사는 역사적, 문법적, 문자적 성경해석 방법을 강조해야 한다.

03_ 성경해석 원리와 종류

지금까지의 성경해석원리에 대한 논의에 대한 정리로 다음의 몇 가지의 일반적인 원리를 제시할 수 있다.

- 성경이 최고의 권위를 가진다는 관점에서 해석한다.
- 성경으로 성경을 해석한다. 다시 말하면, 성경의 최고 해석자는 성경이다. 이는 다른 말로 '믿음의 유추법' 이기도 하다.
- 성경을 이해하고 바로 해석하는데 구원받은 믿음과 성령은 꼭 필요하다.
- 성경에 근거하여 개인의 경험을 해석해야 한다. 이를 다르게 말하자면, 개인의 경험에 기초하여 성경을 해석하지 말아야 한다는 의미이다.
- 성경의 예화는 성경의 말씀에 부합할 때만 권위를 가진다.
- 성경의 주된 목적은 우리의 삶을 변화시키는 것이지 지식축적이 아니다.

• 모든 성도 개개인이 하나님의 말씀을 연구하고 해석할 권리와 의무를 지닌다.
• 교회사의 역사적 사건들은 성경해석에 있어 중요하지만 성경해석상의 의미를 결정하는데 핵심적인 요소는 아니다.
• 문맥을 따라 성경을 해석해야 한다.

그리고 중요한 성경해석방법 네 가지를 살펴보자. 첫째, 문자적 해석방법이다. 이는 주로, 샴마이 학파의 해석방법으로서 신명기 6:7의 "네 자녀에게 부지런히 가르치며 집에 앉았을 때에든지 길에 행할 때에든지 누웠을 때에든지 일어날 때에든지 이 말씀을 강론할 것이며"에서 '누웠을 때에든지 일어날 때에든지' 에 근거하여 저녁에는 기댄 자세로 암송하고 아침에는 선 자세로 암송하도록 해석하였다. 힐렐 학파는 '길에 행할 때에든지' 라는 말이 있으므로 자신에게 좋은 방법으로 해석해야 한다고 하였다.

둘째, 미드라쉬 해석방법(midrashi)이다. 이는 힐렐이 개발한 해석규칙들이다. 그 기본적인 법칙은 1) 여러 본문에서 나오는 사상, 용어, 구절을 비교하고, 2) 일반적인 원칙을 특별한 경우에 적용하며, 3) 해석에 있어서 문맥의 중요성을 인정한다. 곧 그 출발점은 성경본문이며 인정된 해석법칙에 의하여 성경 안에 감추어진 뜻을 설명함으로 하나님의 계시를 당대의 사람들에게 맞도록 적용시키는 것이다. 이렇게 해석을 하게 된 것은 바리새인들이 구전을 성경에 연결하려는 의도 때문이었다.

그러나 후에 이를 지나치게 적용함으로 많은 부작용을 낳기도 하였다. 즉, 1) 문맥과는 관계없이 본문, 구절, 용어에 뜻을 부여하게 되었으며, 2) 같은 용어나 구절이면 그것들이 다른 사상을 가지고 있었을지라도 같이 혼용하게 되었으며, 3) 사소한 문법적 문제에 해석적인 의미를 부가시키게 되었다.

셋째, 페쉐 해석방법(pesher)이다. 이는 쿰란 공동체의 해석 방법이다. 그들은 선지자의 말씀은 감추어진 예언적 의미를 담고 있는 것으로 이것들은 그들의 언약공동체를 통하여 성취되리라고 믿었다. 이 방법은 미드라쉬 방법에서 종말론적 성격을 강조한다. 이러한 해석방법은 쿰란 공동체 자신들이 성실한 '남은 자' 들이라고 믿어 이 해석법을 사용하였다.

넷째, 풍유적 해석방법(allegorical)이다. 풍유는 구절의 각 단어에 감추어져 있는 의미를 찾아내는 것으로서 성경은 문자적 의미이상의 참 뜻을 지니고 있다는 믿음에서 출발한다. 특히 헬라인들의 종교적 신화의 전통과 헬라적 유전 사이의 갈등을 해결하기 위한 것이다. 즉, 신화를 풍유화하여 문자 뒤에 감추어진 의미를 찾으려 하였다. 이러한 해석의 대표자는 알렉산드리아의 필로(BC 20-AD 54)인데 그는 헬라 철학의 영향을 받았으나 믿음으로 인하여 구약을 변호하고자 곧 모순을 피하려고 풍유화를 하였다. 그는 문자적 해석은 미완숙의 상태로 생각하고 풍유적으로 해석해야 할 경우를 13가지로[9] 제시하였다.

랍비 아키바는 성경의 모든 구절은 여러 의미를 가지고 있다고 하였다. 이에 대하여 라파(F.W. Farrar)[10] 는 아키바의 원리는 성경의 모든 단어에는 한가지의 의미가 있다고 것이다. 그리고 성경의 각 단어에는 신비적 의미가 있다고 하였다.

9) 박형용, 《성경해석의 원리》(서울 : 엠마오, 1991), 45. (1) 문자적 의미가 하나님의 가치를 전락시킬 때 (2) 성경구절이 서로 상충될 때 (3) 성경자체가 풍유화할 때 (4) 표현이 이중적으로 나타날 때 (5) 필요가 없는 말이 사용되었을 때 (6) 이미 알고 있는 사실이 반복되었을 때 (7) 한 표현이 여러 가지로 변화를 나타낼 때 (8) 동의어가 사용될 때 (9) 용어로 기교를 부릴 수 있을 때 (10) 용어가 약간의 변화를 인정할 때 (11) 표현이 정상적이 아닐 때 (12) 수나 시상에 비정상적인 것이 있을 때 (13) 상징이 나타날 때.

10) F. W. Farrar, *History of Interpretation* (Bampton Lectures, 1885. NY: E. P. Dutton and Co., 1886), 73-75 quoted from A. Berkeley Mickelsen, *Interpreting the Bible* (Grand Rapids, Mich.: Wm. B. Eerdmans Publishing Company, 1991), Rep. 26.

| 5장 |

성경교수원리

성경은 다양한 문체 곧 다양한 장르로 구성되어 있다. 그러므로 성경은 읽을 때와 설교할 때 각 장르의 특성에 따라 차이가 있는 것처럼 교수할 때도 차이를 요구한다.

하나님의 말씀인 성경은 성도들을 교훈하고, 책망하고, [illegible] 유익하다(딤후 3:16). 그러나 성경을 교수하는 모든 활동이 학습자들에게 교훈을 주고, 책망하고, 바르게 하고, 의로 [illegible] 성경교수활동이 효과적인 것이 되기 위해서는 지켜야 할 원리가 있다. 그러므로 성경교사들은 자신들의 교수활동이 효과적인 [illegible] 때에 더욱 큰 영향을 끼칠 수 있다. 이렇게 하는 것이 성경교사의 의무요 책임이다.

서론

하나님의 말씀인 성경은 성도들을 교훈하고, 책망하고, 바르게 하고 의로 교육하기에 유익하다(딤후 3:16). 그러나 성경을 교수하는 모든 활동이 학습자들에게 교훈을 주고, 책망하고, 바르게 하고, 의로 교육하기에 유익한 것은 아니다. 성경교수활동이 효과적인 것이 되기 위해서는 지켜야 할 원리가 있다. 그러므로 성경교사들은 자신들의 교수활동이 효과적인 것이 되게 하는 원리를 찾아내고, 연습하여 가르칠 때에 더욱 큰 영향을 끼칠 수 있다. 이렇게 하는 것이 성경교사의 의무요 책임이다. 이 장(章)에서는 성경교수가 효과적인 것이 되게 하는 원리를 찾아보고자 한다.

효과적인 성경교수원리를 찾기 위하여 전체를 세 부분으로 나누어서 살펴보려고 한다. 첫째 부분은 성경교수의 역사에 대한 조명이다. 이 부분에서는 성경에 나오는 교수방법을 시대적으로 살펴봄으로써 성경교사 자신이 처한 상황에서 가장 효과적인 방법을 찾아본다. 둘째 부분은 인간발달단계에 기초한 교수원리의 소개이다. 이는 연령에 따라 지적, 사회적, 도덕적, 신앙적 발달이 다르다는데 기초한 연령별 교수원리이기도 하다.. 좀 더 구체적인 내용은 이 책의 6-8장에서 어린이, 청소년, 청장년 성경교수로 나누어 논의할 것이다. 마지막 셋째 부분은 성경본문의 장르에 기초한 교수원리의 소개이다. 성경에는 이야기, 서신, 예언서, 시가서, 비유 등 다양한 장르들이 있는데 장르에 따라 교수원리는 달라야 한다. 좀 더 구체적인 내용은 이 책의 9-14장에서 각 장르에 따른 교수원리를 논의할 것이다.

01_ 성경역사에 따른 교수원리

'쉐마' 라는 이름으로도 불리는 신명기 6:4-9의 내용은 신앙전승(傳承)에 대한 명령일 뿐 아니라 교수방법과 그 원리에 대한 지침이기도 하다. 이와 더불어 출애굽기 4장은 구체적인 신앙교수방법에 대한 원리를 보여준다. 이에 근거하여 유대인들은 구전(口傳), 사물(事物) 그리고 절기(節氣) 등을 교육매체로 사용하여 자녀들에게 신앙을 전수하였다. 특히 유대인들에게 있어서는 이러한 것들이 자녀들에게 믿음을 전하는 수단이었다. 예를 들면, 신명기 6장은 구전을 통한 교육이라고 할 수 있다. 또한 여호수아 4:1-9에서는 이스라엘 백성이 요단을 건너 약속의 땅으로 들어갈 때 매 지파마다 돌을 하나씩 곧 열두개의 돌을 취하여 쌓은 돌무더기를 통하여 자녀들에게 선조들에게 행하신 하나님의 역사를 설명함으로써 신앙교육을 하였는데 이는 사물을 통한 교육이다.

유대인들은 또한 절기를 통하여 신앙교육을 하였다. 그 중에서 안식일 교육은 가장 중요한 것이었다. 안식일은 하나님께서 정하신 특별한 날이기 때문이다. 그 외의 특별 절기로는 남자아이의 할례일, 추수절기, 유월절, 처음 난 짐승을 바치는 날, 오순절, 장막절, 속죄절, 안식일과 희년 등 레위기서에 나오는 제사 등이 있다. 이 절기들은 특별한 날일 뿐 아니라 유대인들의 자녀를 위한 신앙교육에 매우 적절한 기회가 되었다.

유대인들이 교육을 행한 주된 장소로는 가정 외에 성막, 성전, 회당 등이 있다. 성막은 출애굽기 25:8에서 여호와의 명령에 따라 만들어졌다. 그리고 솔로몬 왕 때에 이르러서는 성전을 건축하였는데 성전건축에 대한 내용은 열왕기상 6장에 기록되어 있다. 성막을 건축하기 이전에는 가정이 주(主)된 교육장소였다. 특히 가정교육에 대한 명령과 원리는 잠언(22:6 "마땅히 행할 길을 아이에게 가르치라 그리하면 늙어도 그것을 떠나지 아니하리라")과 신명기(6:7 "네 자녀에게 부지런히 가르치며 집에 앉았을 때에든지 길에 행할 때에든지 누웠을 때에든지 일어날 때에든지 이 말씀을 강론할 것이며") 등에서 볼 수 있다.

에스겔 40–47장에 나오는
환상으로 본 성전

출애굽기 25장 이후부터는 성막이 유대인들의 중요한 교육장소로 사용되었다. 그리고 성전은 솔로몬 왕 이후부터 예배를 드리는 곳이 되었고 이곳에서의 예배를 통하여 이스라엘 백성들에 대한 교육이 더불어 이루어졌다. 그리고 유대인들에게 본격적인 교육장소인 회당은 이스라엘 백성이 바벨론으로 포로가 되어갔을 때 예배와 교육을 겸한 장소로 건립되었다. 포로시기에 세워진 회당에서의 예배와 교육은 유대인의 삶과 신앙을 보존하는 중요한 수단이었다.

신약시대에서는 예수님과 바울의 교육을 찾아볼 수 있다. 유대인들에게 '랍비' 라는 이름은 최고의 영예인데 제자들은 예수님을 60번에 걸쳐 '랍비' 라고 불렀다. 이렇게 존경받는 선생이신 예수님의 가르침에는 분명한 목적이 있었다[1]: 곧 1) 올바른 생각을 갖게 하고, 2) 영혼을 변화시키며, 3) 인간관계를 증진시키고, 4) 삶의 문제를 충족시키고, 5) 성숙한 성품을 갖게 하고, 6) 봉사의 훈련이었다.

이러한 예수님의 가르침의 목적은 다음과 독특한 교수원리[2]를 근거로 하고 있다: 1) 현재의 능력보다 미래의 가능성을 보며, 2) 개인적 접촉을 강조하며, 3) 현실에서 시작하여 자신의 원리를 현실에 적용하며, 4) 중요한 문제를 중심으로 하여 가르치고, 5) 양심에 의존하며, 6) 최선을 이끌어내며, 7) 학습자들이 스스로 배우게 하는 원리 등이었다.

예수님의 가르침에 있어서 하나의 특징은 예수님의 성경에 대한 해박한 지식이고 다른 하나는, 사람의 본성에 대한 이해와 사람을 대하는 능력의 탁월함이다. 예수님께서는 대상과 장소에 따라 그때그때 가장 효과적인 방법을 사용하셨다. 예수님의 교수방법[3]중에서 몇 가지를 살펴보면 다음과 같다.

- 공개된 장소에서 많은 사람들을 가르치실 때는 강의법을 사용하셨다.
- 천국을 설명하실 때는 비유법을 사용하셨는데 그 이유는 진리를 방해하는 사람들에게는 진리를 감추기 위함이었다.
- 개인을 대상으로 하실 때는 대화법을 사용하셨다. 예를 들면, 사마리아 여인이나 니고데모와의 대화 등이다.

---

1) Howard F. Vos, *op. cit.*, 198.

2) J. M. Price, *Jesus the Teacher* (Nashville, Tenn.: The Sunday School Board, Southern Baptist Convention, 1946), 31-44, quoted from Vos, *Ibid.*, 198.

3) Howard F. Vos, *op. cit.*, 198-199.

• 공격해오는 사람들과는 논쟁이라는 방법을 사용하여 이기셨다.
• 때로는 교수효과가 높은 실물교육과 이적을 사용하셨다.
• 예수님은 드라마틱한 요소들을 최대한으로 사용하셨는데 예를 들면, 나사로와 야이로의 딸을 살리신 일 등이다.
• 예수님은 자신의 가르침을 널리 전하기 위하여는 선교라는 방법을 사용하셨다.

당시의 다른 선생들이나 서기관들의 가르침과는 다르게 예수님의 가르침에는 권위(마 7:29 "이는 그 가르치시는 것이 (권위)있는 자와 같고 저희 서기관들과 갖지 아니함일러라")가 있었다. 이러한 권위의 근원은 창조주 하나님도 되시는 예수님의 모든 피조물들에 대한 지식에 있다. 더욱이 예수님은 분명한 목적을 가지고 가르치셨기 때문에 그 교육효과는 매우 컸다.

바울도 예수님과 마찬가지로 분명한 목표를 가지고 가르치셨다. 그의 목표[4]는 1) 지적인 회심(回心)을 추구하는 것이었고, 2) 기독교를 체계적으로 이해시키는 것이었으며, 3) 거짓 선생들의 가르침에 대항(對抗)하게 하고, 4) 성숙한 기독교인의 성품을 개발하고, 5) 그리스도의 백성으로 살게 하는 것이었다.

부활의 주님을 만난 바울의 회심
:다메섹으로 가는 길에서

최고의 교사이신 예수님과 최고의 지성과 능력을 가진 바울의 교수에서 발견할 수 있는 교수원리[5]의 첫째는, '목표'(aim)의 설정이다. 곧 목표의 설정이 없는 교수는 교수효과를 크게 기대할 수 없다. 사람들은 일을 할 때 목표를 먼저 세운다. 길을 갈 때도 가는 목표

4) *Ibid.*, 200.
5) *Ibid.*, 186-188.

가 있고, 무엇을 만들 때도 만들 대상에 대한 목표가 있고, 말을 할 때도 전달하고자 하는 목표가 있다. 그래야만 호소력이 있다. 그러므로 성경교수도 교수효과를 높이기 위해서는 학습자를 그리스도에게로 인도하고, 그리스도 안에 세우며, 그리스도를 위한 일군으로 보내고자 하는 구체적인 목표가 있어야 한다.

둘째는, 교육의 본질에 대한 이해이다. 교육한다는 것은 배우는 사람들이 듣고 깨닫고 이해하게 하는 것이다. 그러므로 성경교사는 주어진 성경내용을 전달하면 된다는 생각을 가져서는 안 되고 학습자들로 하여금 교수내용을 알게 하고, 깨닫게 하고, 실천하게 하려는 의도를 가져야 한다. 예수님과 바울의 가르침은 언제나 교육에 대한 이해를 기초로 하였다.

셋째는, 학습자들의 욕구, 흥미, 그리고 목적에 근거하여 성경교수를 한다. 그러므로 성경교사도 성경내용을 효과적으로 가르치기 위해서는 그들의 흥미를 이끌어내고, 욕구를 충족시켜야 한다. 그레고리(Gregory)[6]는 이러한 교수의 효과를 위해서는 다음의 요소들이 필요하다고 제안하였다: 가르칠 내용에 대한 지식, 학습자의 흥미유발, 교사와 학습자가 공통적인 언어의 사용, 학습자가 이미 알고 있는 것에 기초한 교수, 학습자가 좋은 생각과 개념을 갖게 함, 학습자의 마음속에 새로운 생각과 진리를 갖게 함, 가르친 지식을 다시 돌아보고 생각하게 하는 시험 등이다.

그러면 이러한 과거 역사를 통한 교훈을 거울로 삼을 때 성경교사는 성경을 어떻게 가르칠 것인가? 먼저는 가르칠 성경에 대하여 이해가 전제(前提)되어야 한다. 성경에는 서신, 역사서, 이야기, 예언서, 시가서, 그리고 비유 등이 있는데 교사는 이러한 각 장르에 대한 특성을 이해해야 한다. 다음으로, 가르칠 내용을 이해해야 한다. 이러한 이해를 위해서 몇 가지[7] 즉,

6) *Ibid.*, 190.

7) Lucien E. Coleman, *op. cit.*, 121-122.

"이 성경구절에서 핵심 강조점과 주제는 무엇인가? 어떤 주제가 우리에게 흥미가 있을까? 이 구절을 통하여 학습자들이 자신들의 욕구와 흥미에 대해 배울 수 있는 것은 무엇인가? 왜 그들이 이 내용을 배워야 하는가? 이 구절을 가르칠 때 어디에 관심을 가져야 하는가?" 등을 생각해야 한다. 이러한 교수원리를 생각할 때 효과적인 성경교수를 할 수 있게 된다.

02_ 발달단계에 따른 교수원리

20세기는 발달이론의 시대로서 다양한 발달이론들이 제시되었다. 발달이론에 대한 연구는 인간의 본질에 대한 이해가 그 동기가 되었다. 인간의 본질을 이해하기 위하여 사람들은 인간발달을 연구한다. 지금까지 인간발달연구의 영역들로는 인지발달, 정서발달, 사회성발달, 도덕성발달, 그리고 신앙발달 등이다.

이러한 발달이론들은 그 관점에 따라 기본적인 가정들이 다르다. 특히 발달이론은 교수-학습과정의 기초가 되는 가정(假定)들에 기초하는데 윌호이트(James C. Wilhoit)와 드토니(John M. Dettoni)는 최소한으로 11개의 가정이 있다고 말한다. 그 가정[8]들은 다음과 같다.

- 사람들간에는 차이보다는 유사성이 더 많다.

- 사람들은 사람이 되어갈 뿐이다. 곧 사람들의 학습은 동물들과는 다른 종류다.
- 사람은 성숙해가는 존재이다.
- 성숙의 정도는 다를 수 있다.
- 발달형태는 사람의 본성에 달려있다.
- 발달의 형태는 크게 바뀔 수 없다.
- 사람은 통합적 존재이다.
- 외적 환경은 발달을 가능하게 하거나 저해하게 할 수 있다.
- 자신의 경험으로부터 스스로 의미를 찾는 내적 범주에서의 변화이다.
- 발달과 학습은 좌절되거나 막힐 수 있다.
- 신앙발달 곧 영적 발달이다.

영적 발달에는 최소한 다음과 같은 10가지의 기본 요소들이 있다: 하나님의 실재, 성경(聖經)의 실재, 발달적 영향의 실재, 개인과 자연환경에 대한 죄의 영향의 실재, 개인에게 주어진 발달책임의 실재, 하나님의 본질에 기초한 인지적, 도덕적, 영적 가치의 실재, 발달의 식별과 설명, 측정 가능한 단계의 실재, 사람의 삶의 긍정적 가치의 실재, 기독교신학의 공헌의 실재, 그리고 경험적 관찰에 대한 신학적 반성 사이의 상호교류의 실재 등이다.

성경교사들은 이러한 각 영역발달이론에 대한 지식 그 자체보다도 이러한 각 영역의 발달이론이 어떻게 영적 발달과 연계되는가에 관심을 가져야 한다. 이를 위하여 아래에서는 피아제의 인지발달이론, 에릭슨의 사회성발달이론, 그리고 콜벅의 도덕성발달이론, 그리고 파울러의 신앙발달이론을 통한 교수원리에 대하여 개략적으로 설명하려고 한다.

먼저, 피아제(Jean Piaget, 1896-1980)의 인지발달이론이 가장 큰 공헌[9]을 미친 부분은 외적 지식과 내적 지식을 연계하는 철학적 및 경험적 관

---

8) James C. Wilhoit & John M. Dettoni, *Nurture that is Christian* (Wheaton, Ill.: A Bridgepoint Book, 1995), 33-41.

계성을 제공한 것이다. 그는 지식에 관한 사고에 나타나는 일반적 구조를 규명하였다. 그의 영향은 미국에서의 자동차의 발명이 끼친 영향에 비교되기도 한다. 피아제는 인지발달구조에 대한 연구가로 알려져 있는데 그는 성장단계를 감각운동기(0-2세), 전조작기(약 2-7세), 구체적 조작기(약 7-11세), 그리고 형식적 조작기(12세 이상)로 구분한다. 이러한 피아제의 연구가 기독교교육에 주는 함의[10]는 다음의 세 가지이다: 1) 성경교사로 하여금 교육목표가 발달임을 깨닫게 한다. 즉 그리스도를 닮아 하나님께 영광을 돌리는 것이 인간발달의 궁극적 목적임을 알게 한다. 2) 학습은 사회적 활동임을 알게 한다. 사람들이 발달하기 위해서는 단지 앉아서 듣는 것에 그쳐서는 안되고 서로간의 상호작용이 필요함을 알게 해준다. 3) 학습은 불균형-조정(dis-equilibrating and re-equilibrating) 과정임을 알게 한다. 사람들은 삶의 이슈 및 문제들과의 싸움을 통하여 성장함을 알게 해준다. 이러한 세 가지의 원리가 하나님의 말씀과 성령의 역사와 조화할 때 교회와 그리스도인들 안에 갱신의 불길이 일어난다.

콜벅(Lawrence Kohlberg, 1927-1987)은 도덕적 사고의 구조를 연구할 때 사회적 관점과 정의의 실천이라는 두 요소에 제한하였다. 콜벅은 도덕적 추론을 전인습적(pre-conventional), 인습적(conventional), 그리고 후인습적(post-conventional)이라는 세 단계[11]로 나누었다. 각 단계를 다시 두 레벨(level)로 나누었다. 단계 1에서는 도덕적 추론은 옳고 그름이 무엇인지를 결정한다. 즉, 어른들이 말한 것이나 상(賞)을 주는 것은 옳은 것이고, 벌(罰)이나 고통이 오는 것은 그른 것으로 판단한다. 단계 2에서는 좋은 사람들이 그들의 도덕적 표준의 근거가 된다. 즉, 좋은 사람들이 하는 것은 옳은 것이고 그들이 하지 않는 것은 그른 것으로 판단한다. 단계 3에서의 핵심은 원리이

9) James E. Plueddemann, "The Power of Piaget" in Wilhoit & Dettoni, *op. cit.*, 47.
10) *Ibid.*, 59.
11) Catherine Stonehouse, "The Power of Kohlberg" in Wilhoit & Dettoni, *op. cit.*, 65-68.

다. 사람들이 법대로 살고 법을 각 상황에 적용하려 함에 따라 그들은 구체적인 법이 때로는 도덕적 결정에 도움이 되지 않음을 이해한다. 이러한 도덕적 원리를 이해함으로 도덕적 갈등을 풀 수 있음을 알게 된다.

콜벅의 이론은 그리스도인으로 하여금 더욱 효과적인 성경교사가 되게 한다. 곧 콜벅은 성경교사로 하여금 도덕적 내용은 일부이고, 효과적인 도덕교육은 배우는 사람들 자신이 직면(直面)한 상황에서 도덕적 판단을 할 수 있도록 능력을 키워주는 것임을 알게 한다.[12] 그리고 그의 연구는 성경교사들로 하여금 발달을 촉진할 수 있는 경험에 대한 통찰력을 갖게 한다. 즉, 어린이, 청소년, 청장년들은 적극적인 참여가 필요하고, 또한 성장하여 감에 따라 다른 사람들의 관점에서 보게 해준다.

파울러(James W. Fowler, 1940-)은 종교심리학 영역에서의 뛰어난 연구자인데 그는 신앙의 내용(믿는 내용)과 신앙의 구조(믿는 이유)를 구분하면서 사람들이 무엇을 믿는가에 대해서가 아니라 사람들은 왜 믿는가에 대한 구조를 연구하였다. 파울러는 신앙을 6단계로 나누었는데 그것은 나이에 따라 나눈 것도 아니고 또 모든 사람들이 다 최고의 단계에 이르는 것도 아님을 말한다. 그의 발달단계[13]는 0단계(원시적 믿음–유아기)의 시기는 믿음이 발달하기 이전(以前)이며 이때는 부모와 다른 사람들과의 관계를 통하여 신뢰를 형성한다. 1단계 (본능적/추사적 믿음–아동기 초기)는 매우 상상력이 강한 단계인데 이들은 이미지, 이야기, 상징의 영향을 받으나 아직 논리적 사고의 통제를 받지는 않는다.

2단계(신비적/문자적 믿음–아동기와 그 이후)는 피아제의 구체적 조작기가 시작하는 단계와 같은 단계로서 논리적인 사고를 하고 인과관계, 공간, 시간의 범주로 세계를 나눈다. 이 시기의 신앙을 신비적이라고도 하는

---

12) *Ibid.*, 73.
13) Perry G. Downs, "The Power of Fowler" in Wilhoit & Dettoni, *op. cit.*, 77-82.

것은 이야기에서 삶의 의미를 찾을 수 있기 때문이며 또한 동시에 문자적이라고도 하는 것은 아직 구체적 사고의 한계를 벗어나지 못하기 때문이다. 이 단계에서는 아직 다른 사람의 입장에서 생각하기는 어렵다. 3단계(종합적/전통적, 청소년과 그 이후)는 신앙과 강한 관계가 생기며 다른 사람과의 관계에서 그들 자신을 본다. 그리고 종합적이라 하는 것은 앞 단계의 신앙과 가치가 종합되기 때문이고, 전통적이라 하는 것은 확대된 공동체의 신앙과 형식을 채택하기 때문이다.

4단계(개인적/반성적 신앙-청년기)에서는 자아와 종교적 사고가 함께 발달을 한다. 이 단계에서는 같은 그룹의 사람들이 그것을 왜 믿고 왜 그렇게 행동하는가를 생각하면서 그룹과 다른 입장을 취한다. 5단계(접속적 믿음-중년과 그 이후)에서는 자아의 한계를 느끼고 4단계의 판단과 평가에 대한 확신이 줄어든다. 깊은 자아인식과 하나님의 위대하심에 대하여 더 의식하게 되므로 사람들의 관점의 상대성을 잘 이해하게 된다. 6단계(보편적 믿음-중년과 그 이후)에서는 자아에 대한 급격한 와해와 하나님과 급격하게 새로운 관계를 형성한다. 하나님과 그의 왕국의 사역에 대한 새로운 정체성 때문에 역설적인 것들을 포기하게 된다.

파울러의 이론은 신학적인 문제가 있음에도 불구하고 기독교교육과 영적 성장에 중요한 통찰[14]을 제공한다. 그러한 통찰들은 다음과 같다.

- 보편적 현상으로서의 믿음이다. 신앙발달이론은 종교인만이 아니라 모든 사람이 신앙을 갖는다는 인류에 대한 고귀한 관점을 제공한다.
- 믿음과는 다른 신앙을 그는 말한다. 파울러는 스미스(Wilford Cantwell Smith)의 영향을 받아 복음적 교회가 말하는 신조를 신앙과 구별한다.
- 신앙에 대한 좀 더 완전한 관점을 제공한다. 그의 연구는 성경교사들이 사람들을 좀 더 완전하게 보게 한다. 파울러는 신앙이 자아상 및 세계관

14) Perry G. Downs, "The Power of Fowler" in Wilhoit & Dettoni, *op. cit.*, 84-88.

과 밀접하게 연결되어 있음을 보여준다.

- 신앙에 대하여 주의 깊게 듣는다. 성경교사들은 사람들이 그들의 신앙에 대하여 말할 때에 주의 깊게 듣는 법을 배워야 한다. 성경교사들은 사람들이 무엇을 믿느냐에 관심을 가져왔고 어떻게 믿는가에 대해 듣기는 실패하였기 때문이다.
- 성숙한 신앙을 보여준다. 파울러의 발달단계들은 성경교사들로 하여금 학습자들의 신앙성숙을 이해하도록 도와준다.

마지막으로, 살펴보려는 것은 에릭슨(Erik Erikson, 1902-1994)의 사회성발달이론이다. 에릭슨의 이론의 원천은 임상실험이었다. 그는 객관성보다는 인간행동에 대한 결론을 내릴 때 연구자의 주관성을 인정하는 '연마된 주관성'[15]을 신뢰하였다. 그는 인간발달의 총체적인 이론개발을 위하여 다양한 원천을 사용하였다. 그는 인간의 본질에 대하여 긍정적인 생각을 하며 특히 광범위한 사회적 콘텍스트에서 인간발달을 바라본다.

그는 인간이 되어가는 방향과 형태를 제공하는 것은 인간이라는 후성론(epigenesis) 원리에서 출발한다. 그의 이론의 핵심은 상호작용에 대한 강조이다. 인성은 다양한 요인과 영향의 결과이지 단순히 과거의 경험이나 어떤 하나의 영향의 결과가 아니라고 말한다. 그는 인간발달을 신체(soma), 정신(psyche), 그리고 관습(ethos)의 변증적 상호작용으로 본다. 여기서 신체는 신장, 모습, 능력 등을 포함하고, 정신은 인성창조에 있어서 특수한 인격특성과 포부가 상호작용을 한다는 자아를 함의한다. 그리고 관습은 인성이 발달하는 문화적 환경을 말하는데 이러한 환경은 인간발달을 돕거나 방해하기도 한다. 그의 이론은 심리적 상호작용이론으로서 인간발달의 다양한 요소들의 보완적인 역할과 요소들 간의 상충적 역할을 모두 인정한다.

---

15) Les L. Steele, "The Power of Erikson" in *Ibid.*, 94.

그의 이론에 있어서 중요한 것은 인성이 단계들을 거쳐가는 방법이다. 이 단계들은 블록을 형성한다. 이때 먼저 단계는 나중 단계와 협상하는데 도움이나 방해가 된다. 에릭슨의 발달단계[16]는 다음과 같다.

- 기본적 신뢰 대 기본적 불신: 영아들은 자신의 주위환경이 신뢰할 수 있는지 혹은 없는지를 알아내려고 한다. 그는 기본적 욕구가 충족되면 기본적 신뢰감을 얻게 된다.
- 자율 대 창피와 의심: 유아기에 자율성을 얻으면 발달하려는 건강한 의지를 드러낸다.
- 주도성 대 죄책감: 유치원 시기에 주도성이 긍정적이면 자신의 희망과 의지를 보완하려는 생각을 개발하게 될 것이고, 부정적이면 자신의 한계와 무력에 대하여 죄책감을 형성하게 된다.
- 근면 대 열등감: 학령기 아동들은 기능과 능력을 개발하여 자신이 쓸모가 있고 능력이 있음을 드러내기를 좋아하는데 그렇게 되면 자존감을 형성하게 되고 자신의 능력을 나타내지 못하면 열등감을 갖게 된다.
- 정체감 대 역할혼란: 사춘기에는 자아정체감을 찾기 위하여 '나는 누구인가? 무엇을 믿으며 가치가 있다고 생각하는가?' 를 묻고, 성취하게 되면 자아신뢰성을 갖게 되고 그렇지 못하면 혼란과 자신을 신뢰할 수 없게 된다.
- 친밀성과 고립: 청년기에는 청소년기의 정체성을 벗어나 사랑하고 돌보는 친밀감의 문제에 부딪치게 된다. 친밀감은 사랑하는 마음을 갖게 하며 그렇지 못하면 고립을 느끼게 된다.
- 발생(發生)과 정체(停滯): 중년들은 다른 사람에게 자신을 주는 도전에 부딪치게 된다. 무엇인가를 만들어낼 수 있지 않으면 정체감으로 이기적인 행동을 하게 된다.

---

16) *Ibid.*, 96-98.

• 자아 통합 대 절망: 노년기에 인생을 돌아보면서 실패나 성공을 웃음으로 받아들일 수 있으면 화평과 소망을 갖게 되고, 그렇지 못하면 절망으로 빠지게 된다.

에릭슨은 프로이드나 다른 심리분석이론가들과는 달리 신뢰와 소망의 중요성을 전하는 종교의 긍정적 역할을 인정한다. 그는 교회를 사람들로 하여금 신뢰하고, 믿음을 가지고 소망을 가지도록 돕는 문화적 기관으로 본다. 그의 이론은 종교성의 발달을 이해하는데 도움을 준다. 그는 어렸을 때는 구체적인 도덕성, 청소년기에는 이상적 도덕성, 그리고 장년기에는 성숙한 윤리성으로 발전해간다고 말한다. 쉐릴(Lewis Sherrill)은 그의 저서 《영혼의 투쟁》(*The struggle of the Soul*)에서 에릭슨의 영향을 받아 인간 성장은 전 생애를 걸쳐 상호작용한다고 설명하였다. 그래서 그는 교육을 '순례'로 비유하였다.

효과적인 성경교수를 위해서는 이러한 인지발달, 도덕성발달, 사회성발달, 그리고 신앙발달에 대한 이론들이 기독교교육에 주는 의미들을 찾아 적용하는 것이 필요하다.

03_ 본문장르에 따른 교수원리

성경은 다양한 문체 곧 다양한 장르로 구성되어있다. 그러므로 성경을 읽을 때와 설교할 때 각 장르의 특성에 따라 차이가 있는 것처럼 교수할 때도 차이를 요구한다. 세밀하고 장황한 장편 대하소설을 읽을 때는 간결한 언어와 표현으로 되어 있는 시를 읽을 때와는 달라야 한다. 마찬가지로 성경의 역사서를 읽는 방법은 시가서(詩歌書)를 읽는 방법과는 달라야 하고, 역사서를 설교하는 방법은 시가서를 설교하는 방법과는 달라야 하듯이, 역사서를 가르치는 방법은 시가서를 가르치는 방법과는 달라야 한다.

시의 목적은 마음을 달래주거나 편안하게 해주는 것이 아니라 생각을 불러일으키고 일깨워서 독자의 삶에 자극을 주고 생기를 주는 것이다. 그리고 그 형식에 있어서는 다른 문학보다 더 압축하고 집약하는 '더 높은 전압'

을 필요로 한다.[17] 그러므로 시편을 가르치거나 해석을 할 때는 "시편의 저자가 병행법을 사용하여서, 중심이 되는 아이디어와 시편이 창작된 주변의 이미지들을 미묘하게 표현한 방법에다가 우리의 특별한 주의를 기울여야 한다."[18]

예를 들면, 시편 1편은 의로운 사람과 악한 사람을 대조하는 단순하고, 분명하고, 솔직한 이미지로 이루어져 있다. 의로운 사람은 '시냇가에 심은 나무'와 같고, 악한 사람은 '바람에 나는 겨'와 같은 것으로 비교한다. 악한 사람은 겨와 같이 광적(狂的)이고, 무모하며, 방향이 없는 움직임으로 금방 날아가 버린다. 그러나 의로운 사람은 뿌리가 깊은 나무와 같이 은밀하면서도 힘이 있는 행동으로 안정성이 있으며, 평온하고 풍성한 인상을 보여준다. 그러므로 시편을 가르칠 때는 이러한 대조를 잘 찾아내고 묘사하여 생생하면서도 풍부한 감정의 효과를 나타내야 하다.

성경은 또한 '이야기 책'이라 할 만큼 이야기를 많이 포함하고 있다. 그 이유는 '성경의 저자들은 예술가인 동시에 신학자들이기 때문이다. 그리고 이야기의 문학 형식은 성경의 저자들이 지닌 예술적인 자유와 그들의 신학적인 세계관이 상호작용하는 것에서 나온 논리적인 결과'[19]이기 때문이다. 이러한 이야기는 문학형식과 성경저자들의 신학적 세계관 사이를 잘 조화시키려는 몸부림의 소산인 것이다.

이야기가 되기 위해서는 어떤 조건이 있어야 한다. 이야기의 조건으로는 먼저, 내용이 시간의 흐름과 관계가 있어야 하고 다음으로는 그 안에 전개되는 사건들은 의미가 있는 방법으로 서로 연결되어야 한다. 다시 말하면, 이야기란 'A점과 B점 사이에 있는 오솔길이다. A점은 해결되지 않은 상황

---

17) Thomas G. Long, *Preaching and the literary forms of the Bible* (Fortress Press, 1989), 박영미 역, 《성서의 문학 유형과 설교》(서울: 대한기독교서회, 1995), 82.
18) *Ibid.*, 92.
19) *Ibid.*, 125.

을 제시하여 주는 개막부(開幕部)이고, B점은 독자가 완성하여야 하는 것처럼 보이는 상황의 해결점이다.'[20] 곧 이야기는 발단, 전개, 결말을 가지고 전개되는 사건들의 시리즈인 셈이다.

이야기는 독자를 등장인물중의 한 사람으로 만들거나 어떤 결정을 내려야 하는 상황으로 이끌어간다. 한 예로서 룻기를 생각해보자. 룻이 보아스에게 '당신의 옷자락으로 시녀를 덮으소서. 당신은 우리 기업을 무를 자가 됨이니이다' (룻 3:9하)고 말함으로써 모압 여인이 이스라엘 남자에게 이스라엘 고대(古代)의 법률을 이행하도록 말하고 있다. 룻기는 이방인들이 하나님의 사람들에게 경고를 하는 것이기 때문에 룻기를 교수할 때 보아스를 현대의 교회와 연결하는 기회로 삼을 수 있다.[21] 그리고 이방인처럼 믿음의 공동체에서 제외된 사람에게는 격려의 내용으로 가르칠 기회가 된다.

예수님께서는 비유를 사용하여 많은 교훈을 하셨다. 이 비유는 '여러 가지 모양으로 생겼으며, 또 수사적으로 다 똑같은 방법으로 처신하지는 않는다. 비유는 1) 한가지로 읽는 방법은 없으며 융통성을 요구한다.' 그러므로 비유는 특정한 역사의 순간에 근거를 두고 일반적으로 사용하던 말이지만 점차로 다른 경우들에서도 널리 적용하게 되었다. 2) 보통 부정적인 의미의 본보기로 눈에 뜨이는 사람을 가리킨다. 3) 전형적인 신약의 비유와 유사한 점을 가진 이야기이면서도 동시에 고의적으로 풍유적인 의미를 포함한다.[22]

다드(C. H. Dodd)는 비유의 본질에 대하여 말하기를 '자연이나 일상생활로부터 끌어낸 은유나 직유이며 그것이 지닌 생생함이나 기이함은 듣는 사람의 주의를 끈다[23]고 하였다. 곧 비유는 상징적인 전달방법이며 생생함과 기이

---

20) *Ibid.*, 133-135.

21) *Ibid.*, 162.

22) *Ibid.*, 169-170.

23) C. H. Dodd, *The Parables of the Kingdom* (London and Glasgow: Fontana Books, 1961), 16, Long, *op. cit.*, 176에서 재인용.

한 성격을 통하여 독자들로 하여금 생생한 생각을 하도록 인도한다.

이러한 비유는 세 가지의 이미지를 가지고 있는데 그것은 암호(code), 단지(vessel), 예술의 대상(object of art) 등이다. 이렇게 비유가 암호의 이미지를 가지고 있다고 보는 것은 하나님의 나라가 풍유적으로 상징화되었음을 말하는 것이다. 그러다가 19세기에 들어와서는 비유의 암호적 이미지가 단지의 이미지로 교체되었다. 즉, 비유를 개념들이나 일반적인 진리, 혹은 신학적인 아이디어들을 담고 있는 용기(用器)로 본 것이다. 이러한 변화의 원인은 비유를 풍유로 보기보다 직유로 보았기 때문이다. 근래에 와서 비유는 단지의 이미지에서 예술의 대상으로서의 이미지로 다시 교체되었다. 이는 비유를 하늘나라 그 자체에 관한 경험을 불러일으키는 문학적인 힘을 가진 은유로 보았기 때문이다.[24)]

비유를 통하여 성경독자들은 이미 알고 있는 것을 다시 확인할 수 있다. 그리고 독자가 이미 잘 알고 있는 것을 새로운 방법으로 다시 말함으로써 그 내용을 명쾌하게 설명하며 좀 더 날카로운 관점을 갖도록 해준다. 그러므로 성경교사는 이러한 비유를 극적인 민감성을 가지고서 읽어야 한다. 비유를 가르치는 성경교사의 임무는 무엇을 가르치고 설명하는 것이 아니라 성경본문이 보여주는 출현-반전-행동으로 나타나는 천국 세계를 드러내 보여주는데 있다. 그리고 한 걸음 더 나아가 비유의 신학적인 심오함도 드러내 보여주어야 한다.

성경을 양적(量的)으로 판단한다면 서신서가 가장 많다. 서신은 대화에 가장 가까운 문학형식이다. 이는 본래 어떤 교회성도들의 삶 속에 있는 특정한 상황을 드러내어 교훈하는 교훈적인 서신이면서도 오늘의 성도들에게도 교훈을 주는 것이기도 하다. 서신서는 나름대로의 형식에 따라 특정한 방법으로 시작하고 특정한 방법으로 끝난다.[25)] 이와 유사한 헬라 서신도

---

24) Long, *op. cit.*, 181-182.
25) *Ibid.*, 209-210.

세 가지의 특징을 지니고 있는데 그것은 발신인과 수신인과의 사이에 '절친한 관계' 가 있음을 표현하는 '파일로프로네시스' (philophronesis), 편지의 목적이 발신인과 수신인 사이에 공간적인 분리의 틈에다가 다리를 놓아서 연결시키는 것을 말하는 페루시아(parousia), 그리고 수신인의 태도와 감정을 마음에 두는 호밀리아와 디아로고스(omilia and dialogos)이다.[26] 마찬가지로 서신서를 가르치는 성경교사는 서신서의 기능을 잘 드러내기 위하여 그 형식 곧 서론(opening), 감사(thanksgiving), 본론(body), 그리고 끝맺음(closing) 등에 주의를 기울여야 한다. 한 예로서 고린도전서 13장을 생각해보면, 성경교사는 서신이 가진 원래의 기능을 드러내도록 가르치려면 성도들이 꿈을 가지고 앞을 향하여 나아가도록 격려하여 그들 각 사람이 가진 목표가 무엇이든지 그것들이 기독교 사랑이 추구하는 목적을 이루도록 해야 한다.[27]

26) *Ibid.*, 213.
27) *Ibid.*, 239.

| 6장 |

어린이 성경교수

성경교사가 효과적으로 성경교수를 하기 위해서는 성경내용과 어린이들의 본질을 알아야 한다.

서론

성경교수의 효과가 내용과 관계된 것이라고 한다면 성경교수의 효율은 방법과 관계된 것이라 할 수 있다. 그러므로 성경을 잘 가르치기 위해서는 내용의 이해, 해석 그리고 적용만이 아니라 올바른 방법을 선택하는 것이 중요하다. 학습자는 나이에 따라 인지적, 정서적, 사회적, 그리고 신앙적 발달의 정도가 다르므로 연령에 따라 교육방법도 달라져야 한다. 6-8장은 연령에 따라 교육대상을 어린이, 청소년, 그리고 청장년으로 3등분하고 각 장(章)에서 한 연령층씩을 다루었다. 이러한 구분은 인간 각 영역의 발달차이를 염두에 둔 것인데 초등학교 이하의 연령층을 어린이로, 중고등학교 연령층을 청소년으로, 그 이상을 청장년으로 나누어서 그에 맞는 성경교수법을 다루고자 한다.

01_ 어린이 성경교수의 특징

학자들은[1] 인지적 학습은 다양한 형태로 일어난다고 하였다. 곧 사람은 누구나 배우는 능력을 가지고 태어나지만 학습에 있어 선호하는 방법은 다르다는 것이다. 만일 성경교사가 제한된 교수방법만을 사용한다면 일부분의 어린이들이 좋아하는 방법을 모든 어린이들에게 적용하는 것과 같은 결과를 갖게 된다. 그러므로 성경교사는 어린이들의 믿음이 올바로 성장하도록 하기 위하여 다양한 방법을 사용해야 한다.

성경교사는 가르칠 때 인간의 일곱 가지 지능영역 모두를 포함해야 "모든

1) Howard Gardner, *Frames of Mind: the Theory of Multiple Intelligences* (New York: Basic Books, 1983), 13-18.

어린이들이 그들이 좋아하는 방법으로 배울 수 있게 하고, 다양한 방법을 사용함으로써 성경교수를 더욱 풍성하게 하고, 새로운 학습이 일어나게 하며, 하나님의 말씀을 널리 전하는 능력을 확대할 수 있다."[2] 이 때 가드너가 제시한 7가지의 지능들에는 말과 글을 사용하는 능력인 말/언어, 추상적인 것과 개념, 수, 추론적 사고를 하는 논리/수리, 물체로 보고 지적으로 이미지를 그리는 시각/공간, 신체를 학습도구로 사용하는 신체/운동감각, 소리, 리듬, 멜로디, 노래를 사용하는 능력인 음악/리듬, 대화를 사용하는 상호작용, 그리고 내적 지식과 반성을 사용하는 내적인 작용 등이다.[3] 성경에는 이러한 다양한 지능들을 사용해서 가르쳐야 할 구절들이 많이 있다.[4]

이러한 능력을 가짐에도 불구하고 아직 이러한 능력이 개발되지 않은 0-7세까지의 어린이에게 체계적인 종교교육을 시행하기는 쉽지 않다. 이 연령층에 있어서는 도리어 교실환경, 생활습관, 분위기가 교육적 영향에 큰 몫을 차지한다. 이들은 하나님에 대하여 말할 준비가 되어 있으나 다른 사람들에게 하듯 하나님을 대한다. 그러므로 교사들이 하나님에 대하여 갖는 자세가 교사들의 말보다 더 효과적이다. 이 연령층의 어린이들은 특히 반복적인 것을 좋아하고 그들 나름대로의 친숙한 방법으로 이야기하고 행동하기를 좋아한다.

어린이들이 생각하는 하나님은 피조물들을 돌보시며 사랑하시는 하나님이다. 어린이들은 예수님에 대한 이야기도 조금은 알고 있으며 특히 성탄절 이야기를 잘 알고 있다. 이 시기에 속한 어린이들을 가르칠 때 중요한 것

2) Barbara Bruce, *7 Ways of Teaching the Bible to Children*(Nashville, Tenn.: Abingdon Press, 1996), 9.

3) Ibid., 10.

4) 말/언어 능력을 사용하는 구절로는 창세기 13:14-18, 마태복음 5:1-12, 논리/수리능력은 출애굽기 20:1-17, 로마서 5:1-5, 시각/공간 능력은 이사야 11:6-9, 마태복음 13:1-9, 신체/kinesthetic 능력은 출애굽기 14:21-25, 마가복음 2:3-12, 음악/리듬 능력은 시편 47, 출애굽기 15, 골로새서 3:16, 상호작용 능력은 에스더 4:9-17, 누가복음 9:1-6, 내적 작용능력은 시편 22:1-11, 누가복음 22:39-42 등을 제시하고 있다. *Ibid.*, 12.

은 교실분위기와 하나님에 대한 교사의 태도이다. 왜냐하면 하나님에 대한 아이들의 태도는 일상생활 주변에서 얻는 경험에 근거[5] 하기 때문이다. 이들에게 필요한 것은 자연의 이적을 통하여 하나님을 알게 해주는 것이다. 곧 이 시기의 특징은 활동을 통하여 학습이 이루어진다는 점이다. 그러므로 교회의 절기행사는 어린이들에게 성경을 가르치는 좋은 기회가 된다.

그러므로 성경교사가 어린이들을 가르칠 때는 다음의 세 가지[6]사항을 고려해야 한다. 첫째, 가르치는 내용이 어린이의 현재의 욕구와 경험들에 연관되어 있는가? 둘째, 가르치는 내용이 하나님의 말씀에 부합하는가? 셋째, 가르치는 내용이 아이들의 이해능력 수준에 합치하는가? 등이다.

이러한 것들을 고려할 때 이 연령층의 어린이들을 위한 성경교수[7]의 첫째 방법으로는, 절기예배를 통한 교육이다. 한가지의 예를 제시한다면 출애굽기 12:25-27에서 아이를 유월절 예식에 데리고 갔다가 새로운 예배의식(儀式)을 목격한 아이가 "이 예식이 무슨 뜻이냐"고 부모들에게 묻는 상황을 이용하여 부모들은 하나님께서 이스라엘 민족의 조상들을 애굽에서 이끌어 내신 이야기를 들려줌으로 하나님에 대한 신앙을 가르치도록 하셨다.

구약시대부터 절기예배는 어린이들을 교육하기 위한 아주 좋은 기회였다. 곧 이스라엘 백성들은 절기예배를 통하여 자녀들을 위한 신앙생활과 가정교육을 실천하였다. 신앙교육의 기회로 사용할 수 있는 절기에는 몇 가지가 있다. 특히 어린이 교육에 적합한 교회의 절기로는 먼저, 성탄절이다. 성탄절을 맞아 교회에서는 캐롤, 연극, 이야기, 장식 등을 하는데 이것들을 이용하여 어린이들에게 예수님의 오심을 설명할 수 있다. 좀 더 구체

---

5) A. Victor Murray, *Teaching the Bible especially in Secondary Schools* (Cambridge: Cambridge University Press, 1955), 113-114.

6) Lawrence O. Richards, *Creative Bible Teaching* (Chicago: Moody Press, 1970), 182-185.

7) Margaret Avery, *Teaching Scripture: A Book on Method* (Wallington Surrey, The Religious Education Press, 1951), chs 5-7.

동방박사들이 예수님께 경배함

적으로 설명하자는 캐롤 자체도 흥겹고 아름답지만 성탄절 행사에서는 노래를 가르치면서 노래가사를 외우게 하고, 그 가사를 통하여 예수님의 오심을 알게 하는 것이 중요하다. 연극과 이야기도 대사를 통하여 같은 효과를 볼 수 있다. 성탄절이 되면 각 교회에서는 선물을 준비한다. 특히 어린이들을 위해서는 대체로 선물을 계획한다. 선물을 고를 때 성탄절이기 때문에 선물을 준다는 생각보다 하나님께서 주신 가장 큰 성탄절 선물인 예수님과 연계시키는 것이 중요하다.

신앙교육을 위하여 사용할 수 있는 두 번째 절기로는 부활절이 있다. 부활절 바로 전에 예수님의 고난주간이 오는데 이 때 고난에 대해서는 짤막하게 전하고 부활을 강조하는 것이 좋다. 부활절을 맞이하여 어린이들에게 들려줄 수 있는 이야기로는 부활하신 후에 예수님께서 사랑하는 11제자에게 나타나신 일(눅 24, 요 20), 막달라 마리아에게 나타나신 일(요 20), 엠마오로 가는 두 제자(눅 24)에게 나타나셔서 그들의 마음을 뜨겁게 해주시던 일과 제자들과 함께 해변에서 아침을 드신 일(요 21) 등이 있다.

곧 어린이들에게는 부활절 이전의 고난, 죽음 보다는 부활과 생명을 강조하는 것이 좋다. 왜냐하면 이 시기의 어린이들에게는 수동적이고 부정적인 면보다는 능동적이고 긍정적인 면을 강조하는 것이 효과적이기 때문이다. 그러므로 빈 무덤보다는 부활의 주님의 나타나심과 제자들과 함께 말씀하시고, 마시고, 잡수신 것을 강조하는 것이 필요하다.

구약시대부터 지켜온 절기의 마지막은 추수감사절이다. 이 절기는 이스라엘 백성들이 가을 추수를 한 후에 하나님께 감사한 절기이다. 또한 신대륙으로 건너간 청교도들이 어려운 가운데서도 추수한 후에 하나님께 감사

예배를 드린 것이 지금의 감사절 유래임을 가르친다.

7세 이전의 어린이들에게 성경을 효과적으로 가르칠 수 있는 두 번째 방법은 동화를 통한 성경교수이다. 이는 어머니들이 이야기의 방법을 통하여 자녀들에게 동화를 들려주는 것과 같이 성경교수에서도 동화구연법의 방법을 사용하여 성경이야기를 효과적으로 들려줄 수 있다. 이 때 성경의 많은 이야기 중에서 어린이들에게 맞는 것을 고를 줄 아는 지혜가 필요하다.

동화구연[8]은 어린이들의 지적인 면과 정서적인 면의 발달을 통하여 그들로 하여금 사려가 깊고, 이해심이 있고, 종합적인 사고를 할 수 있도록 해준다. 언어발달 면에서 볼 때 동화구연은 어린이들의 발음이 정확해지고, 어휘력과 언어구사력이 증가되고, 발표력과 표현력을 키워준다. 그리고 정서발달 면에서는 다른 사람의 입장을 이해하는 포용력을 키워주고, 통합능력을 키워주며, 자신감을 키워주고, 슬픔, 화냄, 두려움, 의심 등의 부정적 느낌을 분출하여 감정을 정화시켜준다. 그리고 사랑, 기쁨, 인내, 감사, 용기 등 긍정적이고 아름다운 느낌을 소유하여 행복감을 갖도록 해주며, 감동적인 이야기를 통해 아름답고 순수한 마음을 소유하여 감수성 발달과 정서순화에 도움을 준다. 그 뿐 아니라 정의와 불의를 분별하고 바른 가치관을 갖게 하고, 바른 생활습관을 자연스럽게 형성하고, 자연을 사랑하며 정신세계를 넓혀준다. 그리고 지적인 측면에서는 상상력, 사고력, 창조력을 길러줌으로써 문제해결능력을 키워주는데 상상의 세계는 소망의 세계이며 과학과 예술의 근원이 되기도 한다. 동화를 구연할 때는 해당 연령 어린이들이 집중할 수 있는 시간과 이해력을 고려하여 구연 시간의 길이를 조절하고, 시대에 맞게 재구성한다. 이러한 동화구연의 원리는 성경이야기에도 적용이 가능하다. 예를 들면, 예수님을 능력이 있고 좋은 친구로 묘사하거나 착하고 믿음직한 큰 형님으로 묘사한다. 이 연령층의 어린이들에게 동

---

8) http// www.I-ksta.org.

성경동화구연 보조자료 그림

화구연법으로 예수님의 이야기를 할 수 있는 성경본문은 마가복음 1장의 베드로를 부르시는 예수님, 마가복음 2:1-12의 중풍병자를 고쳐주신 예수님, 마가복음 4:35-41의 파도를 잠잠케 하신 예수님 등이다. 같은 내용이라고 할지라도 연령에 따라 강조점은 달라져야 한다. 그 이유는 지적인 발달에서의 수준에 차이가 있기 때문이다.

예를 들면, 예수님께서 떡 다섯 개와 물고기 두 마리로 오천 명을 먹이신 이적을 7살 미만의 어린이에게 가르칠 때는 비상한 방법을 통하여 일용할 양식을 주시는 예수님을 강조하고, 어린이들이 좀 더 성장했을 때는 능력의 주님을 강조하는 등 같은 본문의 이야기를 가지고 가르치더라도 강조점에 차이를 둔다.

어린이에게 성경교수를 하는 세 번째 방법으로는 현실생활에서 일어나는 일을 통하여 가르치는 방법이다. 이에 적절한 성경이야기로는 마가복음 2:11에서 상(床)을 들고 가게 하신 예수님의 이야기, 마태복음 5:16의 불꺼진 창의 이야기 등이 있다. 이 때 주의해야 할 점은 이 시기의 어린이들은 실제와 영적 의미 사이의 비유를 구별하기가 어렵다는 점이다. 그러므로 비유를 가르치는 것은 좀 더 성장한 다음 단계로 미루고 이 시기에는 현실생활에 대한 이야기를 중심으로 하는 것이 좋다.

7-11세의 어린이들에게 성경교수를 할 때도 위에서 말한 이야기들을 사용할 수 있다. 그러나 이 시기의 어린이들에게 공통적인 특징을 고려하여 성경을 가르쳐야 한다. 이 시기의 특징으로는 먼저, 지능과 힘이 매우 급속하게 개발된다는 점이다. 따라서 자료들은 다양하고 흥미가 있어야 하고, 내용에는 다양한 변화가 있어야 한다. 이러한 관점에서 본다면 많은 활동

을 포함하고 있는 구약성경은 어린이들을 위한 좋은 교수자료가 된다.

지금까지는 소홀히 했던 성경에 나오는 인물들에 관하여 이야기를 한다면 어린이들에게 참신한 느낌을 줄 수 있다.[9] 이들에게는 연극이나 인형극 등은 매우 유용한 활동이다. 이들에게 들려줄 수 있는 내용으로는 모세의 이야기, 여호수아 이야기, 기드온과 삼손의 이야기, 그리고 예수님과 관계된 이야기, 복음서의 내용들, 선생이신 예수님, 예수님의 비유들, 그리고 베드로의 이야기 등이 있다.

그리고 예수님의 생애, 예수님이 사용하신 구약, 사울, 다윗 그리고 솔로몬의 이야기, 그리고 엘리야와 엘리사, 아모스, 이사야, 예레미야 그리고 포로시기에 대한 이야기를 포함한다. 바울의 선교이야기, 교회설립 이야기, 전도하다가 박해를 받은 이야기들은 가르치기에 좋은 자료가 된다.

7-11세 때는 복음서 및 사도행전의 내용을 가르치기에도 적절한 시기이다. 사도행전을 예로 들자면, 2장의 성령이 오신 이야기, 3장의 성전 미문에 앉은 앉은뱅이를 고친 이야기, 4장의 산헤드린 앞에선 베드로와 요한의 이야기, 6장과 7장의 첫 순교자 스데반 집사 이야기, 8장의 에디오피아 내시와 빌립, 11장의 바울의 회심, 14장-16장의 루스드라와 빌립보의 사건들, 27장의 파선 등 대부분의 이야기들을 가르칠 수 있다.

이 시기는 '사건' 을 강조할 때 효과적으로 가르칠 수 있다. 예를 들면, 마가복음 1:16-20의 네 제자를 부르신 일, 성전을 깨끗게 하심, 사도행전 12장의 베드로가 옥에서 이적적으로 풀려난 일 등이다.

---

9)A. Victor Murray, *op. cit.*, 113-116.

02_ 어린이 성경교수의 내용

어린이들을 효과적으로 가르치기 위해서는 그들의 발달 수준에 맞추어 내용을 선택해야 한다. 피아제의 인지발달 단계를 고려한다면 어린이시기는 추상적인 사고를 하지 못하고 실제적인 사실만을 받아들인다. 어린이들을 가르치는 방법은 하나님께서 아브라함에게 하신 말씀에서도 찾아볼 수 있다. 즉, 창세기 18:19의 "내가 그로 그 자식과 권속에게 명하여(direct)" 라고 하신 것에서 '명하다' (direct: sawah)는 '지시하다, 명령하다, 가리키다' 등의 의미를 가지고 있다. 이 단어는 사무엘상 17:20에서 이새가 그의 아들 다윗에게 '이새의 명한 대로' 라고 한 말과 보아스가 그의 일꾼들에게 룻을 돕도록 한 명령(룻 2:9 '내가 그 소년들에게 명하여')에서 사용되었다. 모세는 같은 단어를 신명기 32:46 '너희 자녀에게 명하여 이 율법의 모든 말씀을 지켜 행하게 하라' 는 말씀에서는 '명하여' 라고 사용하였다.

그러므로 성경교사나 부모가 어린이들에게 가르쳐야 할 것으로는 하나님의 역사, 하나님의 명령(율법), 하나님의 성품, 하나님 경외, 경건한 행위[10](conduct) 등이다. 어린이에게 가르칠 내용의 첫 번째는, 성경교사는 어린이들에게 하나님의 역사와 능력이다. 애굽에 내린 열 가지의 재앙은 하나님의 놀라운 능력을 나타낸다.

출 14:16 홍해를 갈라지게 하신 하나님

그러므로 성경교사는 어린이들에게 그 일(출 10:1-2)을 가르쳐야 한다. 특히 열 번째 재앙에서는 애굽에 있는 모든 처음 난 것들이 전부 죽임을 당하는 가운데서도 이스라엘에 속한 처음 난 것들은 살려주셨다. 이 유월절의 유래를 통하여 하나님의 능력을 가르칠 수 있다.

출애굽기 12:25-27을 보면 유월절 절기예배에 참가한 어린이가 부모에게 절기예배의 의미를 묻는 때를 사용하여 아이들에게 하나님의 역사를 가르치도록 하였다. 곧 그 절기예배가 하나님의 역사하심과 인도하심을 어린이들에게 가르치기에 좋은 기회이기 때문이다.

신명기 6:4-9을 보면 하나님께서는 모세에게 이스라엘 백성들이 가나안 땅에 들어갈 때가 가까웠을 때 하나님의 역사를 기록하도록 명하셨는데 그 이유를 하나님의 역사를 '기억하라' 는 말로 16번, '잊지 말라' 는 말로 9번 사용하셨다. 즉, 신명기 4:9에서 "네가 그 목도한 일을 잊어버릴까 하노라" 고 하신 말씀이 그 이유이다. 그러므로 성경교사는 어린이들에게 성경이야기를 가르쳐야 하는데 그 이유는 어린이들로 하여금 성경역사를 통하여 하

10) Roy B. Zuck, *Precious in His Sight* (Grand Rapids, Mich.: Baker Books, 1996), 129-138.

나님의 능력이 얼마나 큰가를 보여줄 수 있기 때문이다.

두 번째는, 어린이들에게 가르쳐야 할 내용은 하나님의 명령이다. 신명기 6:5-7은 어린이들에게 하나님의 명령을 가르치라고 하신다. 하나님의 명령의 내용으로는 하나님을 사랑하라는 명령(신 6:5-7), 어린 자녀를 가르치라는 하나님의 명령(신 11:18-19), 그의 율법의 말씀(31:12; 32:46), 그리고 이스라엘 조상들에게 자녀들을 가르치라고 하신 그의 규례와 율법(시 78:5-6) 등이다. 이 구절들에서 말하는 내용은 하나님께서 주신 명령이요, 율법이며, 규례이다. 로이스와 유니게는 디모데에게 '성경' (딤후 3:15)을 가르쳤다. 오늘날도 성경교사와 부모는 어린이들에게 하나님께서 주신 율법과 명령들을 가르쳐 그들로 하나님의 뜻을 알게 해야 한다.

세 번째로 가르쳐야 할 내용은 하나님의 성품이다. 시편 기자는 "주 여호와여 주는 … 나의 어릴 때부터 의지시라"(71:5)고 하였고, "내가 주의 힘을 후대에 전하고"(시 71:18)라고 하신 말씀에서 하나님의 능력을 전하려는 그의 소망을 나타내고 있다. 그리고 시편 78:3-4("이는 우리가 들은 바요 아는 바요 우리 열조가 우리에게 전한 바라 우리가 이를 그 자손에게 숨기지 아니하고 여호와의 영예와 그 능력과 기이한 사적을 후대에 전하리로다")에서 아삽은 조상들로 하여금 그들이 들은 것을 다음세대들에게 가르치리라고 말한다. 그 가르치려는 내용은 하나님의 찬양할만한 역사, 그의 능력, 그의 기이한 사역들인데 이를 가르침으로서 어린이들이 하나님을 의지하고 그의 명령을 따르도록 하였다.

네 번째로 가르쳐야 할 내용은 하나님을 경외하는 일이다. 위에서 말한 세 가지 교수내용인 하나님의 역사, 말씀, 그리고 성품을 가르쳐야 할 이유는 하나님을 경외하도록 하기 위함이다. 신명기 6:2은 "평생에 네 하나님 여호와를 경외하며"라고 말한다. 31:12-13에서도 "네 하나님 여호와를 경외하며 … 네 하나님 여호와 경외하기를 배우게 할찌니라"고 한다. 다윗은 시편 34:11에서 "내가 여호와를 경외함을 너희에게 가르치리로다"고 말한다. 어린이들이 하나님을 경외하도록 하기 위하여 성경을 가르치는 것이다.

여기서 말하는 경외는 무서워함에서 나오는 두려움이 아니라 '순종'과 연결된 의미이다. 하나님께서 아브라함이 아들을 바치라는 하나님의 명령에 순종한 것과 관계하여 '경외한다'(창 22:12 "사자가 가라사대 그 아이에게 네 손을 대지 말라 아무 일도 그에게 하지 말라 네가 네 아들 네 독자라도 내게 아끼지 아니하였으니 내가 이제야 네가 하나님을 경외하는 줄을 아노라")는 말을 하셨다. 그리고 이 '경외'라는 말은 신뢰를 의미한다. 출애굽기 14:31("이스라엘이 여호와께서 애굽 사람들에게 베푸신 큰일을 보았으므로 백성이 여호와를 경외하며 여호와와 그 종 모세를 믿었더라")에서 이스라엘 백성이 하나님을 경외하여 그를 의지하였다고 하였다.

신명기에서는 하나님에 대한 경외를 율법에 대한 순종(5:29; 6:2, 24; 8:6; 13:4; 17:19; 28:58; 31:12-13)과 하나님을 섬김(6:13; 10:12, 20), 그리고 하나님을 사랑함(10:12)과 연결시킨다. '하나님을 경외'한다는 것은 그의 성품을 알고 두려워하며, 겸손, 예배, 사랑, 신뢰, 섬김, 그리고 순종으로 응답하는 것을 말한다. 솔로몬은 잠언에서는 하나님을 경외하는 것을 "지식의 근본'(잠 1:7)이라고 하였다.

다섯 번째로 가르쳐야 할 것은 경건한 행위이다. 경건하게 자녀를 양육해야 함을 강조하는 구절은 잠언 22:6("마땅히 행할 길을 아이에게 가르치라 그리하면 늙어도 그것을 떠나지 아니하리라")이다. 이 구절에서 '가르치라'(train)는 성경원어로는 '하낙'(hanak)인데 이는 '입이나 혀'를 가리키는 히브리어 '헥'(hek)에서 왔다. 이는 자녀들이 영적 진리를 갈망하도록 자극하거나 동기를 유발시키는 것을 말한다. 이 단어는 열왕기상 8:63, 역대하 7:5, 다니엘 3:2, 민수기 7:10, 느헤미야 12:27에서는 '헌당'을 의미하고 좀 더 나아가서는 '바침'을 의미한다.

이것과 관계된 애굽어 동사 'hnk'는 '신들에게 바치다' 또는 '신들에게 봉사하기 위하여 따로 두다'[11]등의 의미가 있다. 즉, 잠언 22:6의 'hanak'

은 그 의미가 좁혀져서 어린이들의 특성과 본성에 따라[12] 어린이들이 '가야 할 길'을 가도록 훈련한다는 의미이다. 그러한 훈련은 또한 아이들의 이해 수준과 발달수준에 맞추어야 함[13]을 말한다. 그 구체적인 내용들[14]은 아래의 각주에 제시하였다.

이러한 것들을 기초하여 어린이들에게 가르칠 수 있는 구약 내용의 일부분은 다음[15]과 같다. 유년부 이전 시기에는 하나님의 세상창조(창 1:1, 27,

---

11) Gleason L. Archer, *Encyclopedia of Bible Difficulties* (Grand Rapids, Mich.: Zondervan Publishing House, 1982), 252, quoted from *Ibid.*, 135, fn. 16.

12) Derek Kidner, *Proverbs: an Introduction and Commentary*, Tyndale Old Testament Commentaries (Downers Grove, Ill.: InterVarsity Press, 1964), 147, Charles G. Martin, "Proverbs", in *The New Layman's Bible Commentary*, ed. G. L. D. Howley, F. F. Bruce, and H. L. E. Ellison (Grand Rapids, Mich.: Zondervan Publishing House, 1979), 728 quoted from *Ibid.*, 135, fn. 18.

13) A. Cohen, *Proverbs*(London: Socino Press, 1946), 146 and Edgar Jones, *Proverbs and Ecclesiastes*, Touch Bible Commentaries (London: SCM Press, 1961), 183-184, quoted from *Ibid.*, 135, fn. 19. Keil & Delitzch, Old Testament Commentary, Proverbs.

14) Duane H. Garrett, *Proverbs, Ecclesiastes, Song of Songs* (Nashville: Broadman Press, 1993), 57 quoted from *Ibid.*, 136, fn. 24.

솔로몬이 잠언에서 그의 아들들에게 부모의 교육에 대한 명령

1. 들어라	1:8; 4:1 아버지의 교훈을 4:10 내가 말하는 것을 4:20 내 말을 5:1 나의 지혜의 말을 5:7; 7:24; 8:32 나를 8:33 나의 교훈을 19:20 충고를 22:17 지혜자의 말을 23:22 너의 아버지를
2. 주의하라	4:20; 7:24 내가 말하는 것을 5:1 나의 지혜를
3. 돌이키지 말라	5:7 내가 말하는 것에서
4. 잊지 말라	3:1 나의 가르침을
5. 어기지 말라	4:5 내 말에서
6. 멸시치 말라	1:8; 6:20 너의 어머니의 가르침을 4:2 나의 가르침을
7. 받으라	2:1 나의 말을 4:10 내가 말하는 것을 10:8 명령을 19:20 교훈
8. 붙들라	4:4 내 말을
9. 잡으라	4:13 교훈을
10. 지키라	4:13 교훈을 7:2 나의 가르침을
11. 주의하라	13:1 아버지의 교훈을 16:20 교훈을
12. 지키라	3:1; 4:4; 7:2 내 명령을
13. 간직하라	2:1; 7:1 내 명령을
14. 너의 마음에 두라	23:12 교훈을
15. 너의 귀에 두라	23:12 지혜의 말을

31), 대홍수(창 6:14, 19:22, 7:17, 8:1-20, 9:13-15), 아브라함의 여행(창 12:1-5), 형제 모세를 돌보는 미리암(출 2:1-10), 시어머니를 돌보는 룻(룻 2), 사무엘이 엘리 제사장을 도움(삼상 2:18), 솔로몬의 성전건축(왕상 5-8) 등이다.

그리고 유년부 시기에는 창조(창 1:1-2:3), 바벨탑(창 11:1-9), 이삭이 태어남(창 21:1-7), 모세와 광야생활(출 1-20), 여리고 전투(수 6:1-20), 다윗과 골리앗(삼상17:1-58), 다윗과 요나단(삼상 19-20), 엘리야를 도운 여인(왕상 17:8-15), 하나님께 응답한 소년 예레미야(렘 1:4-8) 등이다.

초등부 시기에는 에덴동산(창 3), 노아와 언약을 맺으신 하나님(창 6:5-9:17), 에서와 야곱(창 25:20-34; 32:3-21; 33:1-4), 요셉(창 37-47), 여자 사사 드보라(삿 4:4-23), 룻과 나오미(룻), 다윗 왕(삼상/하), 엘리야와 바알 선지자(왕상 18:1, 17-45), 에스더 왕비(에), 사자굴속의 다니엘(단 6), 요나가 하나님께로 돌아옴(욘) 등이다.

어린이들에게 다음과 같은 신약 내용[16]을 가르칠 수 있다. 특히 유년부 이전 시기에는 예수님의 탄생(눅 2:1-7), 목자가 좋은 소식을 들음(눅 2:39-40), 보리떡과 물고기를 예수님께 드린 어린이(요 6:1-14), 예수님께서 야이로의 딸을 살리심(눅 8:40-42, 49-56), 나무에 올라간 키가 작은 삭개오(눅 19:1-10), 예수님께서 어린이를 사랑하심(눅 18:15-17), 예수님께서 나귀를 타고 예루살렘에 들어가심(막 11:1-11), 예수님의 마지막 식사(마 26:17-20, 26-28; 막 14:17-25; 눅 22:14-38), 악한 사람들이 예수님을 죽였으나 하나님께서 다시 살리심(마 27:35, 57-60; 28:1-8) 등을 가르칠 수 있다.

이와 함께 마리아에게 아기 낳을 것을 약속하심(눅 1:26-38), 박사들이

---

15) Delia Halverson, *New Ways to tell the Old, Old Story* (Nashville, Tenn.: Abingdon Press, 1992), 12-14.

16) Ibid., 12-14.

찾아옴(마 2:1-2, 9-11), 성전에서 예수님을 드림(눅 2:22-39), 예수님이 회당에서 가르치심(눅 4:14-30), 예수님께서 태풍을 잠잠하게 하심(막 4:35-41), 예수님께 감사를 드린 한 사람(눅 17:11-19), 교회의 탄생(행 1:4,5, 13-14, 2:1-17, 22-47) 등도 포함한다.

유년부 시기에는 아기 예수님과 애굽으로 피함(마 2:13-23), 성전에서의 소년 예수님(눅 2:41-52), 세례 요한이 예수님의 오심을 전함(마 3:1-12), 예수님의 세례(마 3:13-17), 예수님이 시험 받으심(눅 4:1-15), 예수님께서 제자를 부르심(눅 5:1-11, 마 9:35-10:8), 결혼식에서의 예수님(요 2:1-12), 앉은뱅이를 예수님께로 데려온 친구들(막 2:1-12), 연못가의 앉은뱅이를 고쳐주신 예수님(요 5:1-15), 선한 사마리아인의 비유(눅 10:25-37), 예수님의 친구 마리아와 마르다(눅 10:38-42), 기도를 가르쳐 주신 예수님(눅 11:1-4; 마 6:7-15), 용서하시는 아버지의 비유(눅 15:11-32), 예수님께서 귀머거리를 고치심(막 7:31-37), 예수님과 돈 바꾸어주는 사람들(요 2:13-22), 부활(마 28:1-10; 눅 24:1-12; 요 20:1-18), 빌립이 예수님을 전함(행 8:26-40), 다메섹으로 가는 길(행 9:1-25), 자주장사 루디아(행 16:11-15), 감옥에 지진이 일어남(행 16:16-40) 등을 가르칠 수 있다.

초등부 시기에는 세례 요한이 태어남(눅 1:5-25, 57-76), 안식일에 제자들이 밀이삭을 따먹음(막 2:23-28), 씨 뿌리는 자의 비유(마 13:1-9, 18-23), 예수님이 물위를 걸으심(마 14:22-33), 성전에서 기도하는 두 사람(눅 18:9-14), 나사로(요 11:1-44), 달란트 비유(마 25:14-30), 예수님의 발을 씻긴 여인(눅 7:36-50), 마지막 식사, 겟세마네, 시험, 십자가(마 26:14-27:66), 도마가 믿음(요 20:19-29), 엠마오로 가는 사람들(눅 24:13-35), 베드로가 감옥에서 도망함(행 12:1-19), 바울의 전도여행(행 13-28) 등도 좋은 내용이 된다.

03_ 어린이 성경교수의 방법

많은 내용들과 다양한 장르를 가진 구약을 교수하기 위해서는 목적에 따라서 내용을 선택하는 것이 중요하다. 목적에 맞는 내용을 선택하기 위하여 교사는 먼저 "구약은 기독교교육을 위하여 좋은 자료인가?" 라는 질문을 스스로에게 해봐야 한다. '그렇다' 고 대답한다면, 다음으로 어린이들에게는 "어떤 내용을 어느 정도로 가르쳐야 하는가?" 를 물어봐야 한다.

유치부 어린이들에게 하나님의 보호하심과 그의 창조를 가르치기에는 여러 방법이 있다. 즉, 올바른 인간관계, 사회훈련, 자연학습, 놀이, 공작 등을 통하여 가르칠 수도 있고, 이야기를 통하여 가르칠 수도 있다. 예를 들면, 야곱의 이야기 중에서 야곱이 벧엘에서 하나님을 만나게 된 과정을 통하여 하나님의 보호하심을 가르칠 수 있다.

야곱의 이야기는 다음과 같이 전개할 수도 있다. 야곱은 매우 이기적이고 거짓말을 잘하고 형의 축복을 거짓말로 가로챔으로써 집을 떠나게 되었고, 외삼촌 집을 향하여 가다가 날이 어두워져서 혼자 길에서 잠을 자게 되었는데 때 너무 무서워 누구로부터든지 보호를 받고 싶었다. 혼자 누워서 잘 때 꿈에 하늘에서부터 땅까지 연결된 사다리를 통하여 하나님께서 그를 보호하고 계심을 알게 되어 평안히 잠을 잘 수 있었고, 또 기쁜 마음으로 외삼촌이 있는 하란으로 갔다.

이러한 이야기를 어린이들은 좋아하는데 그 이유는, 어린이들도 두려움이나 고독을 이해하기 때문이다. 그러나 도덕성의 문제는 어린이들이 이해하기에는 좀 어렵다. 그러므로 어린이들에게 구약을 가르칠 때는 그 초점을 하나님께서 우리와 가까이 계신다는 것에 두는 것이 좋다.

어린이들이 이야기를 좋아한다고 해서 모든 이야기를 좋아하는 것은 아니다. 어린이들은 드라마틱하면서도 단순한 이야기를 좋아한다. 그러므로 성경이야기에도 이러한 요소가 있어야 어린이들이 좋아한다. 이 시기의 아이들은 요셉의 이야기도 좋아한다. 그 이유는 요셉이 높은 지위를 갖게 되고, 좋은 일을 할 수 있는 권한이 있고, 가족에 대한 친절, 그리고 따뜻한 사랑을 보여주는 내용이기 때문이다.

이러한 요셉의 이야기는 다음과 같이 네 부분으로 나눌 수 있다. 첫째, 요셉이 형제들에게 질투심을 일으켜서 노예로 팔리게 된 일, 둘째, 애굽에서 노예로, 죄수로, 왕의 꿈의 해석하여 높은 지위를 얻게 된 과정, 셋째, 애굽에 흉년이 들었을 때 식량을 배급하는 권력을 가진 요셉과 이때 식량을 구하러 애굽에 도착한 형제가 만나는 과정 그리고 넷째, 처음에는 요셉을 알아보지 못했던 형들이 나중에 알아보고 겁이 났지만 요셉이 사랑으로 대하여 서로 화해를 하게 된 내용이다.

이러한 요셉의 이야기는 삼중적 가치를 지니고 있는데 1) 아이들의 경험을 넓혀주고, 감정과 상상력을 키워주며 2) 잘못되고 건방진 아이가 어려움

바로에게 꿈을 해몽하는 요셉

을 당하고 3) 하나님을 믿을 때 복을 받게 됨을 보여준다.

이 시기에 가르칠 수 있는 구약의 내용으로는 갈대상자 속의 모세, 모세와 불타는 나무, 목동 다윗, 기름부음을 받은 다윗, 예레미야의 구원, 사자굴속의 다니엘 등이다. 이 시기에는 역사나 지리에 관한 내용 등에 관한 것은 상상에 맡기고 강조점을 어린아이가 위험에서 구원을 받고, 사랑을 받게 되었다는 내용에 둘 때 이야기를 좋아하게 된다.

유년부 어린이들에게 재미있고, 드라마틱한 구약의 많은 이야기들을 가르칠 수 있다. 그러나 이러한 이야기를 가르칠 때의 어려움은 일부 이야기들에 포함되어 있는 폭력적인 요소이다. 예를 들면, 여리고를 함락할 때 "성중에 있는 것을 다 멸하되 남녀 노유와 우양과 나귀를 칼로 멸하니라"(수 6:21)고 한 구절에서 나타나는 잔혹함을 유년부 어린이들이 거부감이 없이 받아들이도록 설명하기가 어렵다. 그러므로 이러한 잔혹한 내용은 좀 더 성장한 다음 시기로 미루는 것이 좋다.

또한 여호수아 6:18의 "너희의 바칠 물건을 스스로 삼가라. 너희가 그것을 바친 후에 그 바친 어느 것이든지 취하면 이스라엘 진으로 바침이 되어 화를 당케 할까 두려워하노라"는 내용은 장년들에게는 당시 가나안 전쟁이 종교적 사건이었다는 것과 공격하는 자에게 있는 어느 정도의 과격함이라든지 탈취물을 하나님께 바쳐야 한다는 것을 이해할 수 있다. 그러나 유년부 아이들은 이러한 것들을 이해하기가 어렵다. 그러므로 이러한 내용은 좀 더 성숙한 중등부에서 다루도록 해야 한다. 대신에 유년부 아이들은 모험적 사건의 이야기를 좋아한다. 그러므로 잔혹한 내용 대신에 모험적인 것을 들려줄 필요가 있다. 이러한 판단을 해야 할 때 성경교사에게 지혜가 필요하다.

사무엘상 15:9에서 사울이 가장 좋은 짐승들은 죽이지 아니하고, 나쁜 것만 죽이므로 하나님의 버림을 받게 되는데 이것이 유년부 어린이들에게는 '하나님은 살육을 좋아하시는 분'으로 비춰질 수 있다. 그래서 이러한 사울 왕의 이야기는 유년부 시기에는 가르치기가 어렵다. 그러나 다윗과 요나단의 우정(삼상 14)은 이 시기에 가르치기에는 아주 좋은 내용이다. 이 시기에 가르칠 다른 자료로는 엘리사와 나아만(왕하 5), 아람 군대를 사마리아로 인도한 엘리사(왕하 6), 성전을 건축한 느헤미야(느 3-6) 등이 있는데 이러한 이야기들은 아이들에게 "사람의 생명을 주관하시고 아이들이 이해할 수 있는 방법으로 하나님을 섬길 수 있는 힘을 사람들에게 주시는 하나님을 보게 한다"는 장점을 가지고 있다. 성경교사가 효과적으로 성경교수를 하기 위해서는 성경내용과 어린이들의 본질을 알아야 한다. 그렇게 해야만 그 내용을 어린이들의 특성에 맞는 방법으로 가르칠 수 있기 때문이다.

| 7장 |

청소년 성경교수

청소년들은 무엇에 대한 내용보다는 느낌을 말해주기를 기대한다.
그러므로 성경에 대해서나 기독교 신앙과 삶에 대해서도 마찬가지이다.

청소년들을 격려하여 성경교수에 적극적으로 참여하게 할 수 있는가? 최선을 다하지 않는 사람들을 격려하고,
청소년들의 흥미와 욕구를 추구하고, 능력이 있는 지도자들 [illegible] 프로그램을 비판하고 평가하게 하고, 기획팀은 충분히
준비할 수 있는 시간을 주고, 청소년들 [illegible] 에게 그들이 계획하는 대상의 내용을 말하게 하고,
청소년들도 교회 밖의 모임에 참여하게 하 [illegible] 생각을 갖게 하고, 프로그램을 자신들에게 맞게 바꾸게 하고, 열정을
갖게 하고, 자유로운 순서로 진행하게 하고, 프로그램 [illegible] 에서도 그러면서 쉽지도 않게 하고,
그들로 하여금 [illegible] 만족하게 하기보다 비전을 갖게 한다.

서론

청소년들을 대상으로 하는 성경교수는 교회의 그 어떤 사역보다 중요하다. 그 이유는 오늘의 청소년의 상황은 20년 혹은 30년 후의 교회의 모습이 되기 때문이다. 그런데 대형교회들을 포함한 대도시의 많은 교회들은 주일 오전 예배는 많은 사람들이 출석하지만 청소년부서는 상대적으로 침체되어 있어서 한국교회의 미래가 염려된다. 그러므로 이번 8장에서는 청소년들을 다시 말씀으로 돌아오게 하고 그들의 신앙성숙을 위하여 성경교사에게 필요한 청소년교수의 특징에 대한 이해와 그들에게 무엇을 어떻게 가르쳐야 할 것인지에 대하여 살펴보려고 한다.

01_ 청소년 성경교수의 특징

사람들이 청소년 사역을 힘든 사역이라고 말하는 이유는 무엇인가? 부흥회라든가 몇 청소년 집회의 모임상황과 그 모임에서 나타나는 청소년들의 신앙적 열정을 본다면 청소년들에게 문제가 있는 것이 아님을 알 수 있다. 그렇다면 청소년 성경교사라든가 청소년 프로그램에 문제가 있다고 말할 수 있다. 청소년들의 신앙이 약해지는 현실에서 청소년성경교사들의 사명은 청소년들을 다시 교회로 불러들이고, 그들이 그리스도의 복음에 열정적으로 응답하게 하는 것이다.

타운스(Elmer L. Towns)는 청소년을 교회안으로 불러들이지 못하는 이유를 다음의 몇 가지[1]로 설명한다.

첫째, 청소년 프로그램이 청장년들의 틀에 맞추어져 있기 때문이다. 청소년을 어른들과 같이 취급해서는 안 된다. 그들은 그들 나름대로의 욕구, 야망이 있어서 어른들과는 다르다. 둘째, 청소년 프로그램들이 신앙과 세상의 삶을 통합하는데 실패했기 때문이다. 이를 극복하기 위해서는 청소년들에게 그리스도를 위하여 죽으라고 하기 보다는 그리스도를 위하여 헌신하고 살라고 해야 한다. 셋째, 청소년 성경교사들이 청소년들에 대하여 패배주의적 생각을 가지고 있기 때문이다. 청소년들은 버릇도 없고, 통제도 되지 않고, 제멋대로기 때문에 어떻게 할 수가 없다. 그냥 내버려두는 수밖에 없다고 생각하기 때문이다. 넷째, 청소년 지도자들이 청소년들에게 도전의식을 심어주지 못하기 때문에 실패한다. 잘못된 사상에 젊은이들이 빠져드는 이유중의 하나도 잘못된 사상은 의도적으로 그들에게 도전의식을 주기 때문이다. 다섯째, 청소년 지도자 자신들이 비전을 상실하고 있기 때문이다.

이러한 문제들을 극복[2]하기 위해서는 성경교사들이 먼저 청소년을 이해해야 한다. 청소년들을 이해하는 방법은 교사자신이 다시 한 번 청소년의 시절을 돌아가 그들의 입장에 설 때 가능해진다. 둘째, 청소년들을 지도할 때 단기적인 목표가 아니라 전 생애에 대한 장기적인 목표를 가지고 지도해야 한다. 그렇게 해야만 청소년들에게 그들의 일생 동안 필요한 그 무엇을 줄 수 있기 때문이다. 셋째, 청소년들의 욕구를 충족시켜줄 수 있는 새로운 방법, 자료, 프로그램 등을 사용하는 것이 중요하다. 넷째, 성경 말씀과 삶을 연결지음으로서 청소년들로 하여금 성경 말씀은 그들의 일상생활을 위한 것임을 알게 해야 한다. 곧 이론이 아니라 실제를 전달함으로써 그들의 문제를 해결하는데 도움을 주어야 한다.

그러나 이보다 더욱 본질적인 문제로는 청소년 성경교사들의 청소년에

---

1) Elmer L. Towns, *Teaching Teens* (Grand Rapids, Mich.: Baker Book House, 1965), 10-11.
2) *Ibid.*, 11-12.

대한 이해이다. 곧 성경교사들이 청소년들의 특징을 이해하고 인식해야 한다. 청소년들은 다음과 같은 그들 나름대로의 세 가지 특징[3]을 지니고 있다. 첫째 특징은 매우 반항적이다. 성경교사로서 그들에게 어떻게 행동하고, 어떤 가치를 가져야 한다고 가르친다고 해서 그들이 그대로 받아들이는 것은 아니다. 그렇다고 하여 청소년이 모든 전통과 권위를 버리기를 원한다고 생각해서도 안 된다.

둘째로 청소년들은 질문하기를 좋아한다. 청소년의 질문은 중요한 것만이 아니라 매우 사소한 것일 수도 있다. 때로는 공격적이기도 하지만 그들은 매우 정직하다. 셋째로, 열정적이다. 개인생활에서만 아니라 지적인 면에서도 '좋다, 싫다' 고 판단하는 것이 아주 분명하고 깊게 형성되어 있다.

그러므로 성경교사들은 다음의 것들에 주의를 기울여 청소년들을 가르쳐야 한다. 중학교 연령의 청소년들은 처음으로 지적인 교리를 공부하게 된다. 교리에 대하여 배우기 시작하였기 때문에 이들이 어느 정도를 아는지 점검하면서 지속적으로 인도해 주어야 한다. 그리고 고등학교 연령의 청소년들에게 교회 안에도 과학과 사회의 돌아가는 형편을 잘 알아 그리스도의 복음으로 현세상을 극복할 수 있는 사람들이 있다는 것을 가르쳐야 한다. 청소년들은 교회는 고리타분한 구식(舊式)이라고 느끼기 쉬운데 그렇지 않음을 알게 해야 한다.

성경교사가 청소년들을 대상으로 성경교수를 함에 있어서 1) 청소년들의 발달이 어느 때에 갑자기 일어나는 것은 아니기 때문에 어린이와 청소년을 나누는 분명한 기준이 없으므로 나이에 따라 어느 내용 혹은 방법만을 사용해야 한다는 경직성을 피해야 한다. 2) 이 시기에도 구체적인 방법, 많은 이야기, 다양한 활동을 필요로 하며 3) 동시에 사상, 성육신 교리, 그리고 구

3) William H. Lazareth & Ralph O. Hjelm, *Helping Youth and Adults Know Doctrine* (Philadelphia, Penn.: The Lutheran Church Press, 1963), 26-28.

속 등과 같은 교리도 가르칠 수 있다. 4) 설명을 하면서 질문하는 것도 가능하다. 5) 예수님의 삶과 사역에 대하여 잘 이해할 수 있으므로 핵심적인 내용을 분명하게 제시해야 한다.

청소년의 시기는 자아를 의식하는 때이다. 곧 객관적으로 자신을 보고 자아에 대한 생각을 형성하며 성품에 대하여 관심을 갖는 시기이므로 예수님의 말씀과 이적(異蹟)만이 아니라 그의 성품도 청소년들에게 큰 영향을 미친다. 그러므로 예수님을 '길이요, 진리요, 생명이신 예수님' 으로 연결[4]하여 가르치는 것은 매우 효과적이다. 그리고 성경의 인물들이 그들의 마음에 들어오게 함으로서 예수님의 신성을 다루는 교리를 말하지 않고서도 예수님의 성품을 배우게 할 수 있다. 이 시기는 그의 가르침을 이해하거나 수용하는 것보다 그를 따르게 하는 것이 더 중요하다.

이 시기의 후반기에 오면 역사를 연속적인 시리즈로 이해할 수 있다. 예를 들면, 예수님의 생애를 마가복음과 사도행전에 기초하여 가르쳐도 된다. 여기서 세 가지 곧 예수님 자신의 사역에 대한 생각, 사도행전에서 절정을 이루는 예수님의 사역에 대한 다른 사람들의 점진적 이해, 그리고 그가 제기한 반대와 죽음 등이다. 그리고 구약의 내용으로는 연속적인 역사 즉, 조상들에게 주신 언약에서 시작하여 출애굽, 왕국, 분열왕국, 선지자들의 경고, 왕국의 멸망, 포로, 귀환 그리고 귀환 등으로 연결할 수 있다.

이 연령층의 후반기에서 가르칠 수 있는 내용으로는, 예수 그리스도의 복음 특히 메시아를 기다림에 대한 내용으로서는 누가복음 중심으로 가르칠 수 있다. 구약사상의 발전을 위해서는 예언, 신약과의 연관성, 그리고 구약의 예언을 살펴본다. 그리고 위대한 그리스도인들에 대한 이야기를 포함하는 것도 좋다. 예를 들면, 토마스 선교사, 알렌 선교사, 주기철, 손양원 목사 등을 여기에 포함할 수 있다.

---

4) A. Victor Murray, *op. cit.*, 116-120.

청소년들에게 성경을 가르치는 교사들도 지켜야 할 자세[5]가 있다.

- 성경교사는 성숙한 마음으로 청소년들의 미성숙함을 이해하면서 대해야 한다(고전 13:11).
- 성경교사는 청소년들의 모든 영역에 관심을 가지고 또한 이해해야 한다. 청소년 교사들이 가져야 할 가장 중요한 마음은 사랑과 이해심이다.
- 청소년 교사는 청소년들이 사용하는 언어를 이해할 뿐 아니라 사용하는 것이 좋다. 그렇지 않으면 지도자와 청소년들 사이에 의사소통이 되지 않는다.
- 청소년 성경교사는 자신과 청소년들 사이를 가로막고 있는 벽을 허물어야 한다. 오늘날의 교회와 사회 안에서 청장년들과 청소년들 사이에 넘을 수 없는 벽이 있다. 그러나 청소년들로 하여금 성경교사들이 그들의 편에 서있음을 알게 해야 한다.
- 청소년 성경교사는 청소년들 간의 개인차를 인정하고 그들을 각기 하나의 완전한 인격체로서 대해 주어야 한다.

이러한 청소년 사역에서 제시되어야 할 지도원리에는 무엇이 있는가?[6] 청소년 지도원리에는 다음과 같은 것들이 있다.

- 청소년들을 있는 그대로 대하고 그들이 가야 할 곳으로 인도한다. 하나님께서 사람들이 있는 곳으로 먼저 찾아오신 후에 더 높은 곳으로 인도하시는 것과 같다.
- 성경교사들은 청소년들의 여러 제안에 귀를 기울인다.
- 청소년들로 하여금 성경교사들을 의지하기보다 하나님을 의지하도록 지도한다. 다른 사람을 의지하기를 좋아하는 청소년들로 하여금 하나님을 의지하도록 가르치는 것이 중요하다(잠 3:5-6).

---

5) Elmer L. Towns, *op. cit.*, 30-31.
6) *Ibid.*, 31-40.

• 청소년들이 성경교사와 깊은 관계를 갖게 하기보다는 그리스도 및 교회와 하나가 되도록 한다.
• 하나님의 은혜에 힘입은 성경교사는 말로서가 아니라 그들에게 필요한 실제의 삶으로 그리스도인의 모범을 보인다.
• 성경교사는 말은 적게 하고 귀와 눈을 열어 듣고 보며, 비전을 가지고 더 멀리 그리고 더 먼저 볼 수 있는 사람이 된다.
• 성경교사들이 흔히 의존하는 세상적인 방법으로는 청소년들이 성숙할 수 없으며 언제나 성령의 사역에 의존한다.

성경교사는 확실한 목표를 가지고 있어야 하는데 그 이유로는 첫째, 목표는 필요한 것을 충족시킬 계획을 하도록 해주기 때문이다. 둘째, 목표는 자신감을 갖게 해주기 때문이다. 청소년들은 이러한 자신감을 가진 성경교사를 잘 따른다. 셋째, 목표는 가는 방향을 알게 하고 찾게 해주기 때문이다. 넷째, 목표는 길을 잃지 않게 하고 논리에 맞추어 청소년들이 가야 할 길을 보여주기 때문이다. 다섯째, 목표는 잘못된 것을 사전에 예방하고 또한 고치게 함으로서 헤매지 않고 가게 해주기 때문이다. 여섯째, 목표는 사용해야 할 자료와 활동을 찾는데 도움을 주기 때문이다. 일곱째, 목표는 진보를 측정하는데 바른 근거를 제공해주기 때문이다.

그러므로 효과적인 청소년 성경교수를 위해서는[7] 다음과 같은 질문을 스스로에게 해보아야 한다.

• 사용하는 방법이 목표에 합당한가?
• 사용하는 방법은 청소년들의 연령에 맞는 것인가?
• 사용하는 방법이 청소년들에게 가장 적당한 방법인가?

이러한 질문들을 고려하여 방법을 선택해야 효과를 볼 수 있다. 성경교사들이 사용할 수 있는 방법은 그 여건에 따라 매우 다양하다. 구체적으로 예

---

7) *Ibid.*, 57-58.

를 든다면 버즈 학습방법, 브레인스토밍, 토론, 논의, 시범, 포럼, 강의, 패널, 문답, 연구조사, 이야기법, 심포지엄, 시각자료 등이 있다.

성경교사들이 사용하는 교육자료[8]는 1) 그 내용이 청소년들의 발달수준에 맞아야 하고, 2) 또한 그들의 욕구를 충족시켜줄 수 있는 것이어야 한다. 그러므로 성경교사는 "내가 학습자들의 욕구를 충족시켜 주고 있는가?"를 자신에게 지속적으로 늘 물어보아야 할 뿐 아니라 성경을 가르칠 때 청소년들의 구체적인 상황에 적용할 수 있어야 한다. 3) 청소년들의 욕구를 충족시키는 능력이 있고 효율적인 지도자가 되기 위해서는 사용하려는 자료를 연구하고 기도하는데 많은 시간을 투자해야 한다. 좋은 성경교사란 청소년들이 던지는 질문에 대하여 더 깊은 생각을 하고 사려가 깊고 성실한 준비를 통하여 그들의 욕구를 충족시키는 교사[9]이다.

---

8) *Ibid.*, 59-60.
9) W. H. Lazareth & R. O. Hjelm, *op. cit.*, 26.

02_ 청소년 성경교수의 내용

내용이 방대하고 복잡한 구약을 청소년들을 가르치려 할 때 그 중에서 어떤 내용을 택해야 하는가의 문제는 매우 중요하다. 대부분 성경교사의 경우는 교단에서 출판한 공과를 사용하기 때문에 내용선택에 대한 고민은 해결된다고 볼 수 있다. 그러나 자체적으로 교수내용을 선택할 때는 다음과 같은 기준들[10]을 참고하여 교재를 만드는데 도움이 될 것이다.

첫째, 3년에 신구약을 한 번씩 공부할 수 있도록 교육과정의 틀을 짠다. 둘째, 각 연도에서 역사, 예언(신약에서는 서신서), 그리고 시서를 포함한다. 셋째, 모든 내용을 균등하게 포함하기보다 이스라엘 백성들의 삶에 대

10) A. Victor Murray, *op. cit.*, 104-109.

한 그림을 형성하도록 한다. 넷째, 이야기 자체뿐 아니라 이야기의 형태에 주의를 기울인다. 다섯째, 지식적으로만이 아니라 신앙적 확신을 갖도록 가르친다. 여섯째, 교육과정에는 성경 뿐 아니라 교회의 역사에 대한 것도 포함한다.

이렇게 성경교사가 청소년들에게 구약을 가르칠 때 청소년들에게 구약은 어떠한 위치에 있는가? 다시 말하자면 성경교사는 '구약을 가르칠 때 어떤 원리들을 사용할 것인가?' 를 생각해 보아야 한다. 구약교수에서 사용할 수 있는 원리로는 청소년들이 1) 구약을 총체적으로 볼 수 있게 해주고, 2) 이스라엘의 성장과 와해(瓦解)를 보게 하며, 3) 하나님의 백성으로서 그들의 믿음의 성장을 드러내고, 4) 이방의 멸망을 찬양할 때는 언제이고(드보라), 그들의 회개를 촉구하는 때는 언제인가를(요나) 이해하게 한다.

그러므로 구약성경을 가르칠 때는 '히브리 민족의 하나님이 전쟁의 하나님 대신에 자비의 하나님이시라면' 어떠했을까? 하는 것에 대한 생각을 하도록 인도한다. 그리고 구약 전체를 2-3년에 한 번씩 공부하게 함으로써 청소년들이 중요한 선지자들에 대하여 자세히 공부할 수는 없어도, 각 선지자의 독특한 특징만은 알도록 해야 한다. 그 만큼의 시간도 없다면, 전체를 피상적으로 공부하기 보다는 선지자들의 가르침을 개괄하고, 율법, 의식, 회당 등에 대하여 자세히 공부하는 방법이 좋다.

불병거타고 승천하는 엘리야를 바라보는 엘리사

청소년기의 단계에서 가르칠 수 있는 구약[11]의 내용들로는 먼저, 중등부 시기에는 창조 이야기(창 1:1-2:25), 아브라함과 언약을 맺으신 하나님(창 22:1-19), 바벨론 포로(대하), 마른 뼈의 계곡(겔 37:1-14) 등이다. 그리고 고등부 시기에는 라합의 이야기(수 2:1-24; 6:1-25), 아비가일이 다윗을 도움(삼상 25, 27:2-3, 30:1-6, 18), 엘리야와 불병거(왕하 2:1-15), 착한 사람이 시련을 당함(욥) 등이다.

미국의 초교파적인 3대 주일학교 공과의 하나인 '복음의 빛' 의 내용을 참고적으로 살펴보면 아래와 같다. ' 복음의 빛' 은 중등부와 고등부 교재로 나누어져 있는데 그 중에서 중등부의 교수내용은 14단원으로 나뉘어 있다: 기독교의 기초, 기도, 친구들, 예수님의 가르침, 예수님의 추종자들, 성경의 십대, 학교생활, 예수님의 이적들, 가정과 가족, 창세기, 성령의 열매, 느낌과 감정, 친구들의 압력, 전도 등이다.

1과 기독교의 기초에서는 삼위일체 하나님을 공부함으로써 하나님과 관계를 형성하게 한다.[12] 하나님은 청소년들을 사랑하시고 예수님은 하나님과 관계를 갖는 유일한 길이며 성령님은 하나님께로 가는 길을 보여주신다.

2과 기도에서는 기도란 무엇인가를 공부한 후에 '하나님은 항상 응답하시는가?' , '하나님께서 침묵하실 때 나는 무엇을 할 것인가?' , '왜 지속적으로 기도해야 하는가?' 등의 질문에 대한 답을 배운다.

3과 친구에서는 다윗과 요나단의 예를 통하여 경건한 우정을 이해하고 참된 우정을 쌓게 한다. 친구 간에 지적, 정서적 그리고 영적으로 서로 일깨울 수 있게 한다.

4과 예수님의 교훈에서는 먼저 '씨 뿌리는 비유' , '누룩 비유' , '달란트 비유' 를 통하여 하나님과의 관계에 초점을 둔다. 예수님의 '빛과 소금' , '용서하지 않은 종' , '양과 염소' 의 비유를 우리에게 적용한다.

5과 예수님의 제자들에서는 먼저 우리에게 상대적으로 덜 알려진 제자들인 마리아, 마르다, 삭개오를 통하여 우리에게 주신 은사를 통하여 그를 신뢰해야 할 것을 보이고 후에 이름이 알려지지 않은 중풍병자의 네 친구, 과부, 문둥병자, 그리고 백부장을 통하여 하나님은 모든 제자들을 통하여 사

11) D. Halverson, *op. cit.*, 14.

12) http://www.gospellight.com.

역하시기를 원함을 알게 한다.

6과 성경속의 십대들에서는 하나님께서 이적을 행하실 때 어떻게 십대들을 사용하시는지를 보여준다. 사무엘, 요시야, 다니엘의 이야기를 통하여 하나님의 음성을 듣는 방법을 배운다.

7과 학교생활에서는 중학생들에게 하나님과의 관계가 어떻게 그들의 학교생활에 영향을 끼치는지를 보여준다. 예수님과 동행하는 삶을 살도록 격려하는데 초점을 둔다.

8과 예수님의 이적에서는 초자연적 능력에 관심이 많은 십대들에게 예수님의 참된 능력을 보여준다. 나사로를 살리신 이적에서 예수님 자신의 부활과 승천에서 참 능력을 알게 하고 예수님과의 개인적인 관계를 갖도록 인도한다.

9과 가정과 가족에서는 가족과 가족상호 간에 어떻게 존경할 것인가에 대한 하나님의 계획을 보여준다. 그리고 가족생활에 적극적으로 참여해야 하는 것과 갈등해소, 이혼의 문제 등에 초점을 둔다.

10과 창세기에서는 하나님께서 아담과 이브를 창조하신 이유와 인간들의 죄성(罪性)의 근본과 죄의 용서와 죄의 결과는 다른 것임을 보여준다. 예배란 무엇인가를 배우며 노아의 삶을 집중적으로 조명한다.

11과에서는 성령의 열매는 무엇이며 삶에서 그 열매의 목적을 알게 한다. 그리고 복음서를 통하여 구체적으로 그 열매를 연구한다. 마태복음에 나타난 온유, 누가복음의 충성, 요한복음의 절제, 오래 참음 그리고 화평을 배운다.

12과 감정과 정서에서는 시편 136편, 로마서 15장 그리고 빌립보서 4장을 통하여 세상에서 만족을 찾는 것은 헛된 일이며 참된 만족은 예수님과의 관계에서 오는 것임을 배운다.

13과 친구들의 압력에서는 중학생들이 친구들과 맞서 대항할 것인가? 아니면 함께 어울릴 것인가를 결정하는데 도움을 준다. 이러한 결정을 하는 과정가운데에서 특히 친구들에게 맞설 때의 기쁨과 고통을 알아본다.

14과 전도에서는 기도란 무엇이며, 기도하는 특별한 법이 있는지, 하나님께서는 항상 응답하시는지, 침묵하실 때는 어떻게 해야 하는지, 또 그들이 갖고 있는 기도에 대한 질문들에 대한 대답을 찾는다.

고등부에서는 토론과 성경을 중심으로 하여 종합적이면서도 융통성이 있는 프로그램을 잘 정리해서 제시하고 있다.

1권 성(性), 마약 그리고 락(Rock) 음악에서는 청소년들이 직면하고 있는 심각한 문제들에 대하여 살펴보면서 친구들로부터 이야기를 듣기만 하는 그들과 접촉할 수 있는 방법을 제시한다.

2권 기도와 경건생활에서는 바쁜 일과와 많은 관심거리를 가지고 있는 그들이 하나님과 만남의 시간을 가지고 있는가?를 살펴보면서 청소년들이 하나님과 대화하며 그의 말씀가운데서 대답을 찾을 수 있도록 돕는다.

3권 기독교의 기초에서는 '하나님은 누구신가?' '하나님은 나의 삶을 돌아보시는가?' '정말 하나님은 나를 사랑하시는가?' 를 살펴본다. 이 책은 복음을 가르침으로 청소년들이 하나님 말씀에 견고한 기초를 두고 그 위에 서도록 한다.

4권 지도자가 되기, 다른 사람을 섬김과 신앙을 함께 나누기에서는 수건을 허리에 동이시고 제자들의 발을 씻어주신 예수님을 통하여 힘이나 인기를 초월한 지도력의 유형을 보여준다. 그래서 남들이 하기 싫어하는 힘든 일을 용기있고 기쁘게 할 수 있도록 해준다.

5권 영적 전쟁에 대한 내용이다.

6권 신약은 12권인데 각 권(卷)은 12과로 구성되어 있는데 일부는 청소년들의 이슈들, 그리고 다른 부분들은 제자훈련과 기독교의 기초에 대한 공부로 구성되어 있다.

7권 구약은 11권으로 되어 있다. 요약하면 다음과 같다.

내용, 범위, 순서			
02 겨울	중	9과: 가정과 가족 10과: 창세기	두려워 말라!
	고	영적 전쟁의 말씀	위기에 있는 친구를 돕는 말
03 봄	중	13권: 친구들의 압력 14권: 전도	청소년이 되는 준비
	고	신약의 말씀	산상교훈
03 여름	중	11권: 성령의 열매(여름수련회) 12권: 감정과 정서	사랑이란 무엇인가?
	고	구약의 말씀	지도자가 되기(여름수련회)
03 가을	중	1권: 기독교의 기초 2권: 기도	어두움을 이기기
	고	가족에 대한 성경말씀	예수님의 생애
03 겨울	중	3권: 친구 4권: 예수님의 교훈	GP4U
	고	성, 마약, 락음악	열정적 결혼과 다툼 결혼
04 봄	중	5권: 예수님의 제자들 6권: 성경속의 십대들	청소년이 되는 준비
	고	기도와 경건생활	성령의 열매
04 여름	중	7권: 학교생활 8권: 예수님의 이적	(여름수련회) 14권: 전도
	고	기독교의 기초	영적 전쟁

대한예수교 장로회총회(합동)의 새공과 교육과정[13] 대한예수교장로회총회(합동) 교육국 자료에서 중등부의 교육과정은 다음과 같다.

1과정 믿음으로 가는 나라

1학기 하나님의 말씀과 그의 나라

1단원 하나님의 말씀(딤후, 렘, 눅)

2단원 예수님과 하나님의 나라(눅, 막, 마)

3단원 하나님 나라의 백성(요, 눅, 마)

2학기 하나님의 창조와 구원

1단원 창조세계와 타락한 인간(창)

2단원 족장들의 신앙(창)

3단원 이스라엘을 구원하신 하나님(창, 출, 수)

3학기 하나님 나라와 예수님이 하신 일

1단원 예수님의 가르침(마, 요)

2단원 예수님의 권능과 치유(막, 요)

3단원 제자들의 믿음(마, 눅, 요)

4학기 그리스도인의 신앙생활

1단원 아름다운 교회(엡, 고전, 딤전, 마)

2단원 교회가 하는 일(요, 엡, 마, 행)

3단원 믿는 자의 생활(시, 마, 욥, 눅, 살전)

2과정 소망으로 바라보는 나라

1학기 이스라엘 역사와 소망

1단원 가나안을 향하여(출)

2단원 광야의 고난 길(출, 민, 신)

3단원 가나안 정복(수)

---

13) 대한예수교장로회총회(합동) 교육국 자료.

2학기 예수님과 하나님 나라

1단원 예수님이 보여주신 하나님 나라(마, 막)

2단원 하나님 나라의 백성(마, 눅)

3단원 하나님 나라에 대한 소망(마, 막, 요)

3학기 이스라엘 소망과 예언

1단원 포로전 선지자들(욜, 욘, 호, 사, 합, 렘)

2단원 포로중 선지자들(겔, 단, 에스라)

3단원 포로후 선지자들(슥, 학, 말)

4학기 소망을 가진 자의 삶

1단원 가정에서의 삶(창, 룻, 행)

2단원 사회에서의 삶(단, 창, 눅)

3단원 교회에서의 삶(요, 엡, 마, 빌, 시, 눅)

3과정 사랑으로 섬기는 나라

1학기 믿음의 삶

1단원 하나님을 믿사오며(창, 출, 마, 눅)

2단원 예수 그리스도를 믿사오며(요, 막, 행)

3단원 성령을 믿사오며(엡, 행, 마, 요)

2학기 은혜의 삶

1단원 구원의 삶(마, 요, 민, 눅)

2단원 예배의 삶(마)

3단원 순종의 삶(창, 마)

3학기 섬김의 삶

1단원 하나님을 사랑하라(출)

2단원 이웃을 사랑하라(출)

3단원 새 계명을 주노라(요일, 요, 마)

4학기 증거하는 삶

1단원 땅끝까지 증거(행)

2단원 바울의 증거(롬, 고전, 엡, 빌, 살전, 히)

3단원 야고보 베드로 요한의 증거(약, 벧, 계)

중등부의 교육과정내용은 다음과 같이 요약할 수 있다

	1과정: 믿음으로 가는 나라	2과정: 소망으로 바라보는 나라	3과정: 사랑으로 섬기는 나라
1학기	하나님의 말씀과 그의 나라 내용= 복음서	이스라엘 역사와 소망 모세오경	믿음의 삶 삼위일체 하나님
2학기	하나님의 창조와 구원 창, 출, 여호수아	예수님과 하나님 나라 복음서	은혜의 삶 (구원, 예배, 순종) 마태복음
3학기	하나님나라와 예수님이 하신일 복음서	이스라엘 소망과 예언 선지서	섬김의 삶 하나님, 이웃, 새계명 출, 마태복음
4학기	그리스도인의 신앙생활 서신서 중심	소망을 가진 자의 삶 가정, 사회, 교회의 삶	증거하는 삶 땅끝까지, 바울, 베드로, 요한

고등부의 교육과정은 다음과 같은 내용들을 포함하고 있다.

1과정 성경과 메시아 신앙

1학기 창조와 역사

1단원 구약성경의 개요

2단원 창조주 하나님

3단원 지음받은 사람

2학기 역사와 언약

1단원 약속의 땅을 향하여(출, 민)

2단원 이스라엘의 왕국건설(수, 삿, 삼),

3단원 이스라엘 왕국과 메시아(대, 왕, 에스더)

3학기 언약과 메시아 신앙

1단원 시와 노래에 나타난 메시아(시서)

2단원 선지자의 예언과 메시아(대선지서)

3단원 하나님의 통치와 메시아 대망(소선지서)

4학기 그리스도인의 신앙과 삶

1단원 신앙생활(히, 행)

2단원 승리생활(시, 엡, 빌)

3단원 감사생활(시, 롬, 빌)

2과정 그리스도의 사역과 복음

1학기 메시아이신 그리스도

1단원 메시아의 예언(창, 사, 미)

2단원 그리스도의 오심(요, 마)

3단원 그리스도의 신분(롬, 막, 요, 마, 눅)

2학기 그리스도의 사역

1단원 가르치심(비유)

2단원 역사하심(이적)

3단원 본을 보이심(요, 눅)

3학기 그리스도의 복음

1단원 그리스도의 수난(마, 눅)

2단원 그리스도의 부활(마, 막, 행)

3단원 복음과 구원(고전, 눅, 행)

4학기 그리스도인의 증거

1단원 베드로의 증거(행, 벧)

2단원 바울의 증거(행)

3단원 요한의 증거(계)

3과정 메시아 왕국의 성취

1학기 하나님 나라

1단원 하나님 나라의 영역(삼)

2단원 하나님 나라의 백성(왕)

3단원 하나님 나라의 주권(에, 학, 스, 느)

2학기 하나님이 다스리는 나라

1단원 말씀으로 다스리는 나라(시)

2단원 능력으로 다스리는 나라(대선지서)

3단원 사랑으로 다스리는 나라(소선지서)

3학기 하나님 나라 백성의 책임

1단원 가정에서의 책임(룻, 시, 눅, 엡)

2단원 교회에서의 책임(고전, 롬, 딤전, 살전)

3단원 사회에서의 책임(몬, 눅, 롬, 마, 창)

4학기 하나님 나라의 완성

1단원 그리스도의 재림(요, 마, 살전)

2단원 그리스도의 심판(눅, 마)

3단원 그리스도인의 영생(요일, 요, 살전, 계)

고등부의 교육과정을 요약하면 다음과 같다.

	1과정: 성경과 메시아 신앙	2과정: 그리스도의 사역과 복음	3과정: 메시아 왕국의 성취
1학기	창조와 역사(구약, 창) 하나님, 사람	메시아이신 그리스도 메시아의 예언, 그리스도의 오심, 그리스도의 신분	하나님 나라 하나님나라의 영역, 백성, 주권
2학기	역사와 언약(구약) 약속의 땅, 왕국건설	그리스도의 사역 비유, 이적, 본	하나님이 다스리는 나라 -말씀, 능력, 사랑 (시, 선지서)
3학기	언약과 메시아 신앙 시서, 선지서	그리스도의 복음 그리스도의 수난, 부활, 복음과 구원	하나님나라 백성의 책임 가정, 교회, 사회
4학기	그리스도인의 신앙과 삶 신앙, 승리, 감사생활	그리스도인의 증거 베드로, 바울, 요한(행,벧,계)	하나님나라의 완성 그리스도의 재림, 심판, 그리스도인의 영생

성경전체를 체계적이고 완전하게 가르치기 위해서는 다음과 같은 내용들을 포함하는 것이 좋다.

중등부 시절에는 신약[14]의 내용 중에서 특히 겨자씨 같은 하나님의 왕국(막 4:30-34), 제자들을 보내신 예수님(눅 10:1-12, 16-20), 무자비한 종의 비유(마 18:23-35), 포도원의 일꾼 비유(마 20:1-16), 두 아들의 비유(마 21:28-31), 결혼예식의 초대 비유(마 22:1-10; 눅 14:15-24), 변화산상의 예수님(눅 9:28-36), 과부의 선물(막 12:41-44), 내가 주릴 때 네가 주었다(마 25:31-46), 하늘로 올라가신 예수님(행 1:1-11), 베드로가 앉은뱅이를 고침(행 3:1-10) 등을 포함할 수 있다.

그리고 고등부 시기에는 저녁 잔치에 대한 예수님의 말씀(눅 14:1, 7-14), 끈질긴 과부의 기도 비유(눅 18:1-8), 등불을 가진 열 처녀의 비유(마 25:1-13), 예수님의 죽으심(눅 23:26-47), 거룩한 성(계 21) 등이다.

---

14) D. Halverson, *op. cit.*, 14.

03_ 청소년 성경교수의 방법

성경교사는 청소년들을 격려하여 성경교수에 적극적으로 참여하도록[15]해야 한다. 어떻게 하면 적극적으로 참여하게 할 수 있는가? 최선을 다하지 않는 사람들을 격려하고, 청소년들의 흥미와 욕구를 촉구하고, 능력이 있는 지도자를 기획팀에 소속시켜서 그들로 하여금 자신들의 프로그램을 비판하고 평가하게 하고, 기획팀은 충분히 준비할 수 있는 시간을 주고, 청소년들로 하여금 큰 책임을 질 것을 강요하지 말고, 참여자들에게 그들이 계획하는 대강의 내용을 말하게 하고, 청소년들도 교회 밖의 모임에 참여하게 하고, 모임을 광고하고, 그들로 하여금 창조적인 생각을 갖게 하고, 프로그램을

15) Elmer L. Towns, *op. cit.*, 62-63.

자신들에게 맞게 바꾸게 하고, 열정을 갖게 하고, 적당한 속도로 진행하게 하고, 프로그램이 흥미로운 것임을 알게 하고, 논의 제목은 너무 어렵지도 그러면서 쉽지도 않게 하고, 그들로 하여금 성취감을 맛보게 하고, 그들이 한 것에 대해 고마움을 표시하고, 만족하게 하기보다 비전을 갖게 한다.

청소년들이 성경공부를 싫어한다고 생각하는 것은 편견[16]이다. 청소년들도 어른들과 마찬가지로 자신들의 욕구를 충족하지 못하거나, 도전을 느끼지 못하거나, 신선감을 상실했거나, 무미건조하고 준비가 되지 않은 성경공부에 흥미를 잃을 뿐이다. 청소년들도 성경공부가 시간을 드려 참석할만하다고 느낄 수 있거나 그들의 언어로 가르쳐지거나 그들의 삶과 세계와 연결되는 성경공부를 갈망한다.

이들에게 성경공부는 시간, 장소, 방법 등에 있어서 다양성이 필요하다. 그래서 오래 전부터 교회들은 여름과 겨울 방학을 이용한 수련회를 통하여 성경을 집중적으로 가르쳐왔다. 장소와 시간, 방법은 지도자마다 교회마다 모이는 때마다 달랐다. 이러한 형태가 수련회에만 적용되는 것은 아니다. 어느 곳에서나 어느 때나 누구에게나 적용될 수 있다. 그러나 대부분의 교회에서의 청소년 성경공부는 시간, 장소, 방법이 매우 경직되어있다. 그래서 많은 청소년들이 성경공부와 주일학교를 외면하게 된 것이다.

청소년들에게 다양한 방법을 사용하여 성경을 가르칠 수 있다. 먼저, 강의와 토론의 방법을 사용하여 가르칠 수 있다. 이러한 가르침을 통하여 알게 하고, 느끼게 하고, 실천하게 함을 목표로 한다.

인생의 어느 시기에서나 마찬가지이지만 특히 이 청소년 시기에는 성경에 대한 지식을 습득하게 하는 것은 매우 중요하다. 그 이유는 청소년 시기가 지적인 활동이 가장 왕성한 시기이기 때문이다. 이 시기에 성경에 대한 지식을 갖게 해야 하는 또 다른 이유는 이 때 배운 지식은 습득하는 속도가 빠를 뿐

---

16) David Shaheen, *Growing a Jr. High Ministry* (Loveland, Colorado: Group Books, 1986), 27.

아니라 동시에 오래 기억할 수 있기 때문이다. 그리고 사람이 80세까지 산다고 할 때 15세때에 암송하거나 익힌 지식은 65년간이나 사용할 수 있다. 그러나 같은 지식을 같은 노력을 들여 어쩌면 훨씬 더 많은 시간을 들여 60세에 획득한다고 한다면 그 지식은 기껏해야 20년 밖에 사용할 수 없기 때문이다.

이와 더불어 청소년 시기는 정서적으로 매우 활발한 시기이기 때문에 성경을 배워 확신하게 하는 것이 중요하다. 과거와 현재의 많은 신앙의 지도자들 중에는 청소년기에 헌신한 사람들이 많은 것은 바로 이것을 증명한다. 나무의 모양도 어릴 때 모형을 만들어준 대로 자라게 되면 좀처럼 그 모습이 바뀌어지지 않는 것과 같다. 성경에 관한 지식과 성경에 대한 믿음이 교차하면서 이들 청소년들의 신앙은 성숙하여 간다.

청소년들에게 성경을 가르치는 방법에는 다음과 같은 것들이 있다. 먼저 많은 교회와 성경교사들이 사용하는 강의법이 있다. 대부분의 성경교사들은 매주 이 강의법을 사용하여 성경을 가르친다. 같은 강의법을 사용한다해도 단순하게 읽어 전하는 것만으로는 신앙을 성숙하게 할 수 없다. 성경교사가 강의할 때의 목표는 학습자로 하여금 먼저, 지식을 얻게 하고, 그 지식을 확신하게 하고, 그리고 확신하는 지식대로 살아가도록 결심하게 하는 것이어야 한다.

그러면 구체적으로 어떻게 강의[17]할 것인가? 첫째, 성경교사는 먼저 성령께서 성경공부 모임에 그리고 참여한 모든 사람들 가운데 함께하시고 또 역사하신다는 믿음에서 시작해야 한다. 둘째, 주의집중 곧 참여하게 해야 한다. 여기에서의 참여는 행동과 말로서의 참여를 가리키기보다 마음으로의 참여를 말한다. 곧 듣는 것을 생각하게 하고, 느끼고, 결심하게 하는 것을 말한다. 좋은 성경교사는 학습자들을 자극하여 생각하게 하고 그들의 마음을 이끌어가는 교사이다. 셋째, 지식을 전달해야 한다. 주로 교사로부터 지

17) Dick Murray, *Teaching the Bible to Adults and Youth* (Nashville, Tenn.: Abingdon Press, 1987), 31-34.

식이 전수되지만 질문이나 질문에 대한 대답을 통해서도 지식전달이 일어날 수 있다. 넷째, 강의를 통하여 지식이 잘 전수되기 위해서는 강의를 하는 중에 질문을 하는 것도 매우 효과적이다. 질문은 학습자들로 하여금 주의집중을 하게 한다. 그리고 강의가 신선하고 재미있다고 생각하게 할 때에 효과가 있다. 그러므로 성경교사는 좋은 이야기꾼이 되어야 한다. 그리고 재미있는 강의가 되기 위해서는 학습자가 이미 알고 있는 것 이상을 전해야 한다. 그리고 같은 내용이라도 재미있는 표현이 될 때 좋은 효과를 볼 수 있다. 다섯째, 강의를 통하여 지식, 느낌, 결심, 가치관 등의 변화를 추구해야 한다. 기대하는 변화를 갖도록 해야 한다. 여섯째, 처음 시작할 때와 마찬가지로 하나님께서 학습자들 가운데 한 주간 계속 역사하셔서 배운 것을 기억하고, 확신하고, 실천하게 하실 것을 믿고 기도해야 한다.

그룹성경공부 방법[18]이 있다. 많은 교회에서 GBS(Group Bible Study)라고 하는데 이는 팀 리더를 중심으로 하여 모든 팀원들이 함께 말씀을 연구하는 방법이다. 이 방법의 특징은 개인들이 더 적극적으로 공부에 참여하게 하고, 질문을 통하여 공부와 토론의 방향을 잘 이끌어갈 수 있다는 점이다. 묵상(Quiet Time)에서와 마찬가지로 오늘 본문이 저자 당시에는 어떤 의미를 가지고 있었으며 어떤 교훈을 주었으며, 그리고 이 본문이 지금의 나와 우리에게는 어떤 의미를 주는가를 생각함으로써 성경의 의미를 깨닫게 한다. 강의법이 지식의 전수에 강조점을 둔 것이라고 한다면 GBS는 지식전수를 넘어 지금의 나와 우리에게 어떤 의미를 주느냐를 생각하는 적용에 강조점이 있다고 할 수 있다.

그러나 이러한 현재적 의미도 중요하지만 더 중요한 것은 원래의 수신자들에게 어떤 의미를 가졌느냐를 아는 것이 중요하다. 이러한 원래 의미를 파악하지 않고 현재의 의미만을 생각한다면 이는 복음적 성경공부라기 보

---

18) *Ibid.*, 35-39.

다는 현재의 삶을 강조하는 신정통신학의 경향을 띤 성경공부라고 할 수 있다. 왜냐하면 신정통신학에서는 원래의 수신자들에게 주었던 의미에 대해서는 별로 관심을 가지지 않고 대신에 지금의 나 혹은 성도들에게 주는 의미를 강조하기 때문이다.

이러한 GBS를 효과적인 성경공부가 되게 하기 위한 몇 가지의 원리들 중에서 첫째는 미리 성경본문을 정해주고 예습을 해오도록 해야 한다. 둘째는 본문이 말하는 것은 무엇인가를 생각하게 해야 한다. 복음서의 예수님의 비유라면 예수님께서 의도하신 것은 무엇인가를 생각하도록 해야 한다. 원래의 수신자들에게 이 비유가 의미하는 것은 무엇인가를 생각하게 한 후에 그에 대한 도움이 되는 내용들을 전해준다. 셋째는 이 본문이 오늘의 우리에게는 무슨 의미인가를 생각하게 한다. 저자 당시와 오늘 사이에 같은 점은 무엇이며 다른 점은 무엇인가를 찾아내게 해야 한다. 넷째는 이 본문이 나에게는 어떤 교훈을 주는가를 생각하도록 한다. 나에게 어떤 변화를 요구하고 있는가도 말하도록 한다. 마지막으로 그룹 리더는 내용을 정리 요약하고 그 내용을 중심으로 하나님의 도움과 인도하심을 간구한다. 그룹 지도자가 많은 자료와 생각을 제공하면 공부시간은 단축될 수 있다.

그러면 어떤 방법[19]을 사용해야 청소년들이 성경공부에 재미를 갖게 할 수 있을까? 구체적인 방법을 생각하기 전에 몇 가지 일반적인 원리들을 생각해보고자 한다. 먼저, 청소년들은 성경교사가 청소년들을 인격체로 대해 주기를 기대한다. 성경교사들이 젊은 사람만을 원하거나 젊은이답게 보이는 것보다는 청소년의 마음을 가진 성숙한 사람을 원한다. 그리고 성경교사는 청소년들로부터 감사와 칭찬의 말을 기대해서는 안 된다. 그들은 거의 그러한 상대방이 듣기 좋은 말을 하지 않기 때문이다. 그렇게 한다고 해도 말보다는 표정이나 행동으로 나타내는 경향이 많다.

---

19) *Ibid.*, 86-94.

그리고 청소년들은 무엇에 대한 내용보다는 느낌을 말해주기를 기대한다. 그러므로 성경에 대해서나 기독교 신앙과 삶에 대해서도 마찬가지이다. 그러므로 성경공부 시간은 재미있는 동시에 진지함을 유지해야 한다. 성경교사가 중요하게 여기는 규칙을 어긴다고 해서 지도력에 도전하는 것으로 생각하지 말아야 한다. 이러한 청소년들의 흥미를 오래 끌기도 쉽지 않다. 그러므로 성경교사는 다양한 방법을 사용하고, 내용에도 다양성을 띠어 변화를 주는 것이 중요하다. 45분 정도의 공부시간이라면 15분씩 3부분으로 나누는 것이 좋다.

중등부에서 고등부로 올라갈수록 청소년들은 자기들의 모임에서 지도력을 발휘하기를 원한다. 스톤(J. David Stone)은 이러한 변화의 과정을 4단계[20]로 제시한다. 첫 단계는 성경교사가 하는 것을 청소년들은 보기만 하고, 두 번째 단계는 성경교사가 하는 것을 청소년들이 따라 하고, 세 번째 단계는 청소년들이 하고 성경교사는 도와주고 감독하며, 네 번째 단계는, 청소년들 스스로 하는 단계를 밟아가면서 지도력을 배양할 수 있다.

그러면 청소년들이 성경공부에 적극적으로 참여하게 하는 방법[21]을 요약해보자.

- 소리를 내지 않고 읽는 방법이다. 왜냐하면 청소년들 간에 읽기 능력의 편차가 매우 심하다. 그러므로 소리를 내어 읽게 되면 일부 청소년들은 열등감을 느낄 수 있다. 그러므로 합독(合讀)을 하게 하든지 소리를 내지 않는 묵독(默讀)으로 읽게 하는 것이 좋다. 이렇게 읽으므로 모두가 어느 정도 내용을 익히게 한다.
- 소그룹으로 나누어 토의한다. 많은 청소년들이 질문에는 대답을 않다가도 자기들끼리 토의할 때는 참여한다.

---

20) J. David Stone, *The Complete Youth Ministries Handbook* Vol. 1 (Nashville, Tenn.: Abingdon Press, 1979) quoted from Dick Murray, *op. cit.*, 91.
21) D. Murray, *op. cit.*, 91-94.

• 성경찾기 방법을 사용한다. 찾아야 할 성경구절을 말해주고 그 구절을 빨리 찾게 함으로 참여시킬 수 있다.

| 8장 |

청장년 성경교수

청장년들은 교회가 가르치는 교리에 대하여 의심을 하지 않고 도리어 긍정적으로 받아들이는 경향을 갖고 있다.

교회를 이해하는 것은 은혜의 수단을 이해하는 것이다. [illegible] 의미를 이해하는 것은 아니다. 이러한 '은혜'라는 말에는 5가지의 의미가 있다. 인간은 본성적으로 자연적이고, 죽음 [illegible] 사랑하사 그들이 생명을 얻기를 원하셔서, 하나님께서 인간 가운데로 오셔서 인간의 죄를 용서하시고 생명을 다시 한 번 부여 [illegible] 하나님의 독단적인 행동이고 그의 값없이 주시는 사랑과 생명의 선물이다.

사람들은 그것을 받을 자격조차도 없 [illegible] 은혜를 받아들일 수 있는 능력까지도 주셨다.

서론

청장년들은 1) 학습환경이 안정되고 좋다고 느낄 때, 2) 관심이 갈 때, 3) 학습이 경험에 근거할 때, 4) 자기 생각이 반영될 때 가장 잘 배운다.[1] 그러므로 청장년 성경교수는 1) 인정과 존경, 공동체, 협력, 교사, 모본, 좋은 조직을 필요로 하며, 2) 지적 도전을 주고, 개방적이어야 하며, 3) 삶에 응용이 되게 하고 욕구가 채워지도록 하며, 4) 교육과정 선정에 청장년들이 함께 참여하게 할 때 교육효과를 높일 수 있다.

아래에서는 먼저 청장년들의 특성을 설명한 후에 그들을 위한 성경교수의 내용과 방법을 차례를 다루려고 한다.

---

1) Christine Eaton Blair, *The Art of Teaching the Bible* (Louisville, KY: Geneva Press, 2001), 48.

01_ 청장년 성경교수의 특징

청장년들은 지적인 성취만을 추구하지 않음을 이해해야 한다. 동시에 청장년들은 교회가 가르치는 교리에 대하여 의심을 하지 않고 도리어 긍정적으로 받아들이는 경향을 갖고 있다. 그들의 관심은 1) 신앙에 대한 반대와 의심보다 신앙을 든든히 하는 것에 있으며, 2) 교리와 일상생활을 연계하는 방법과, 3) 함께 하려는 정신 등에 있다.

또한 청장년은 실제적인 성향을 지니고 있다. 사회의 여러 분야에서 일하는 그들은 일상생활에서 매우 신중하다. 그들은 사업과 직장, 사회의 사건들, 개인적 딜레마에 대하여 민감하다. 그러므로 이러한 문제들에 대하여 교훈을 얻을 수 있도록 하기 위해서는 복음서를 간명하게 해석해주는 것이 중요하다.

청장년을 위한 성경교수는 5단계로 나누어 볼 수 있다. 이렇게 5단계로 나누는 목적은 성경은 하나님의 말씀일 뿐 아니라 그리스도인의 삶에 필요한 것임을 믿게 하고, 성도들의 마음, 감정, 의지를 묶어 하나님을 향한 성도의 길을 가게 하기 위함이다. 이를 위하여 성경교수의 각 단계를 교육적, 신학적 관점에서 논의함으로써 교사들에게 구체적 방법을 제시하고자 한다.

첫 단계는 기억인데 여기에서는 이야기에 대해 무엇을 기억하는가를 진단하는 단계이다. 마리아, 마르다, 나사로, 예수님에 대한 기록 중에서 어떤 구절을 기억하는가를 확인하는 과정이다. 둘째 단계는 본문을 다시 보면서 본문배경에 대한 역사적 질문 곧, 누가, 언제, 어디서, 왜 썼는가? 본문에서의 핵심단어, 인물, 구조가 무엇인가? 무엇을 우리에게 전하려고 하는가? 등을 묻는다. 셋째 단계는 비판적 사고를 개발하는 단계인데 이는 묵상을 통해, 다른 사람과 나눔을 통해, 해석의 네 가지 원리를 통하여, 성경본문을 역사적, 문화적 상황 안에서 이해하며, 전 복음 곧 하나님의 은혜, 사랑, 자비의 틀에서 성경본문을 읽으며, 예수 그리스도를 해석의 중심으로 삼으며, 하나님의 말씀이 우리를 하나님의 새로운 창조(사 42:8-9, 65:17, 롬 8:19-25)와 미래로 부르심을 알게 하는 과정이다. 그렇게 함으로서 성경교수를 통하여 1) 우리 생각이 어떻게 바뀌었나? 새로운 생각은 무엇인가? 2) 우리 삶에서 어떤 영역을 본문이 다루고 있나? 사회-정치적 문제를 말하고 있나? 그 이유는? 등을 생각하게 한다. 그리고 넷째로는 재해석의 단계인데 예를 들면, 요한복음 11장의 이야기를 도마, 마리아, 마르다, 나사로, 의심하는 유대인, 유대제사장의 입장에서 다시 진술하게 하며 마지막으로는, 도전의 단계로서 이 이야기는 나에게 무엇을 행하도록 요구하는가를 생각하고 결심을 쓰고, 앞으로 할 일을 논의하게 한다.

청장년들을 대상으로 성경교수[2]를 하는 이유를 성경교사들에게 물을 때

---

2) *Ibid.*, 112.

공통적인 대답은 성도들의 믿음과 삶의 변화가 예상한다. 그러나 성경교사들이 기억해야 할 것은 청장년들은 함께 배우고 연구하는 사람들이라는 점이다. 모든 사람은 하나님의 자녀요, 하나님의 귀한 백성이지 성경교사들이 원하는 대로 조작할 수 있는 존재가 아니기 때문이다.

그러므로 청장년 성경공부를 인도[3]할 때 성경교사들은 먼저, 청장년을 알고 존중해야 한다. 성경교사에게 가장 중요한 것은 학습자를 아는 일이다. 사람들을 알기 위해서는 많은 시간이 필요하다. 구체적으로 생각한다면 질문이나 말을 하지 않는 사람은 누구이며, 그 이유는 무엇인가? 강의를 좋아하는 사람은 누구이며 이야기나 성경지도를 좋아하는 사람은 누구인가? 등을 파악하는데 시간이 필요하다. 성경교사가 학습자를 존중한다는 것은 그들이 이미 알고 있는 것을 인정하고, 그 지식에 대하여 관심을 가지고 함께 나누는 자세를 말한다.

그리고 가능한대로 동역자들과 더불어 계획하고, 준비하는 것이 좋다. 곧 준비를 미리 함으로써 전체 목표를 생각할 뿐 아니라 현재의 목적을 살펴보고, 그에 따라 교육활동을 결정하고, 필요한 자료들을 준비할 수 있기 때문이다. 계획한다는 것은 학습자들의 개인적인 필요와 학습형태를 고려하여 교수활동에 필요한 것을 준비함을 말한다.

또한 본문에 대한 새로운 관점에서의 생각을 가져야 한다. 같은 본문을 반복하는 것은 성경을 가르치는데 매우 효과적이다. 왜냐하면 새롭게 볼 때마다 새로운 질문과 통찰을 갖게 하기 때문이다. 이러한 새로운 생각은 각 사람들로 하여금 자신들이 좋아하는 형식을 경험하게 하고, 여러 성경교수 방법을 경험하며, 성경본문을 더욱 깊게 생각하게 하고, 우리의 삶과 성경본문을 다양하게 연결시켜준다.

침묵을 잘 사용하는 것도 성경교수의 효과를 높인다. 많은 성경교사들은

3) *Ibid.*, 114-123.

청장년들이 토의에 참여하지 않고, 질문에 대답을 하지 않는 경우에 매우 당황한다. 침묵보다 말하는 것을 더 가치가 있는 것으로 여기므로 대답을 하지 않는 것은 문제로 여기기 때문이다. 그러나 침묵은 성경교육에서 정말로 필요한 요소이다. 마치 음악악보에 들어가는 쉼표가 음악에 아주 중요한 요소인 것과 마찬가지다. 질문을 제기한 후에 나타나는 짧은 침묵은 생각할 기회를 주는 좋은 시간이다. 그러나 이러한 침묵이 길어지면 질문을 다른 말로 바꾸어 다시 제시해야 하는데 이는 질문이 분명치 않았다든가, 추상적이라든가, 잘 이해하지 못하였을 수 있기 때문이다.

성경교수에서 중요한 것은 융통성이다. 융통성은 좋은 교수법의 일부분이다. 청장년들에게 있어서 융통성은 그들의 생각과 필요를 성경교수내용과 연결시킬 수 있게 해준다. 질문이나 이야기에서 나온 내용은 교사가 준비해서 가르치는 자료보다 더 효과적일 때가 있는데 그 이유는 그러한 질문이 성경본문과 학습자의 삶을 연결시켜주기 때문이다. 그러므로 성경교사는 성경교수에 융통성을 가지고 인도하는 것이 효과를 높이는 길이다.

청장년들로 하여금 교수내용을 결정할 때 일정 부분 참여하게 하는 것이 좋다. 이를 통하여 청장년들은 자신들의 삶에 대하여 책임이 있음을 체험하게 된다. 그들은 어린이들이나 청소년들처럼 일방적으로 인도함을 받도록 하기 보다는 스스로 선택할 수 있게 해주고, 자신의 생각을 말할 기회를 주고, 그들의 평가를 존중해주기를 좋아한다. 청장년들은 대체로 자신들이 배워야 할 것을 드러내기를 원하지 않는다. 대신에 선택할 수 있게 해주기를 원한다. 즉, 여러 학급 중에서, 여러 교사 중에서, 여러 내용 중에서 선택하게 해주기를 원한다. 이에 대해서는 '청장년 성경교수의 내용' 에서 좀 더 구체적으로 논의할 것이다.

성경교수에서 무엇보다 중요한 것은 기도인데 이를 통하여 성경교수과정 전체를 성령의 역사에 맡기게 된다. 기도를 통하여 성령께서 성경저자들을 인도하신 것과 마찬가지로 기도를 통하여 성경교사들을 배우게 하시고, 예수 그리스도의 신실한 제자가 되게 하시고, 청장년들의 마음을 움직이며 잘 깨달을 수 있는 능력을 주시기를 간구한다. 이렇게 기도는 성경교사들로 하여금 하나님께서 우리를 보시는 방법으로 보게 해준다.

청장년들도 자신들의 성향에 대하여[4] 아는 것이 필요하다. 청장년은 보수적인 경향이 있으므로 청소년들과는 달리 인정된 지도자를 쉽게 비판하거나 검증하려 하지 않는다. 교리공부를 할 때도 교회의 교리에 대하여 자유스러운 토론이나 분석을 하려 하지 않는다. 그러나 이것이 질문이나 검증을 반대한다는 의미는 아니다.

4) W. H. Lazareth & R. O. Hjelm, *op. cit.*, 28–29.

02_ 청장년 성경교수의 내용

청장년의 시기는 인생에서 가장 길다. 이 시기는 성경교육에서도 가장 긴 연수(年數)을 차지한다. 그러므로 청장년성경교육을 어떻게 계획하느냐에 따라 인생의 후반기에서 성도들을 성숙하게 할 수도 있고 그렇게 하지 못할 수도 있다.

성경교육 시간은 단어 그대로 성경을 가르치고 배우는 시간이므로 다양하게 그 내용을 구성할 수가 있다. 크게 보면 책별 연구, 교리별 연구, 인물별 연구로 구성할 수 있다. 초등학교 시절부터 청소년 시절까지는 학교의 학년에 맞추기 때문에 대체로 3년을 한 사이클로 하여 신구약을 가르치게 된다. 대부분의 교단 공과들도 이러한 체제를 택하고 있다. 그러나 청장년들의 교육은 좀 더 세밀한 성경연구를 위하여 한 사이클을 5-7년으로 하는 경우가 많다.

먼저, 청장년 성경연구에 대한 '복음의 빛' 의 교육과정을 소개한다.

전체 교육과정[5]은 16권으로 구성되어 있으며 그리고 각권은 10과로 되어 있는데 각권의 내용은 다음과 같이 되어있다.

1권 '그리스도께 최고의 자리를 드리기' 에서는 청장년들로 하여금 그리스도께 자신의 삶에서 어떻게 최고의 자리를 드릴 수 있는지를 생각하게 한다. 1권의 내용은 기도의 중요성, 하나님께 순종하는 기쁨, 용서의 진리, 시험을 이기는 법, 만족과 하나님을 기쁘게 하고 하나님의 뜻 행하기에 헌신하는 비결을 찾는 것으로 되어있다.

2권 '모든 사람들이 매일 승리' 에서는 매일의 시험과 일생의 시험을 이기는 방법을 기도와 성경공부에서 찾는다.

3권 '이기는 삶' 에서는 하나님의 은혜, 그의 무조건적인 사랑, 그의 온전한 계획과 채워주심에 대하여 깨닫게 하며 또 성령의 열매를 맺는 법을 배운다.

4권 '통제된 삶' 에서는 하나님의 초자연적인 능력에 힘입어 성도들이 생각, 감정, 행동, 관계, 말, 음식 등에서 절제하는 법을 배운다.

5권 '하나님으로부터 최고의 것을 구함' 에서는 하나님께서는 우리를 위하여 최고의 것을 주시려 함을 깨닫게 한다. 동시에 우리의 삶에서도 최고의 것을 하나님께 드리려는 소원을 고백하게 한다.

6권 '성공으로 가는 길' 에서는 그리스도인의 삶을 성숙하게 해주는 생각과 행동의 패턴을 제시해줌으로 승리의 길을 가게 한다.

7권 '건강한 한계' 에서는 의도적으로 한계를 두어 시험의 장벽을 넘으며 또 타협하지 않는 법을 배운다.

8권 '승리를 축하하기' 에서는 하나님을 기쁘게 한 승리, 삶의 재확인, 타

5) 복음의 빛 장년교재.

인존중, 연합에의 모색, 과거의 회상과 미래의 예견을 통하여 스스로를 축하하는 법을 배운다.

9권 '상(賞)을 향하여 달리기'에서는 우리의 삶을 향한 하나님의 목적을 이루려는 노력은 인간의 힘 이상의 것을 요구한다는 것과 우리의 일상생활에서 하나님의 능력을 얻는 방법을 깨닫게 한다.

10권 삶의 유산(遺産)에서는 왕의 자녀로서의 유산인 선택, 사랑, 양자, 예정과 용서라는 영적 축복을 알게 한다.

11권 '현명한 선택'에서는 일상생활에서 신체적이고, 정서적이고, 지적이고, 영적인 것에 대한 우리의 선택을 돌아본다.

12권 '다시 시작하기'에서는 하나님과의 시간을 보내기, 실천에서 실패한다고 해서 포기하지 않고 용기와 확신을 가지고 여러 문제들을 대하기 등을 배운다.

13권 '은혜가운데서 삶'에서는 수많은 사람 중에서 자신의 귀함을 의심하는 사람들에게 자신들을 향하신 하나님의 주권적 은혜와 자신 속에 내재해있는 하나님의 놀라운 성품을 발견하게 한다.

14권 '새로운 피조물'에서는 정서적으로 문제가 있는 사람들에게 필요한 정서적 치료에 초점을 둔다.

15권 '감사하기'에서는 세상적인 형편이 어떠하든지 하나님은 어떤 분이시며 우리를 위하여 무엇을 행하셨는지를 알게 되면 감사할 제목들이 있음을 알게 한다.

16권 '삶의 시작'에서는 생활에서 굴곡이 심한 사람들로 하여금 자신을 패배와 절망에 빠뜨리는 행동을 버리게 하는 하나님의 능력으로 나아와서 올바르고 온전한 삶을 새롭게 출발하게 한다.

다음은 대한예수교장로회(합동) 새공과의 청장년 및 장년부 교육과정의 개요(概要)이다.

청년1부 1과정 그리스도를 믿으며

1학기 하나님의 언약

1단원 창조와 언약(창)

2단원 언약과 족장들의 신앙(창)

3단원 언약과 이스라엘 집(창)

2학기 언약과 이스라엘의 구원

1단원 애굽에서의 이스라엘(출)

2단원 애굽에서의 구원(출)

3단원 광야에서의 구원(출)

3학기 언약과 예수 그리스도

1단원 왕이신 예수 그리스도(마)

2단원 종이신 예수 그리스도(막)

3단원 인자이신 예수 그리스도(눅)

4학기 언약과 성도의 삶

1단원 언약과 하나님의 의(롬)

2단원 언약과 성도의 책임(롬)

3단원 언약과 성도의 생활(고전)

2과정 그리스도를 바라며

1학기 언약의 땅을 바라며

1단원 언약과 섬김(수)

2단원 사사시대(삿)

3단원 사사 사무엘(삼상)

2학기 메시아의 왕국을 바라며

1단원 이스라엘 왕국 건설(삼상-왕상)

2단원 왕국의 분열-이스라엘(왕상)

3단원 분열왕국-유다(왕)

3학기 그리스도를 증거하며

1단원 예루살렘 전도(행)

2단원 소아시아와 유럽전도(행)

3단원 땅 끝까지 전도(행)

4학기 그리스도를 따르며

1단원 복음의 삶(갈, 엡)

2단원 경건의 삶(빌, 골)

3단원 소망의 삶(살전후)

3과정 그리스도를 섬기며

1학기 율법과 섬김

1단원 언약과 섬김(창)

2단원 제사로 섬김(출, 레)

3단원 지혜로 섬김(시서)

2학기 예언과 섬김

1단원 포로에 대한 예언(선지서)

2단원 포로시의 예언(선지서)

3단원 귀환에 대한 예언(단, 스, 느)

3학기 말씀과 섬김

1단원 섬김의 원리(딤전)

2단원 섬김의 직분(딤전)

3단원 섬김의 모습(딤)

4학기 모범으로 섬김

1단원 믿음으로 섬김(히, 약, 벧)

2단원 사랑으로 섬김(요일, 요이, 유)

3단원 소망으로 섬김 (계)

청년1부의 교육과정을 요약하면 다음과 같다.

	1과정: 그리스도를 믿으며	2과정: 그리스도를 바라며	3과정: 그리스도를 섬기며
1학기	하나님의 언약 〈창세기〉	언약의 땅을 바라며 〈수, 삿, 삼상〉	율법과 섬김 〈창, 출 레, 시서〉
2학기	언약과 이스라엘의 구원 〈출애굽기〉	메시아의 왕국을 바라며 〈삼,왕〉	예언과 섬김 〈선지서, 단, 스, 느〉
3학기	언약과 예수 그리스도 〈공관복음〉	그리스도를 증거하며 〈사도행전〉	말씀과 섬김 〈디모데전후〉
4학기	언약과 성도의 삶 〈롬, 고전〉	그리스도를 따르며 〈갈, 엡, 빌, 골, 살전후〉	모범으로 섬김 〈히, 약, 벧, 요일, 요이, 유, 계〉

청년2부 1과정

1학기 하나님

1단원 창조주 하나님(창, 골, 엡)

2단원 인간의 범죄와 타락(창)

3단원 타락한 인간문화(창)

2학기 예수 그리스도

1단원 하나님의 언약과 예수 그리스도(오경)

2단원 예수 그리스도의 사역(마)

3단원 예수 그리스도의 은혜(막, 요, 고전. 마)

3학기 성령

1단원 성령은 누구신가?(행, 마, 요)

2단원 성령의 사역(마, 요, 행)

3단원 성령의 은혜(합, 롬, 고전후)

4학기 그리스도인의 삶

1단원 개인의 경건생활(마, 신, 빌)

2단원 교회생활(막, 엡, 행)

3단원 사회생활(창, 엡, 롬, 마)

2과정 그리스도와 복음

1학기 복음의 역사

1단원 언약과 복음(창)

2단원 이스라엘의 구원과 복음(출, 수)

3단원 선지자들과 복음(사, 렘, 겔, 호, 합)

2학기 복음의 유일성

1단원 우상숭배(롬)

2단원 다른 복음(갈)

3단원 이단과 거짓 선지자(고전, 벧후, 요일)

3학기 복음의 능력

1단원 복음과 믿음(롬, 막, 눅, 요)

2단원 복음과 성장(딤후, 마, 롬, 엡)

3단원 복음과 섬김(요, 눅, 롬, 막)

4학기 복음의 세계

1단원 복음이신 그리스도(요, 고전, 롬)

2단원 복음의 확장(행)

3단원 복음과 교회(계)

3과정 복음의 삶

1학기 믿음의 삶

1단원 선진들의 믿음(히, 민, 수)

2단원 선지자들의 믿음(삼상, 왕상, 단, 욜)

3단원 성도들의 믿음(욥, 창, 룻, 출, 에)

2학기 섬김의 삶

1단원 믿음으로 섬김(마)

2단원 예배로 섬김(막, 요, 행, 롬)

3단원 순종으로 섬김(눅, 마, 빌, 롬, 엡)

3학기 은혜의 삶

1단원 기도의 삶(마)

2단원 감사의 삶(창, 시)

3단원 지혜의 삶(시서)

4학기 증거의 삶

1단원 언제든지(행)

2단원 어디서나(행)

3단원 누구에게나(몬, 행)

청년2부 교육과정을 요약하면 다음과 같다.

	1과정: 하나님과 그리스도	2과정: 그리스도와 복음	3과정: 복음의 삶
1학기	하나님 〈창, 골, 엡〉	복음의 역사 〈창, 출, 수, 사, 렘, 겔, 호, 합〉	믿음의 삶 〈창, 출, 민, 수, 삼상, 왕상, 욥, 룻, 에〉
2학기	예수 그리스도 〈오경, 마태, 마가, 요한, 고전〉	복음의 유일성 〈롬, 갈, 고전, 벧후, 요일〉	섬김의 삶 〈복음서, 행, 롬, 엡, 빌〉
3학기	성령 〈마태, 요한, 행전, 롬, 고전후〉	복음의 능력 〈복음서, 롬, 엡, 딤후〉	은혜의 삶 〈창, 시서, 마태〉
4학기	그리스도인의 삶 〈마태, 마가, 행전, 롬, 창, 신, 엡〉	복음의 세계 〈요, 행, 롬, 고전, 계〉	증거의 삶 〈행〉

장년부 1과정 언약의 백성

1학기 하나님의 언약: 창세기 연구(창)

1단원 창조와 언약(창)

2단원 언약과 믿음(창)

3단원 언약의 백성(창)

2학기 하나님의 아들: 사복음서 연구1-예수님의 생애와 사역

1단원 사역의 준비(마, 눅)

2단원 사역의 내용(마, 막)

3단원 사역의 완성(마, 눅)

3학기 하나님의 사랑: 시편, 아가서 연구

1단원 인생의 주관자(시)

2단원 고난과 구원(시)

3단원 사랑의 말씀(시, 아)

4학기 하나님의 백성: 고린도서 연구

1단원 교회와 복음(고전)

2단원 신자의 삶(고전)

3단원 교회의 능력(고전, 후)

2과정 언약과 구원

1학기 하나님의 구원: 출애굽기 연구

1단원 구원의 시작(출)

2단원 언약과 율법(출)

3단원 광야교회(출)

2학기 하나님의 교훈: 산상보훈 연구

1단원 복된 인생(마)

2단원 천국 시민의 생활(마)

3단원 천국시민의 태도(마)

3학기 하나님의 지혜: 욥, 잠, 전 연구

1단원 고난의 승리(욥)

2단원 참된 지혜(잠)

3단원 지혜를 얻음(전)

4학기 하나님의 복음: 갈라디아서, 에베소서 연구

1단원 복음의 능력(갈)

2단원 복음과 자유(갈, 엡)

3단원 복음과 생활(엡)

3과정 언약과 믿음

1학기 하나님의 백성들: 레, 민, 신 연구

1단원 하나님을 섬김(레)

2단원 하나님의 인도(민)

3단원 하나님의 축복(신)

2학기 권세있는 가르침: 예수님의 교훈

1단원 하나님의 나라(마, 막, 요)

2단원 천국백성(마, 막, 요)

3단원 천국민의 삶(막, 요)

3학기 평화의 왕 메시아: 이사야서 연구

1단원 메시아 탄생 예언(사)

2단원 메시아의 사역(사)

3단원 하나님의 위로와 소망(사)

4학기 그리스도를 아는 지식: 빌, 골, 몬 연구

1단원 그리스도인(빌)

2단원 그리스도인의 자세(빌, 골)

3단원 그리스도인의 생활(골, 몬)

4과정 언약과 신앙생활

1학기 택한 백성의 삶:

1단원 말씀대로의 삶(수)

2단원 말씀을 떠난 삶(수, 삿)

3단원 회개의 삶(룻)

2학기 지혜로운 삶: 예수님의 비유연구

1단원 천국백성(마, 눅)

2단원 천국민의 삶(눅)

3단원 하나님의 심판과 보상(마)

3학기 남은 자의 삶: 예레미야 연구

1단원 유다의 범죄와 형벌(렘)

2단원 하나님의 위로와 경고(렘)

3단원 이스라엘의 비애(애)

4학기 주님을 위한 삶: 바울서신 연구

1단원 모범된 믿음(살)

2단원 모범된 일군(딤전)

3단원 모범된 삶(딤후)

5과정 언약과 전도

1학기 하나님 나라의 형성: 사무엘 연구

1단원 사무엘의 사역(삼상)

2단원 사울의 사역(삼상)

3단원 다윗의 사역(삼상, 하)

2학기 하나님의 나라의 확장: 사도행전 연구

1단원 복음증거와 교회(행)

2단원 복음증거와 핍박(행)

3단원 복음증거와 교회확장(행)

3학기 하나님의 통치: 열왕기 연구

1단원 솔로몬 왕(왕상)

2단원 북 이스라엘 나라(왕상,하)

3단원 남 이스라엘 나라(대하)

4학기 하나님 나라의 영광: 히, 공동서신, 유다서 연구

1단원 믿음의 주 그리스도(히)

2단원 믿음과 행함(약)

3단원 소망과 영광(벧,유)

6과정 언약과 소망

1학기 회복하심: 스, 느, 에, 겔, 단 연구

1단원 에스겔 선지자의 예언(겔)

2단원 다니엘 선지자의 모범(단)

3단원 이스라엘 백성의 회복(스, 느, 에)

2학기 의롭게 하심: 로마서 연구

1단원 죄에서 구원

2단원 믿음으로 구원받음

3단원 성도의 삶

3학기 선포하심: 소선지서 연구

1단원 구속의 약속(호, 욜, 암, 옵)

2단원 심판과 구원(욘, 미, 나, 합)

3단원 구원과 영광(습, 학, 슥, 말)

4학기 성취하심: 요 1,2,3, 계 연구

1단원 하나님의 언약(요일)
2단원 교훈과 경계(요이, 요삼, 계)
3단원 언약과 성취(계)

장년부 6과정을 요약하면 다음과 같다.

	1학기	2학기	3학기	4학기
1과정: 언약의 백성	하나님의 언약 〈창세기〉	하나님의 아들 〈복음서〉	하나님의 사랑 〈시편, 아가서〉	하나님의 백성 〈고린도서〉
2과정: 언약과 구원	하나님의 구원 〈출애굽기〉	하나님의 교훈 〈산상보훈〉	하나님의 지혜 〈시서〉	하나님의 복음 〈갈, 엡〉
3과정: 언약과 믿음	하나님의 백성들 〈레, 민, 신〉	권세있는 가르침 〈마가, 요한〉	평화의 왕 메시아 〈이사야〉	그리스도를 아는 지식 〈빌, 골, 몬〉
4과정: 언약과 신앙생활	택한 백성의 삶 〈수, 삿, 룻〉	지혜로운 삶 〈마태, 누가의 비유〉	남은자의 삶 〈렘, 애〉	주님을 위한 삶 〈살전후, 딤전후〉
5과정: 언약과 전도	하나님 나라의 형성 〈사무엘〉	하나님 나라의 확장 〈행전〉	하나님의 통치 〈열왕기〉	하나님 나라의 영광 〈히, 공동서신, 유다서〉
6과정: 언약과 소망	회복하심 〈에스라, 느헤미야, 에스더, 에스겔, 다니엘〉	의롭게 하심 〈로마서〉	선포하심 〈소선지서〉	성취하심 〈요한서신, 계시록〉

이러한 성경본문에 덧붙여 중요한 시대적 이슈들을 함께 가르칠 수 있다.

03_ 청장년 성경교수의 방법

신약과 구약의 어느 부분을 가르치더라도 본문의 장르를 고려하고 위에서 말한 질문들을 생각함으로써 성경교사가 먼저 본문을 잘 이해하면 그를 통하여 더 효과적인 교수가 가능하게 된다.

구약을 교수하기 위해서는 먼저 구약을 이해해야 한다. 구약의 이해[6]를 위해서는 구약이 많은 다양한 사건을 다루고 있음과 몇 가지 기본적인 주제들이 역사의 많은 사건들 속에서 반복되어 강화되는 것과 몇 가지 기본적 주제들이 역사를 만드는 무수한 사건들을 모은다는 것과 역사에서 되풀이해서 예증되고 있는 몇 가지 주제들이 있음을 알아야 한다.

---

6) A. J. Conyers, *op. cit.*, 《구약을 어떻게 읽을 것인가?》 6장.

다양하고 많은 자료들이 포함되어 있는 구약에서 중요한 것은 교육내용의 선택이다. 문학적 형태로 볼 때는 역사서, 시서, 예언서 등의 다양한 형태들이 있고, 양적인 면에서 볼 때는 39권이라는 많은 자료들이 있다. 이러한 다양성과 많은 양(量) 중에서 선택을 잘하기 위해서는[7] 먼저 1) 성경은 하나님에 관한 책이라는 것을 명심해야 한다. 2) 역사를 무시해서는 안 된다. 왜냐하면 이스라엘의 종교적 경험이 그 역사를 통하여 나오기 때문이다. 3) 그러나 뭐라 해도 성경의 중심주제는 하나님의 계시이므로 주 관심을 신학적인 문제에 두어야 한다. 흔히 구약은 역사책으로 또는 재미있는 이야기책으로만 생각하기도 한다. 이것도 중요하기는 하나 근본적인 것은 아니다. 4) 교사가 올바른 관점을 가져야 한다. 왜냐하면 가르칠 때 주제의 선정은 교사의 관점에 달려있기 때문이다. 관점에 따라 성경에서 강조하는 부분이 달라질 수 있다. 예를 들면, 구약은 그리스도인의 사적을 강조할 수도 있고, 하나님의 본질에 대한 히브리인의 점진적인 이해에 초점을 둘 수도 있다. 5) 구약의 미래지향적 모습과 신약에서의 그 모습의 실현을 함께 생각해야 한다. 예를 들면, 사무엘상하(上下)에서 다윗의 이상적 모습이 그리스도인 교사에게는 '유대인의 왕' (마 27:31)이신 다윗의 아들(막 10:48)을 생각하게 해줄 것이다. 6) 또 히브리인들은 역사를 통하여 특히 히브리 민족의 다양한 역사를 통하여 하나님의 계시가 왔다고 믿기 때문에 교사의 임무는 이러한 이해를 돕기 위하여 히브리 역사를 총체적으로 제시해주어야 한다. 여기에는 고고학과 지리도 부분적인 역할을 한다. 문학적인 접근도 또한 필요하다. 다시 말하면, 구약은 다면적 연구와 모든 지식의 통합적 상징인 문화의 도구이다.

이러한 구약을 효과적으로 교수하기 위한 원리로는 1) 히브리 민족 이야기와 종교의 발달과정을 분명하게 개괄해주어야 한다. 아브라함, 이삭, 모

---

7) Margaret Avery, *op. cit.*, ch 4.

세, 다윗, 솔로몬, 엘리야, 아모스, 말라기, 예수님에 이르는 내용을 분명하게 알도록 한다. 2) 중요한 것을 강조하기 위해서는 제외시킬 것은 제외시켜야 한다. 특히, 구약은 너무 방대하므로 그 중 일부만 가르칠 수밖에 없는데 그 가르치는 내용은 시대에 따라 강조점을 달리한다. 3) 구약은 지속적으로 미래지향적이어야 한다. 구약은 미완성적 계시를 기록하고 있기 때문이다. 예를 들면, 언약, 율법, 양자, 은혜, 정죄, 자비, 희생은 전 성경에 공통적인 사상이다.

어떻게 성경을 가르쳐야 효과가 있을까? 하는 것은 모든 성경교사들의 관심이며 고민의 핵심이다. 이러한 관심과 고민에 약간의 도움을 위해 코니어스[8]가 제안한 효과적인 가르침을 위한 방법대로 1) 하나의 연속되고 간결하며 역사적 사건에 초점을 맞추고, 2) 한 사건이 무한한 의미와 의도를 갖고 있음을 인식하고, 3) 많은 주제들이 하나의 중심적 사건에 모아지며, 4) 그리스도의 삶과 사역, 죽음과 부활이라는 하나의 궁극적 사건이 그것으로부터 끌어 내려진 엄청나게 풍부한 결론들에 의해 어떻게 조명되는가를 보는 것이다.

이와 함께 신약교수의 원리로는 다섯 가지[9]가 있다. 첫째는 성경의 역설적(逆說的)인 성질을 공평하게 다루어야 한다. 역설적인 내용들이 성경에는 많이 있다. 역설적인 것이란 얼른 보면 모순되는 듯한 두 진리를 지칭한다.

예를 들면, 고린도전서 1:20-25에서 사도 바울은 미련한 지혜가 있고, 지혜로운 미련한 것이 있다고 말한다. 지혜라는 것과 미련한 것은 본질상 정반대인 것이다. 그러므로 지혜는 미련한 것이 될 수 없고 미련한 것은 지혜로운 것이 될 수 없다. 그러나 사도 바울은 미련과 지혜라는 두 역설적인 것들을 조화시키고 있다. 또한 빌립보서 3:7-9에서는 잃어버림으로 얻고,

---

8) A. J. Conyers, *op. cit.*, 4장 "어떻게 신약을 읽을 것인가?".
9) Margaret Avery, *op. cit.*, chs. 5-7.

얻음으로 잃는 것이 있다고 말한다. 빌립보서 2:5-11에서는 망하게 하는 출세와 높아지는 복종을 말하고 있다. 여기에서의 망함과 출세는 역설적이고, 높아짐과 복종도 역설적이다.

예수님은 평소에 죄인들과 세리들과 가난한 자들과 함께 먹고, 마심으로 친밀하고 접근하기 편한 따뜻한 인간적인 면을 보여주심과 동시에 위엄과 박력이 있고, 신비한 면을 보여주고 있다. 누가복음 19장에서 예수님은 당시에 가장 손가락질을 받던 세리인 삭개오를 부르시고 그의 집으로 가셔서 저녁식사를 함께 잡수셨다. 그 자리에서 예수님의 영적 능력이 삭개오로 하여금 회개케 하는 역사가 일어났다. 여기에서 죄인에게 다가가시는 예수님의 사랑과 회개케 하시는 주님의 의라는 역설적인 관계를 볼 수 있다.

둘째는 학습자들의 현재의 관심과 욕구에 대한 지식을 가짐으로써 좀 더 적극적인 성경교수를 할 수 있다. 즉, 어린이들은 씨 뿌리는 비유와 같은 자연에 관한 비유보다 달란트 비유, 부자와 가난한 자의 비유에 더 흥미가 많다. 그 이유는 다음과 같다.

- 하나님 왕국의 비유는 어렵기 때문이다.
- 대상이 도시 아이들일 경우, 자연에 대한 비유는 이해하기가 어렵다.
- 현대의 어린이들은 세속화되어 있어 '부자와 가난한 자 비유'는 금방 이해를 할 수 있다.
- 달란트 비유는 책임을 지는 사회에 살고 있는 그들에게는 호소력이 있기 때문이다.

셋째는 교사에게 친숙한 사상과 용어라고 해서 아이들에게도 친숙하다고 생각하는 것은 큰 오해(誤解)다. 사람은 영적으로만 발달하는 것이 아니라 인지적, 도덕적, 사회적인 발달을 한다. 이러한 발달에 대한 근거는 발달이론에서만 아니라 성경에서도 찾을 수 있다. 고린도전서 13:11의 "내가 어렸을 때에…"라는 구절에서 어린이들의 지적 수준과 어른들의 지적 수준 사이에, 어린이들의 언어 발달과 어른들의 언어 발달 사이에 차이가 있음을 알 수 있다.

넷째는 신선함과 활력이 교수효과를 높여준다. 그러면 어떻게 하면 성경 교사가 자신의 가르침에 신선함과 활력을 유지할 수 있을까? 기능적인 면에서 생각한다면 1) 원어나 현대역본을 참고하고 2) 강의를 잠시 멈추고, 전체 학습자가 함께 본문을 연구하게 하고, 3) 최근에서 앞쪽으로 즉 현대에서 일세기로 훑어가며 가르칠 때 가능해진다.

다섯째는 올바른 선택과 강조가 중요하다. 내용의 선택은 학습자의 나이에 따라 달라져야 한다. 이는 고린도전서 13:11과 잠언 6:4의 발달에 대한 이론에 근거한 것이다.

그러면 교리를 어떻게 가르칠 것인가? 좀 더 구체적으로 하나님의 아들, 인간의 구세주, 교회의 머리, 사회의 종, 세상의 심판자를 어떻게 가르칠 것인가? 하나님의 아들에 대하여는 사람들은 이미 여러 번 이에 대한 논의를 한 경험이 있기 때문에 좋아할 것이다. 그 뿐 아니라 이러한 문제에 대한 논의는 사람들 사이에 다양한 의견을 드러낼 수 있기 때문이다.

루터가 그의 갈라디아서 주석에서 말하는 하나님에 대한 이중적 지식[10]에 대해서는 많은 청장년들이 이미 그에 대한 이해를 갖고 있다. 그러나 청소년들에게는 먼저 '… 에 관하여 안다' 는 것과 '…을 안다' 는 것을 구별해주어야 한다. 전자는 무엇에 대한 정보를 갖는 것으로 무게, 높이, 색깔 등에 대한 지식을 말한다. 그러나 후자는 상대에 대한 확신을 갖는 것을 말한다. 또 다른 구별은 인격적인 관계인가 비인격적인 관계인가 하는 것이다. 모든 지식은 나름대로의 목적을 지니고 있다. 특히 인격적 지식은 성경에서 '하나님을 안다' 거나 '하나님을 믿는다' 고 말할 때 도움이 된다.

우리가 어떻게 하나님을 알 수 있는가?[11] 이를 위해서는 하나님을 아는 지

10) W. H. Lazareth & R. O. Hjelm, *op. cit.*, 58-59.
11) *Ibid.*, 59-61.

식에 관한 성경적 관점을 이해해야 한다. 여기에는 두 가지의 주제가 있다. 첫째는 성경은 하나님과 인간의 관계에서 우선권은 하나님께 있음을 말한다. 성경에 근거하는 종교는 하나님 중심적이다. 그러므로 하나님을 아는 지식은 하나님에 관한 지식의 유무(有無)와는 아무 관계가 없다. 여기에서 중요한 것은 인간이 어떻게 하나님을 찾느냐의 문제가 아니라 어떻게 하나님께서 자신을 사람으로 드러내시는가 하는 문제이다.

둘째는 '하나님을 아는 지식'은 인격적 관계라는 것을 성경은 분명히 말한다. '하나님을 어떻게 알 수 있느냐?'는 물음은 '하나님의 개념이 뜻하는 것이 무엇이냐?' 혹은 '그의 존재를 어떻게 증명할 수 있느냐?'가 아니라 '구속주 하나님과 내가 어떤 관계에 있느냐?' 혹은 '구속주이신 하나님을 의식하는 사람으로서 나는 어떻게 살아가야 하느냐?'의 문제인 것이다. 이러한 인격적인 단어는 주로 시편, 이사야, 예레미야, 로마서, 고린도서 등에서 많이 사용되고 있다.

하나님에 대한 이론적인 지식이란 무엇인가? 이러한 지식은 어른들에게는 그렇게 큰 매력이 없으나 청소년들에게는 매우 매력이 있는 지식이다. 구속주가 되시는 그리스도 안에 자신을 드러내신 하나님에 대한 믿음은 기독교 신앙의 중심이 됨을 분명히 드러낸다.

그리스도의 위격과 사역에 대해서 사람들은 흥미를 가지고 있다. 그러나 이에 대한 흥미는 끝이 없으면서도, 피상적인 지식에 그칠 경우가 많다. 그러므로 주의해야 할 것[12]은 지식에 의존할 때는 큰 함정에 빠질 수 있다는 점이다. 기독론은 그리스도께서 구속주가 되심을 증명하는 것으로서 설득력이 있고 질문에 대하여 답을 할 수 있는 것이지만 인간의 생각에 의지하지 말고 말씀 자체가 말하고 증명하게 해야 한다.

기독론을 신약에 나오는 예수님의 생애와 같이 대해서는 안 된다. 곧 예

---

12) *Ibid.*, 86-94.

수님의 생애를 가르치는 것과 예수님의 위격과 사역을 아는 것은 다르다. 예수님을 한 사람으로 생각하고 대한다는 것은 예수님을 이천년 전에 쓰여진 한 책에서 말하는 온전한 사람으로 대함을 의미한다. 그렇다고 하여 공관복음에서 나오는 예수님을 진지하게 공부할 필요가 없다는 뜻이 아니다. 예수님의 생애를 단순히 서술할 수 있다는 것이 죄와 은혜에 대해 이해하고 있음을 보장하는 것도 아니다.

또한 청장년들은 '교회' 라는 단어에 매우 익숙해 있다. 그리고 교회의 역사에 대해서도 어느 정도의 지식을 가지고 있다. 그리고 성령과 삼위일체라는 단어에 대해서도 약간의 지식을 가지고 있다. 그러나 이에 대한 깊은 이해를 가지고 있지는 않다. 그들은 교회를 건물, 교단, 지(支)교회 등으로만 생각한다.

'교회' , '삼위일체, '은혜의 수단' 등에 대하여 가르칠 때 기억해야 할 것[13]은 그들은 분명하고 확실한 정의를 원한다는 점이다. 지금의 세상이 그것을 요구한다. 그러므로 교사들은 사실을 알아야 하고, 정의할 수 있어야 하고, 잘못된 생각도 알고 있어야 한다. 교회의 근원은 고대 이스라엘로 거슬러 올라간다. 자기부족을 떠난 삶은 생각할 수 없는 시대였다. 지금도 일부 모슬렘 국가나 이스라엘 사회에서는 기독교로 개종해서 살아간다는 것은 거의 불가능한 일인 것과 같다. 그러나 교회는 고대 근동사회의 한 부족의 유산만은 아니다. 이스라엘 백성들은 교회를 공동체로 알았다. 이것을 성경은 '언약' 이라고 부른다.

이와 더불어 사도행전에 나타난 교회의 기원에 대하여 알아야 한다. 사도행전은 자서전 형식으로 교회에 대하여 말하고 있다. 즉, 교회는 그 안에 속한 사람들의 삶에 생명력을 주는 힘과 구분할 수 없다. 교회가 존재하는 이

---

13) *Ibid.*, 116-117.
14) *Ibid.*, 119-120.

유를 이해하게 되면 교회를 또 다른 인간 사회나 도덕적인 사람들의 모임과는 구별된 것으로 생각하게 해준다.

이러한 공동체로서의 교회에는 네 가지의 표지는[14]. 곧 가톨릭(하나), 거룩, 보편성, 사도성이다. 여기서 가톨릭이라는 것은 로마 가톨릭과 같은 교단이나 온 지구상과 같은 지역을 표시하는 이름이 아니다. 이 말은 하나님의 활동에 초점을 둔 것이지 교회의 지역에 초점을 둔 것이 아니다. '사도성' 이라는 말에 대해 어떤 사람들은 현대교회와 사도 당시 교회의 신앙이 유사함을 지적하는 것으로 생각한다. 그러나 이러한 역사적인 관계만이 아니라 수직적인 관계도 포함한다. 즉, '사도' 는 그리스도 안에 계시된 하나님의 통치의 임재를 의식하는 사람이다.

교회를 이해하는 것은 은혜의 수단을 이해하는 것이다. 사람들은 이러한 개념에 민감하나 항상 그 의미를 이해하는 것은 아니다. 이러한 '은혜' 라는 말에는 다섯 가지의 의미[15]가 있다. 인간은 본성적으로 자아중심적이고, 죽음을 자초하였으나 하나님은 사람들을 사랑하셔서 그들이 생명을 얻기를 원하셔서, 하나님께서 인간 가운데로 오셔서 인간의 죄를 용서하시고 생명을 다시 한 번 부어주셨다. 이러한 하나님의 사랑이 '은혜' 이다. 이는 하나님의 독단적인 행동이고 그의 값없이 주시는 사랑과 생명의 선물이다. 사람들은 그것을 받을 가치조차도 없는 존재이다. 그러나 하나님은 사람들에게 은혜를 받아들일 수 있는 능력까지도 주셨다. 이것이 곧 믿음의 선물이다. 예수 그리스도를 믿는 것은 하나님의 은혜를 받는 길이다. 이것을 신학적인 용어로는 '칭의' 라고 부른다.

15) *Ibid.*, 120-121.

| 9장 |

서신서 교수

구원받기 전의 우리는 죄 가운데 행하며 다른 이들과 같이 하나님의 진노를 받는 영적으로 죽은 사람이었습니다. 그러나 하나님께서는 그의 풍성한 긍휼과 사랑으로 우리를 그리스도와 함께 살리시고, 하늘에 함께 있게 하셨습니다.

하나님께서는 어떻게 우리를 살리셨습니까? 하나님은 [illegible] 더욱이 ... 라는 구절은 하나님께서 우리를 살리신 수단과 방법을 보여줍니다. 이것은 두 가지로 생각할 수 있습니다. 하나는 구원을 이루[illegible] 인하여 란 말에 따라 구원의 핵심요소는 하나님의 은혜요 말미암아 란 말에 그 지적된 [illegible] 하는 구원을 위한 하나님의 사역과 인간의 사역이며 구원을 위한 하나님의 사역은 은혜요 인간의 사역은 [illegible]

서론

서신서는 성경에서 양적(量的)으로 가장 많은 부분을 차지하는 문학 유형이다. 신약성경 27권 중에서 20권은 서신서이고 나머지 7권 중에서 2권인 사도행전과 계시록도 서신 형식으로 된 내용(5:23-39; 23:26-30; 계 2-3장)들을 가지고 있다.[1)]

복음서가 예수 그리스도의 정체성을 분명하게 드러내는 한편, 서신서는 기독교회의 특징적인 삶의 모습을 보여준다. 이러한 서신서들이 가지고 있는 공통적인 특징은 "모두 특정한 일 때문에 씌어졌고 또한 그 일을 염두에 두고 기록된 문서라는 사실과 또한 1세기의 산물이라는 사실"[2)]이다.

---

1) William G. Doty, *Letters in Primitive Christianity* (Philadelphia: Fortress Press, 1973), 19.

설교자들이 설교본문을 택할 때 다른 장르의 본문보다 서신서들을 더 많이 택하는 것처럼 성경교사도 교수를 위한 성경본문을 택할 때 자연스럽게 다른 장르의 책들보다 서신서들을 더 많이 선택한다. 그 이유는 서신서들은 주로 설명체(expository or explanatory)여서 다른 장르의 본문들보다 다루기가 상대적으로 쉽기 때문이다.

그러나 서신서의 교수에도 어려운 점이 있다. 서신서들의 구절들은 신학적인 성격을 갖고 있어서 논쟁의 대상이 될 수도 있고, 명확한 답을 주지 않을 때가 있기 때문이다. 이러한 신학적인 구절들은 매우 추상적이어서 그 의미를 찾아내기가 힘들 때가 많다. 그러므로 신학적인 구절에서 나오는 내용들은 그것을 믿고 적용할 뿐이다. 따라서 서신서에 속한 구절들을 공부할 때는 내용의 깊이가 없이 피상적인 내용교수로 끝나는 경향이 있다.

2) Gordon D. Fee & Douglas Stuart, *How to Read the Bible for All Its Worth*, (Grand Rapids, Mich.: Zondervan Corporation, 1982), 오광만 역, 《성경을 어떻게 읽을 것인가》, (서울: 성서유니온, 2000), 64-65.

01_ 서신서 교수의 특징

서신서의 교수에 대한 구체적인 내용을 다루기 전에 먼저 서신서 교수의 특성에는 어떠한 것들이 있는지를 살펴보려고 한다. 이를 위해서는 먼저 서신서에 대한 이해가 필요하다. 그러므로 아래에서는 서신서의 필요성과 본질, 서신서의 해석, 그리고 서신서의 기능을 차례로 살펴볼 것이다.

1. 서신서의 본질과 필요성[3)]

글(言語)로서 의사를 전달하는 방법 중에서 가장 보편화된 형식은 편지

---

3) Long, *op. cit.*, Ch. 7.

다. 편지 이외에도 글로서 의사를 전달하는 것들이 여러 종류인데 시, 노래, 수필, 책 등이 그에 속한다. 편지는 격식을 갖출 수도 있고, 갖추지 않을 수도 있으며, 어떤 주장을 나타내거나, 불만을 표현할 수도 있으며, 의견을 표명하거나, 감정표현을 할 수도 있고, 개인을 대상으로 할 수도 있고, 그룹이나 단체를 대상으로 할 수도 있다.

이러한 편지와 대화의 차이점은 무엇인가? 1) 편지는 상대방과 글을 사용하여 의사소통을 하지만 대화는 항상 상대와 함께 있을 때만 의사소통이 가능하며 2) 대화는 말하는 그 순간에 사라져 버리지만 편지는 지속적으로 보관되어 말하므로 오랜 기간에 걸쳐 전달될 수 있으며 3) 대화는 자유롭게 할 수 있으나 편지는 시작할 때와 끝낼 때 사용하는 형식화된 양식이 있다. 편지는 특정한 상황의 전후 관계 속에서 어떤 사람이 다른 사람에게 무엇인가를 전하고자 하는 것을 기록한 것으로 이는 대화체에 가장 가까운 문학형식이다.

이러한 서신서[4]의 본질은 1) 특정한 일 때문에 기록되었다는 것과 2) 주후 1세기의 글이라는 점을 그 본질로 삼는다. 여기에서 특정한 일이란 어느 특정한 공동체에 "시정해 주어야 할 어떤 일이 있었다든지, 교리적인 실수가 있었다든지, 또는 좀 더 깊은 가르침을 필요로 할 만큼 잘못된 인식이 있었다든지 하는 것"을 말한다.

그리고 서신서[5]의 구성형식으로는 발신인의 이름, 수신인의 이름, 첫 인사, 기도와 감사, 본문, 그리고 마지막 인사 등으로 되어있다. 처음 부분인 발신인, 수신인, 신학적 인사를 하나로 묶을 수도 있다. 대체로 발신인은 '그리스도 예수의 종 바울과 디모데' (빌), '사도가 된 나 바울' (갈) 등으로 나타난다. 그리고 수신인은 "하나님의 사랑하심을 입고, 성도로 부르심을

---

4) Gordon D. Fee & Douglas Stuart, *op. cit.*, 64-65.
5) *Ibid.*, 63.

입은 모든 자에게"(롬), "하나님 아버지와 주 예수 그리스도 안에 있는 데살노니가인의 교회"(살전후), "우리의 사랑을 받는 자요, 동역자인 …"(몬) 등으로 표현한다. 그리고 인사는 '은혜와 평강'으로 표현하는데 여기에서 '은혜'는 인사말의 신학적인 연장(延長)이며 '평강'은 유대인의 전통적인 첫머리 말이다.

두 번째로, 감사(thanksgiving)는 헬라 서신에서 나타나는 특징이다. 갈라디아서에서는 이 감사의 부분이 빠져있는데 이는 사도 바울이 갈라디아 교회와 성도들에 대하여 화가 나있음을 드러내기 위하여 의도적으로 생략했을 가능성이 있는 부분이다.

세 번째로, 본론에서는 편지를 통하여 전하려고 의도했던 원래의 중대한 문제들과 더불어 실천적이고 윤리적인 문제들을 다룬다. 이때에 서술형식으로는 교차배열법을 사용하는데 이는 신약의 서신서에서는 자주 사용하는 방법이지만 현대인들은 이러한 특징들을 쉽게 지나쳐 버린다. 마지막의 끝맺음은 수신인의 건강과 행복을 기도함으로써 그들에 대한 자신의 관심을 표현한다.

서신서의 특징[6]은 문서와 편지로서의 두 가지 특성을 좀 더 조화되게 나타내고 있다. 즉, 서신서들은 특정한 상황들에 연결되어 있으면서도 상황적인 문제들을 넘어서서 현대의 독자들에게도 여전히 말하는 힘을 가지고 있다. 또한 스타일화한 형태에 있다. 서신서는 고대의 편지 글에서 사용하던 패턴을 따르면서도 그 규칙들을 약간 수정하여 사용한다. 그 이유는 서신서들이 기독교 신앙의 내용과 특성으로 모양을 갖추게 되었기 때문이다. 이러한 두 가지는 서신서의 특징인 동시에 서신서가 필요한 이유이다.

---

6) Long, *op. cit.* 박영미 역, 209-211.

2. 서신서의 기능

헬라 편지의 중요한 세 가지 수사적 기능[7]을 다음과 같은 세 가지로 정리할 수 있다. 편지의 기능은 첫째, 발신인과 수신인 간의 '절친한 관계'를 나타내 보여준다. 현대 편지에서도 처음 편지를 시작할 때는 '보고 싶은', '사랑하는' 혹은 영어로는 'dear' 등으로 시작을 하고, 끝날 때는 '너를 사랑하는 친구로부터' 등을 사용한다. 이를 통하여 편지는 진심에서 우러나며 서로 신뢰하는 관계 속에서 쓰고 읽는 글임을 나타낸다.

둘째, 편지의 다른 기능은 발신인과 수신인 사이의 공간적인 거리에 다리를 놓아 실제로 같이 있다는 느낌을 만들어준다. 편지는 단순히 공간적으로 떨어져있는 두 사람 사이에 소식만을 전하는 것이 아니라 보내는 편에서 소식 이상의 어떤 것을 수신자에게 전하는 것이다. 사랑하는 사람의 편지를 받을 때 단지 소식만을 듣는 것이 아니라 편지 속에서 사랑하는 사람이 함께함을 느끼기 때문에 사람들은 사랑하는 사람으로부터 편지를 받게 되면 흥분하게 된다.

셋째, 헬라 편지의 어조가 주는 것과 비슷한 대화의 무드를 만들어낸다. 현대의 서신에서도 "네가 기억하리라고 확신하기 때문에"라는 표현을 쓰고 있는데 이는 헬라 편지들과 마찬가지로 편지내용을 대화형식으로 전달하는 것이다.

신약의 서신들[8]은 헬라 편지들처럼 발신인과 수신인 사이에 '절친한 관계'가 있음을 보여줄 뿐 아니라 그러한 감정과 함께 기독교신앙의 색채를 전달하고 있다. 즉, 헬라 편지의 첫인사(chairein)가 신약의 서신서에서는

7) *Ibid.*, 213-214..
8) *Ibid.*, 214-220.

신학적인 의미를 가진 은혜(charis)로 바뀌었다. 바울의 서신은 바울 자신이 서신서를 받는 수신자들과 함께 있는 듯한 인상을 보여준다. 서신에서 바울은 생각으로만 서신을 읽고 있는 성도들과 함께 있는 것이 아니라 실제로 그들 속에 있는 것처럼 말한다. 그래서 바울은 성도들을 설득하기 위하여 대화체적인 형식을 취한다. 예를 들면, 로마서 7:1에서 "형제들아 내가 법을 아는 자들에게 말하노니", 고린도전서 15:1 "형제들아 내가 너희에게 전한 복음을 너희로 알게 하노라", 고린도후서 3:1 "우리가 다시 자천하기를 시작하겠느냐?" 등에서 볼 수 있는 것과 같은 것들이 모두 대화체이다.

3. 서신서의 해석

성경해석이 필요한 이유를 두 가지[9]로 정리할 수 있다. 하나는 성경본문에 성경저자가 의도하지 않았거나 당시의 독자들에게 주어진 것과는 다른 의미를 부여하지 않도록 하기 위함이다. 이러한 원칙은 본문해석의 한계를 설정하는데 도움을 준다. 다른 하나는 우리의 상황이 1세기의 성도들의 상황과 같다면 우리를 향하신 하나님의 말씀은 1세기 성도들에게 주신 것과 같다. 그러나 오늘의 상황은 1세기의 성도들의 상황과는 다르기 때문에 해석을 필요로 한다.

즉, 서신서 해석의 문제는 1세기에 일어난 일들을 그 때와는 상황이 다른 현재에 적용시킬 때 발생한다. 서신서 해석의 문제[10]가 대두되는 경우는 다음의 네 가지로 분류할 수 있다. 첫째, 확대 적용의 경우이다. 비슷한 상황이나 경험 가운데 있을 때에는 그 본문들을 통하여 우리에게 주신 하나님의 말씀은 언제나 그 본문의 원래의 의도를 벗어나지 않는다. 이러한 경우에

9) Gordon D. Fee & Douglas Stuart, *op. cit.*, 88-90.
10) *Ibid.*, 90-107.

는 일반적으로 확대 적용을 할 수 있는데 그 이유는 그러한 확대 적용이 참이요 합리적이기 때문이다. 둘째, 오늘날과는 유사성이 없는 1세기 때의 특수 상황의 경우인데 이러한 것은 무시할 수 있다. 이렇게 무시해도 되는 것들로는 서신서에서 확실하게 무시할 문제로 말하고 있는 것들(먹는 것, 마시는 것, 날을 지키는 것 등), 도덕적인 것이 아니라 문화적인 것이며, 그리고 서신서에 말하는 죄(롬 1:29-30, 딤후 3:2-4)에 속하지 않는 것들이다. 셋째, 문화적 상대성을 띤 경우이다. 이러한 문화적으로 상대성을 지닌 것과 모든 시대의 그리스도인들에게 규범으로 적용되는 사항을 구별하는 기준으로는 1) 그 내용이 성경의 중심이 되는 핵심적인 메시지인가 아니면 그것에 종속되는 것인가 하는 것이며, 2) 신약성경 자체가 도덕적인 것으로 생각하고 있는 것인가 아닌가 하는 것이며, 3) 신약성경 자체가 일관성 있게 증거하는 것인가 아닌가 하는 것이며, 4) 신약성경에서 원리적인 것인가 아니면 구체적인 적용인가 하는 것이며, 5) 모든 신약성경 기자들에게 있는 문화적 상황인가 하는 것이며, 6) 1세기와 21세기 사이에 문화적인 차이의 문제인가 하는 것이며, 7) 그리스도인다운 관용을 가지고 실천하는 것이 필요하다. 넷째, 당면한 문제해결을 위한 경우이다. 이러한 경우들을 다룰 때 유의해야 할 것들은 다음과 같다. 1) 서신서가 당시의 정황을 근거로 하고 있기 때문에 때로는 우리의 신학적인 이해에 몇 가지 제약이 생기더라도 그것으로 만족해야 한다. 2) 서신서의 본문들은 정황을 근거로 한 것이기 때문에 당시의 사람들의 문제에만 답변해주는 것임에도 불구하고 우리 자신들의 특수한 문제를 그 본문들에 근거하여 해결하려 하기 때문에 신학적인 난관에 부딪치게 된다.

그럼에도 불구하고 서신서의 해석은 여러 문제들에 부딪친다. 그 이유[11]는 서신서가 "때로는 문제가 무엇인지, 혹은 과연 문제가 있기는 한 것인지

11) *Ibid.*, 65.

조차도 알 수 없을 때"가 있기 때문이다. 서신을 통하여 바울 사도의 이야기만 듣고 그 편지를 받는 교회와 성도들의 이야기는 듣지 못한 상태에서 문제를 파악하려는 것이기 때문에 서신서의 해석은 어려운 것이다. 그리고 서신서는 신학적인 논리 전개를 주목적으로 조직적으로 기록된 신학적인 논술이 아니라는 점도 서신서 해석상에 부딪치는 문제이다.

서신서의 해석은 이야기의 해석과 아주 비슷하다. 따라서 의미를 탐구할 때 다음과 같은 질문들을 지침으로 사용[12)]하면 도움을 얻을 수 있다. 이러한 질문들에 대하여 짧게 한 단락으로 요약하는 연습을 하면 서신서 해석에 유익을 얻을 수 있다.

- 저자의 생각과 느낌은 무엇인가? 독자에 대한 저자의 태도는 무엇인가?
- 중요한 단어와 구절은 무엇이며? 그것은 무엇을 의미하는가?
- 말하고 있는 진리는 무엇인가? 그것을 어떻게 표현하고 왜 그렇게 표현하고 있는가?
- 원래의 독자에게 있어 이 진리는 무엇을 의미하는가? 그들의 삶에 어떻게 영향을 끼치는가?
- 이 구절들은 교리 혹은 그리스도인의 믿음과 행위에 대한 어떤 원리를 가르치고 있나?
- 이 구절은 어떻게 인간의 성품을 더 잘 이해하도록 도와주는가?
- 이 구절은 하나님, 그리스도, 성령에 관하여 무엇을 말하나?

서신서 해석의 한 실례(實例)로서 에베소서 2:1-10을 살펴보자. 첫째, 본문에 나오는 중요한 단어의 정의를 먼저 살펴본다. 여기에서 중요한 단어인 '자비'는 우리가 마땅히 받아야 할 형벌을 받지 않게 하는 것이며 또 다른 핵심적인 단어인 '은혜'는 '자비'와는 반대로 우리가 받을 자격이 없

12) Leticia A. Magalit, *How to lead Bible Studies*, 정재영 옮김, 《효과적인 성경공부》(서울: 한국기독학생회 출판부, 1985), 29.

는 생명을 주시는 것을 의미한다. 우리는 죄로 인해 저주를 받아 죽어야 마땅하다. 그러나 은혜로우신 하나님께서 죽음의 형벌에서 우리를 구원하여 주셨다. 곧 모든 인류의 죄를 용서하시기 위하여 독생자이신 예수 그리스도를 이 세상에 보내시고 십자가에서 죽게 하셨다. 이렇게 하나님께서는 그의 택하신 모든 백성들에게 죽음 대신에 영생을 주셨는데 이는 하나님의 은혜 때문이다.

둘째는 의미를 찾는 단계이다. 곧 구원받는다는 것은 무엇을 뜻하는가를 규정하는 단계이다. 구원받는다는 것은 사단의 지배에서 벗어나는 것, 죄의 형벌인 하나님과의 영원한 분리로부터 용서함을 받는다는 것이다. 우리가 구원을 받는다는 것은 사망에서 벗어나서 하나님의 생명의 통치에 들어가서 거기서 그리스도와의 교제를 즐기고, 죄에 대해 승리하며, 그 분의 영광을 나누고, 선한 일을 힘써 행하는 것을 말한다.

셋째는 이러한 구원의 이유를 찾는 단계이다. 바울은 인간이 구원받기 전의 상태와 하나님의 자비, 사랑, 은혜를 묘사하기 위해 최상급의 단어를 사용하고 있다. 바울이 인간과 하나님을 극도로 상반되게 묘사한 것은 하나님의 사랑은 무한하실 뿐 아니라 우리의 가증스러운 죄를 용서해 주시는 하나님이 필요하다는 것을 보여주기 위함이다.

넷째는 저자 바울이 가르친 교리 또는 신조를 찾아내는 단계이다. 구원은 오로지 믿음을 통한 은혜로만 이루어지는 것으로 하나님께서 값없이 주시는 선물이다. 인간은 구원을 위해 노력할 정도로 선하지 못하므로 우리를 구원하시기 위해 죽으신 그리스도를 믿음으로만 구원을 받을 수 있다.

마지막으로 하나님에 대한 교훈을 찾는다. 하나님의 성품은 사랑이시다. 창세로부터 인간을 향하신 하나님의 목적은 선하시다. 이러한 하나님의 사랑의 높음과 깊음은 그가 이 땅에 내려오셔서 우리가 져야 할 징벌을 당하셨을 때, 그래서 우리가 용서받고 그분과 함께 생명을 즐기도록 하셨을 때 잘 드러났다.

이러한 과정을 통하여 해당 본문이 의미하는 것이 무엇이며 왜 그것이 쓰여졌는가 찾아보는 것이 필요하다.

02_ 서신서 교수의 방법

서신서는 헬라의 편지들과 유사한 점도 있으나 성경의 다른 장르들과는 구별되는 특징과 기능을 가지고 있다. 그러므로 서신서를 가르치는 방법도 다른 장르의 성경과는 달라야 한다. 이를 위하여 아래에서는 서신서의 수사적 효과와 교수방법에 대하여 살펴보려고 한다.

1. 서신서의 수사적인 효과

서신서는 저자가 살았던 구체적인 상황과 시기가 배경이므로 정확한 의미를 파악하기 위해서는 저술 당시의 역사적인 상황을 재구성하여야 한다.

때때로 서신서 자체 내에서 당시의 상황을 제시해주기도 하나 좀 더 확실한 상황을 파악하기 위해서는 주석들을 참조하는 것이 좋다.

이러한 과정을 통하여 원래의 의미를 파악한 후에는 본문의 내용을 오늘의 현장에 그대로 적용할 수 있느냐 하는 적용상의 문제에 부딪치게 된다. 서신서는 대체로 본문 그대로 적용을 하지만 항상 그러한 것은 아니다. 예를 들면, 고린도전서 11:2-6에서처럼 교회에서 여인들이 머리에 수건을 쓰는 것과 종을 소유하는 문제들은 문자적으로 적용하기에는 문제가 있는 구절들이다. 그대로 적용할 수 없는 경우에는 그 구절을 어떻게 적용해야 하느냐를 결정해야 한다. 예를 들면, 그 당시에 우상에게 주어졌던 음식은 오늘날 무엇과 같다고 볼 수 있는가? 현대 성도들에게 적용하고자 한다면 통일교 계열기업에서 만든 음료를 사먹는 문제들과 비교할 수 있는데 그러한 경우에는 본문에서 그 해결하는 기본원리를 찾아야 한다.

서간문으로서의 형식을 띠고 있는 서신서들은 일정한 규칙을 가지고 있다. 그러므로 성경교사들은 서신서들의 전형적인 형식인 여는 말, 감사, 본론, 맺는 말 등을 잘 이해하여 가르쳐야 한다. 아래에서는 서신서들의 구체적인 요소에 대하여 간략히 설명하려고 한다.

여는 말: 신약의 서신서들은 먼저 발신인의 신분을 밝히고 수신인을 보여주고 그 후에 신학적인 인사를 한다. 서신서 첫 부분에 밝힌 발신인의 신분을 통하여 그 서신서의 특성과 발신인과 수신인 사이의 관계를 볼 수가 있다. 그러므로 성경교사들은 서신서의 발신자와 수신자의 신분을 나타내는 부분들에 주의를 기울이면 더 깊은 의미들을 찾아낼 수가 있다.

예를 들면, 빌립보서에서는 "그리스도 예수의 종 바울과 디모데"라고 말하는데 이는 서신서의 주제인 겸손을 서신서의 첫 부분에서부터 보여준다. 그러나 갈라디아서에는 "사람들이 세워준 것도 아니요 사람이 맡겨준 것도 아니요 오직 예수 그리스도께서 맡겨 주시고 또 그 분을 죽은 사람들 가운데에서 살리신 하나님 아버지께서 맡겨 주심으로써 사도된 나 바울"이라고 함으로써 자신의 권위에 대해 도전을 받고 있는 사도가 처음부터 반대파 사람들을 상대로 논쟁을 하고 있음을 보여준다. 그리고 바울이 동역자들의 이름을 함께 쓰는 첫째 이유는, 그의 말이 자신의 독단적인 생각에서가 아니라 기독교 공동체의 생각이라는 것을 표현하기 위함이고 두 번째는, 그들은 편지를 전달할 만큼 신뢰할만한 사람이라는 것과 편지를 받는 사람들에게 권위를 인정받는 사람들임을 보여준다.[13]

수신인의 신분에 대한 말도 서신서의 내용을 이해하는데 도움을 준다. 즉, 수신자에 대한 표현은 복음을 받은 개인이나 교회의 특별한 위치를 드러낸다. 로마서에서는 "하나님의 사랑하심을 입고, 성도로 부르심을 입은 모든 자에게"(1:7)라고 하고, 고린도 전서에서는 "그리스도 예수 안에서 거룩하여지고 성도라 부르심을 입은 자들과 … "(1:2), 데살로니가 후서에서는 "하나님 우리 아버지와 주 예수 그리스도 안에 있는 … "(1:1), 빌레몬서에서는 "우리의 사랑을 받는 자요 동역자인 … "(1:1)이라고 말한다.

서신서의 전형적인 인사는 "하나님 우리 아버지와 주 예수 그리스도로 좇아 은혜와 평강이 있기를 원하노라"이다. 이러한 인사말은 헬라-로마와 유대적인 두 요소 모두를 사용한 것이다. 특히 유대인들의 편지는 두 부분으로 구성되어 있는데 첫 부분은 보내는 사람과 받는 사람의 이름을 포함하고 두 번째 부분은 평강과 다른 축복에 대한 기도[14]를 포함한다. 여기에서 축복에 대한 부분 중에서 "은혜"는 헬라 편지에서의 인사에 해당하는 부분의 신학적인 표현이다. 그리고 "평강"은 유대 편지의 전통적인 표현으로서 이는 헬라 형식의 서신서를 유대적인 신학적 전통에 연결시켜 주는 것이다.

바울은 감사에 있어서도 신학적인 목적에 맞추고 있다. 헬라의 편지에서는 자기 민족의 신들에게 감사하는 말을 포함한다. 바울은 갈라디아서 이

13) W. Doty, *op. cit.*, 30.
14) *Ibid.*, 29

외의 모든 서신에서 감사의 말을 하고 있으나 갈라디아서에서는 감사의 말을 생략한 것은 교회의 사정에 대하여 큰 걱정을 하고 있었기 때문이다. 이와는 반대로 데살로니가 전서에서는 전체 서신의 2/3가 감사로 되어있다.

바울의 감사와 헬라 편지의 감사에는 차이[15]가 있다. 첫째, 헬라 편지에서는 큰 위험에서 구해준 것에 대하여 그들의 신에게 드리는 감사이지만 바울 서신에서는 성도들의 믿음을 인하여 하나님께 감사를 드린다. 둘째, 수신자들을 위한 기도와 간구에 감사를 포함하고 있다. 그러면서 바울은 현재 올바르게 신앙생활을 하고 있는 교회를 위해서 감사하고 또 지속될 수 있도록 간구한다.

그러나 이 감사는 예배적인 요소를 강조한다. 초대 기독교의 전통에서는 축복보다는 감사의 형식을 더 선호함을 볼 수 있다. 이러한 감사는 고대 기독교의 평안과 연관이 있었고 기독교 활동의 정체성에 대한 기대를 나타낸다. 기독교활동은 유대인들의 전통적인 축복의 형태를 감사의 형태로 바꾸었다. 바울은 모든 일들이 순조로움에 대하여 하나님께 감사를 드렸으며, 이는 교회를 통하여 역사하시는 하나님의 능력으로 보았다.

본론: 본론에 대한 주석과 신학적 분석은 많이 되었지만 본론 전체에 대한 구체적인 형태분석은 거의 되지 않았다. 그 이유들[16]은 본론이 서신서 모두에서 형태분석을 할 만큼 지속성을 갖고 있다고 보지 않을 뿐 아니라 규범적인 본론의 형태를 규명하는데 어려움이 있기 때문이고, 또한 본론의 시작과 끝부분을 규정하려는 여러 시도에서의 어려움과 여러 서신에서 본론이 감사로 되어 있어서 혼란이 있기 때문이다.

본론을 시작하는 형태는 다양하다. 첫째는 간구와 호소 등으로 시작한다. 둘째는 드러내는 형태("너희가 알기를 원하노니" 혹은 "모르기를 원하

---

15) *Ibid.*, 31-32.
16) *Ibid.*, 33-34.

지 않노니" 등, 롬 1:13, 고후 1:8, 살전 2:1, 빌 1:12, 갈 1:11 등)이고, 셋째는 "기쁨"의 구조(내가 기뻐하노니)이다. 넷째는, 수신자들이 복음을 배척하는 것에 대한(갈 1:6) 놀람이고 마지막으로는, 감사 및 듣고, 배움에 관한 것이다(갈 1:9).

맺는 말: 헬라 편지는 대체로 두 가지 형태로 끝을 맺는다. 하나는, 수신자들의 건강을 위한 소원이고 다른 하나는, 작별의 말이다. 그러나 바울 서신이나 초대 기독교인들의 서신에서는 헬라 편지의 끝맺음의 전통에 크게 얽매이지 않는다. 도리어 축복이나 찬양으로 끝을 맺는다. 찬양에는 두 가지가 있는데 하나는 축복(고후 13:33 "주 예수 그리스도의 은혜와 하나님의 사랑과 성령의 교통하심이 너희 무리와 함께 있을찌어다")이고 다른 하나는 실제적인 용어[17]들인 찬양(롬 11:36 "그에게 영원히 찬양… 아멘")이다. 다른 끝맺음의 말로는 "큰 글씨"(고전 16:21, 고후 10:1, 갈 6:11), 구술의 방법, 거룩한 입맞춤(롬 16:16, 고전 16:20), 그리고 여러 사람들에게 하는 마지막 인사말 등이다.

2. 서신서 교수방법

서신서 교수방법에 대한 실제적인 제안으로는 다음의 세 가지를 들 수 있다. 첫째 서신서들은 그 문장의 형태가 대체로 강화체이기 때문에 먼저 내용구조를 살펴보아야 한다. 그 중에서도 가장 강조하는 것은 서신서를 읽을 때 "문단을 생각해야 한다"는 점이다. 왜냐하면 한 구절이나 한 문장에서 서신 전체의 의미를 전달하는 일은 많지 않기 때문이다. 이것은 문장전체를 관찰해야 할 필요성을 말하는 것이다. 그러면 서신서 관찰은 어떻게

17) *Ibid.*, 39-42.

해야 하는가? 관찰의 방법으로는 다음의 세 가지를 제시할 수 있다.

먼저 문단을 살펴본다. 곧 각 문단의 중심사상은 무엇인가를 생각한 후에 그에 맞는 제목을 붙인다. 그리고 그 사상은 어떻게 전개되고 발전되고 있는가를 파악한다. 또한 실례와 보기, 인용과 질문, 비교와 대조, 반복 등을 찾아본다. 그 때에 명령, 경고, 약속 등을 만나면 그와 연관된 이유, 조건, 결과를 함께 찾아본다. 어떤 개념이 반복되거나 많은 부분을 차지할 때는 그것은 강조를 의미하기 때문이다. 그 다음 문단과 문단을 연관시켜본다. 문단이 진행됨에 따라 내용이 어떻게 진전되고 있는가를 판단하고 더 나아가 이것이 하나의 주제로 계속되는가를 확인한다. 마지막으로 본문에서 보여주는 중요한 진리를 요약한다.

둘째, 서신서가 강화체라고 해도 그 문장 안에는 상징적인 언어가 많이 들어있다. 바울은 성령이 "우리의 기업에 보증이 되사 그 얻으신 것을 구속하"(엡 1:14)신다고 했다. 여기에서 '기업' 이라는 단어는 상징적인 언어이다. 이러한 상징적인 언어를 해석할 때는 시서를 해석할 때와 같은 해석원리들을 적용해야 한다.

그리고 성경저자가 직접 나에게 말한다고 생각하고 저자로부터 배울 수 있는 것이 무엇인가를 본문에서 찾는다. 그렇게 하기 위해서는 성경본문을 되풀이해서 읽고 그 뜻을 찾으며, 찾아낸 의미를 살펴본다. 그리고 다음과 같은 질문들을 연구할 때 하나님께 지혜를 허락하실 것을 기도한다: 본문은 하나님, 그리스도, 성령에 대해서 무엇이라고 말씀하는가? 이것이 삼위일체 하나님과 나와의 관계에 미치는 영향은 무엇인가? 예를 들면, 하나님의 사랑은 무한하다. 그렇다면 나는 어떻게 해야 이러한 하나님의 사랑에 보답할 수 있을까? 그 방법은 하나님과 교제하는 시간을 가지고, 하나님의 말씀에 순종하고, 하나님에 대해 사람들에게 전하는 것이다.

내 생활에서 어떤 죄를 지적하고 있는가? 그리스도인은 지은 죄를 고백하고 용서를 구하며 그 죄에서 돌아서야 한다. 예를 들면, 그리스도인인 나는 때때로 세상의 악한 풍속을 좇는다. 곧 시험을 볼 때 부정행위를 하기도 하고 악의가 없는 거짓말을 하기도 한다. 말씀의 교훈을 통하여 죄에서 돌아서고 또한 용서받음을 확신하고 죄에 대해 승리할 힘을 얻는다.

성경은 어떤 본을 보여 주고 있는가? 어떻게 해야 그 말씀을 따를 수 있을까? 본문 본문연구를 통하여 선한 일 가운데 행함으로 성경말씀을 따를 수 있음을 알게 된다.

특별히 나에 대한 권면이나 경고의 말씀은 무엇인가? 어떻게 해야 그 말씀에 순종할 수 있을까? 사단에 대한 저항을 통하여 그 지배하에 놓이지 않을 뿐 아니라 하나님께 순종할 수 있게 된다.

본문구절은 나에게 어떤 격려를 주는가? 하나님은 사랑이시고, 긍휼하시고, 자비로우시고, 선하신 것을 믿음으로써 나에게 일어나는 모든 일들이 나의 유익을 위한 하나님의 자비로운 행위임을 알고 위로를 받게 된다.

다른 사람들과의 관계에 대해 무엇을 요구하는가? 그리스도인은 선한 일을 행하는 살아있는 사람이며 하나님의 자녀이다. 그러나 그리스도인이 아닌 사람은 세상 풍속을 좇는 죽은 사람과 같으며 진노의 자녀임을 이해한다.

본문구절이 가르치고 있는 믿음과 행동의 원리를 나의 상황에 적용한다면 어떤 구체적인 믿음과 행동이 요구되는가?

내가 하나님을 찬양하는 근거는 무엇인가? 예를 들면, 하나님은 나에게 형벌, 사고, 배고픔, 극도의 어려움을 겪지 않게 하시는 '긍휼의 하나님' 이시며, 나의 배반적이고 완고한 성품에도 불구하고 사랑을 베푸시는 '사랑의 하나님' 이시며, 아무 것도 받을 자격이 없음에도 불구하고 하나님께서는 나에게 생명과 수많은 좋은 것들, 그리고 기도의 응답을 주시는 '자비의 하나님' 이시며, 비록 나는 하나님을 자주 슬프게 할지라도 그 분은 나에 대해 오래 참으시며 계속해서 나를 보살피시는 '선하신 하나님' 이시기 때문이다.

셋째, 서신서들은 "상황적인" 곧 시대적인 특수성을 지닌 편지들이다. 즉 그때그때의 필요에 따라 특정한 사람이나 교회들에게 보낸 편지들이다. 그러므로 편지는 조직신학의 글처럼 어느 주제에 대하여 논리적으로 그리고 체계적으로 기록한 것이 아니라 서신서를 기록하는 당시의 특정한 사람이나 교회들이 가지고 있는 문제나 질문을 다룬 것이다. 따라서 이러한 서신서들을 해석할 때에는 조직적인 형태보다 저자의 의도를 살피는 것이 더 중요하다.

03_ 서신서 교수의 실제

여기에서는 먼저 위의 절에서 논의한 서신서 교수방법에서 제기한 세 가지 곧 내용구조, 상징적인 요소, 마지막으로 시대적인 상황 안에서 그 의미를 찾아내는 방법의 실제를 제시하려고 한다. 이를 위하여 본문은 에베소서 2:1-10을 선택하였고 그 대상은 청장년[18]으로 제한하였다.

〈교수내용〉

먼저 본문 에베소서 2:1-10을 읽는다.

여러분! 오늘은 에베소서 2장을 중심으로 하여 긍휼에 풍성하신 하나님

18) 대한예수교장로회총회, 《주일학교 계단공과 말씀 믿음 삶》, 청년2부 2, 3/4학기, 2001.

이 "허물과 죄로 죽었던" 우리들을 그리스도 예수 안에서 구원하심에 대하여 공부하려고 합니다. 에베소서 2장에는 두 가지 중요한 표현이 있습니다. 하나는, '그때에-이제는' 이라는 표현이고 다른 하나는, '그리스도 예수 안에서' 라는 표현입니다. 본문 2장에서 이와 같거나 비슷한 의미의 표현들을 찾아보면 '그리스도의 피로' (13), '자기 육체로' (15), '십자가로' (16), '저로 말미암아' (18) 등이 있습니다.

먼저 (전후 문맥으로) 알아야 할 것은 에베소서의 주제인데 그것은 '하나님의 교회' 입니다. 그리고 에베소서에서는 그리스도인을 용서받은 죄인, 그리스도의 축복을 나누기 위해 그 분과 함께 부활할 사람이라고 말합니다. 그리고 그리스도인들은 성령 안에서 하나가 되었기 때문에 하나님의 자녀들로서 서로 간에 행해야 할 것들에 대하여 말해줍니다.

오늘 본문의 중심은 '하나님의 은혜로 받은 구원' 입니다. 전체를 세 단락으로 나누어 공부하려고 합니다. 먼저, 1단락은 1-3절을 포함합니다. 이 구절들은 성도들이 구원받기 이전의 상태에 대하여 말하고 있습니다. 1절은 구원받기 이전의 에베소 성도들의 영적 상태입니다. '죽었던 너희를' 이 곧 구원받기 이전의 상태입니다. '죽었다' 는 말은 육체적으로 죽었다는 것이 아니라 영적으로 죽었음을 상징하는 단어이기 때문입니다. 우리 주위에는 세상적으로 성공한 사람들이 많습니다. 그러나 하나님의 은혜로 구원받지 못한 사람은 육체적으로는 살았다고 하지만, 또한 세상적으로는 성공했다고는 하지만 영적으로는 '죽은' 것입니다.

여기에서 바울 사도는 에베소 사람들이 영적으로 죽은 이유가 무엇이라고 말합니까? 그 이유는 그들의 '허물과 죄' 라고 말합니다. 그러면 이러한 죄의 원인은 무엇입니까? 삶 속에서 하나님 대신에 자기가 중심이 되었기 때문입니다. 우리의 죄는 하나님에 대한 죄도 있고, 이웃에 대한 죄도 있습니다. 이러한 죄가 사람들을 영적으로 죽이는 일을 합니다. 이러한 죄의 결과에 대하여 바울은 로마서(6:23)에서 '죄의 삯은 사망이요' 라고 말했습니다.

에베소서에서 사도 바울은 사람들이 예수 그리스도를 알기 전의 삶에 대하여 세 가지로 말하고 있습니다. 예수 그리스도를 알기 전의 사람들은 죄와 허물 안에서 행하였는데 구체적으로는 세상의 악한 풍속과 세상의 보이지 않는 지배자인 사탄을 따랐으며 우리의 악한 본성의 욕망에 따라 살았습니다(3상).

여기에서 '세상 풍속을 좇는다' 는 것은 세상과의 관계를 말합니다. 세상 사람들이 사는 방식 그대로 사는 것을 성경은 영적으로 죽었다고 말합니다. 다르게 표현하자면, 세상 사람들의 삶이 나의 삶의 표준이 되는 것을 말합니다. '이럴 때 세상의 다른 사람들은 어떻게 하는가?' 를 생각하는 것은 영적으로 죽은 삶을 사는 것이요, '이럴 때 예수님께서 나에게 원하시는 것은 무엇인가?' 를 생각하는 것은 영적으로 살아있는 삶을 사는 것입니다. 내 삶의 표준은 무엇입니까? 나는 어떤 생각을 하고 있습니까?

'공중의 권세 잡은 자를 따랐다' 는 말에서 '공중의 권세를 잡은 자' 는 마귀를 의미합니다. 옛날에는 마귀가 사는 곳을 말할 때 공중이라고 했습니다. 이 '공중' 은 우리가 날마다 바라보는 하늘이 아니라 '마귀가 있는 곳' 을 의미하는 것입니다. 예수님을 알기 전의 사람은 마귀를 찾고 의지하고 따르는 삶을 삽니다. 그런데 예수님을 믿는 사람들 중에서도 점치는 곳을 찾는 사람들이 있습니다. 이런 사람은 두 주인을 섬기는 사람입니다.

'육체의 욕심을 따라, 육체와 마음의 원하는 것을 한다' 는 것은 자기의 욕심이 원하는 것을 하고 매일의 생활에서 충동적인 것을 생각하는 것을 말합니다. 이것은 그리스도가 없는 사람의 삶을 보여주는 것입니다. 곧 예수님을 알기 전에는 자신의 욕망과 욕심을 '좇고, 따랐으며' (2-3) 곧 자원해서 자기의 이익과 세상의 길을 추구하는 삶을 살았습니다.

2단락은 4-9절까지인데 그 중심내용은 죽음에서 생명으로의 변화입니다. 이것이 오늘 공부의 두 번째 내용입니다. 바울 사도는 하나님께서 우리를 살리시고(1, 5절) 그리스도와 같이 일으키셔서(6) 하늘의 자리에 앉게 하셨다(6)

고 말합니다. 4-7절은 하나님께서 우리를 위해 하신 일을 보여줍니다. 하나님께서는 나를 위하여 무슨 일을 하셨습니까? 그 내용을 살펴본다면:

하나님께서는 허물과 죄로 죽은 우리들을 살리셨습니다(4). 하나님께서 우리를 살리신 이유는 무엇이겠습니까? 긍휼에 풍성하시고(4) 사랑이 크신 하나님의 성품 때문입니다(4). 하나님의 풍성하심을 말합니다(1:7 '그의 은혜의 풍성함을 따라', 2:4, 7 '풍성하신 하나님'). 우리 하나님은 무엇에 풍성하신 분이신가? "긍휼에"(2:4), "은혜"(2:7)에 풍성하신 분이십니다.

이제는 죄로 죽었던 '너희'가 아니라 하나님께서 살리신 '우리'(4절)라고 말하고 있습니다. 이것은 구원의 표입니다. 언제 어떻게 구원의 역사가 일어났는가? 1:20-22에서는 "예수 그리스도께서 죽으시고 부활하시고 높임을 받으셨을 때"라고 말하고 있습니다. 예수 그리스도를 죽음에서 일으키시고, 하늘 우편에 앉히셨던 하나님의 그 크신 능력이 우리에게도 역사하신 것입니다. 여기의 '함께'(5-6)라는 말은 무엇을 가리킵니까? 이미 이루어진 일, 사실을 말합니다.

하나님께서는 왜 이렇게 우리를 구원하시는가? 하나님은 우리가 선한 일을 하도록 하기 위하여 구원해주신 것입니다(4, 10). 에베소 교인들은 어떤 선한 일을 하였습니까? 그러면 우리는 지금 어떤 선한 일을 하고 있습니까?

하나님께서는 어떻게 우리를 살리셨습니까? '하나님의 은혜로 예수 그리스도를 믿음으로 말미암아"라는 구절은 하나님께서 우리를 살리신 수단과 방법을 보여줍니다. 이것은 두 가지로 생각할 수 있습니다. 하나는 구원을 이루시는 분과 구원의 수단으로 보는 것입니다. "인하여"라는 말에 따라 구원의 핵심요소는 하나님의 은혜요 "말미암아"라는 말에 근거하면 구원의 수단은 믿음이란 뜻을 찾을 수 있습니다. 다른 하나는 구원을 위한 하나님의 사역과 인간의 사역인데 구원을 위한 하나님의 사역은 은혜요 인간의 사역은 믿음이란 뜻입니다.

3단락은 1, 5, 6, 10절에 나타난 구원의 결과입니다. 구원받은 사람은 그리스도 안에 있습니다. 구원의 삶이란 그리스도 안에서 사는 삶입니다. 성도는 마지막 날에는 그리스도와 함께 일으킴을 받고 하늘에서 그리스도와 함께 앉는 신분을 얻습니다(6). 이것은 성도의 소망입니다. 세계 제2차 대전 때 유대인 칠백만 명이 수용소의 가스실에서 죽었습니다. 전쟁이 끝난 후 수용소의 시설을 조사하는 중에 유대인들이 갇혀있던 방에서 나비 그림들을 발견하게 되었고 얼마의 시간이 지난 후에 그 뜻을 알게 되었습니다. 애벌레가 껍질을 벗고 나비가 되듯이 사람은 육신의 몸을 벗게 되면 영원한 새로운 삶을 살게 되는 것을 유대인들은 믿었기 때문에 가스실로 끌려갈 때도 담담히 걸어갈 수 있었습니다. 성도는 모두 구원받은 사람들입니다. 구원받으면 죽을지라도 주님이 재림하실 때에 다시 일으킴을 받을 것입니다. 그리고 하늘로 들려 올라가 그리스도와 함께 영원히 살 것입니다. 하나님께서는 우리가 선한 일을 하도록 미리 계획하셨습니다(10). 곧 성도들은 구원받은 것에 감사하여 이 땅에 사는 동안 선한 일을 하는데 힘을 써야 합니다.

〈결론〉 구원받기 전의 우리는 죄 가운데 행하며 다른 이들과 같이 하나님의 진노를 받은 영적으로 죽은 사람이었습니다. 그러나 하나님께서는 그의 풍성한 긍휼과 사랑으로 우리를 그리스도와 함께 살리시고, 하늘에 함께 있게 하셨습니다. 이제 우리는 그리스도를 믿음으로써 선한 일을 하도록 구원받았습니다.

|10장|

이야기 교수

하나님께서는 세상을 창조하시고 매우 기뻐하셨어요. 그러나 하나님은 혼자만 기뻐하신 것이 아니라 하나님이 만드신 남자와 여자인 아담과 하와에게도 기쁨을 주셨답니다.

어린분은 주일마다 교회에 와요. 교회에 오면서 어 [illegible] 얼굴로 오나요? 아니에요? 그래요. 우리는 교회에 올 때 기쁘고 밝은 마음으로 환하게 웃으면서 와요. 하나님께서는 우리가 [illegible] 때 기뻐하시고, 찬양을 할 때 기뻐하시고,

성경 말씀을 배우고 돌을 때 [illegible], 전도서나, 목사님을 만나 예수님의 사랑을 나눌 때 하나님께서는 기뻐하신답니다.

서론

역사서는 설화(說話)로 분류되는데 그 이유는 역사서가 이스라엘의 역사를 이야기 형식으로 진술하기 때문[1]이다. 구약의 설화는 여러 문학적인 형태 곧 이야기, 보고(報告), 족보, 명단 등을 포함한다. 이야기는 줄거리구조를 가지고 있는데 일반적으로 인물이야기로 전개된다. 보고는 줄거리구조나 인물전개가 없고 주로 사건이나 왕의 통치를 요약한다. 족보는 지파와 부족(部族)의 가계(家系)로 구성되어 있고, 명단은 패배한 왕들(수 12:7-24), 경계와 도시들(수 13-21), 전쟁(삼하 23:8-39), 포로에서의 귀환(스 2) 등을 기록하고 있다. 이러한 설화에서 해설자의 임무는 이야기를 설명하

---

1) Robert B. Chisholm Jr., *Interpreting The Historical Books: An Exegetical Handbook* (Grand Rapids, Mich.: Kregel Publications, 2006), 25. 'wayyiqtol'.

고 다양한 이야기가 어떻게 전체에 조화되는가를 보여준다.

이러한 역사서는 여섯 가지의 신학적 내용[2]들을 보여주는데 그것들은 하나님의 주권, 이스라엘 백성과 국가의 죄와 백성, 하나님의 종, 하나님의 노함, 심판, 구원, 하나님의 장래와 인간의 소망, 권위가 있는 말씀 등이다.

역사서를 효과적으로 가르치기 위해서는 두 가지의 원리[3]를 지켜야 한다. 하나는 연상(聯想)이고 다른 하나는 반복(反復)이다. 역사서의 인물과 사건, 그리고 지역에 관한 내용을 시각적으로 연상케 하기 위하여 드벨트(Don DeWelt)는 75개의 지도를 사용하였고 각 내용을 두 번 이상 반복하여 교수효과를 높이는 시도를 하였다.

---

2) Robert L. Gate, *An Introduction to The Historical Books of the Old Testament* (Nashville, Tenn.: Broadman & Holman Publishers, 1994), 160-165.

3) Don DeWelt, *Sacred History and Geography-Workbook and Teaching Manual on the Seventeen Historical Books of the Old Testament* (Grand Rapids, Mich.: Baker Book House, 1956), preface.

01_ 이야기 교수의 특징

이야기란 '무엇이 일어났는지' 에 대하여 설명하는 것이다. 성경은 설화나 이야기에 대한 인간적 욕구를 이야기의 형식을 빌어서 채워준다. 예를 들면, 우리가 어렸을 때 어른들에게 이야기를 해달라고 졸랐던 기억이 있을 것이다. 그러나 요즘 아이들은 이야기를 텔레비전이나 디비디(DVD)로 즐긴다. 이야기는 성경에 가장 많이 나타나있는 문학형식중의 하나이기도 하다. 이러한 이야기의 특징으로는;

세 가지의 기본적인 요소[4] 즉, 배경(어디서, 언제 이야기가 전개되는지), 인물(이야기에 어떻게 인물들이 등장하는지), 줄거리(이야기가 어떻게 전

4) Robert B. Chisholm Jr., *op. cit.*, 26.

개되고 우리의 마음을 이끌어 가는지)를 포함하고 있다. 줄거리는 설화의 핵심, 오프라인 구조, 인용이라는 세 가지의 중심요소로 구성되어있다. 핵심은 이야기의 중심이 되는데 이는 이야기의 골격이 되는 일련의 행동이기도 하다. 이야기를 시작하는 방법에는 여러 형태가 있으나 대체로 wayyiqtol(과거시제)의 동사형태로 시작한다. 이러한 wayyiqtol의 기능[5]에는 다음과 같은 것들이 있다.

- 시작: 이야기가 동작을 하도록 한다.
- 후속: 앞의 행동을 이은 행동을 보여준다.
- 결과: 앞의 행동을 논리적으로 일시적으로 따르는 행동을 보여준다.
- 서론: 이야기의 배경을 제시함으로 에피소드나 장면을 소개한다.
- 재현(再現): 때때로 해설자는 사건의 진행을 차단하고 이전의 행동을 소개한다.
- 초점: 종종 초점을 모으고 구체화하는 기능을 갖는다.
- 재론(再論): 재론기능을 발휘한다.
- 보충: 앞선 문장을 보완하는 기능을 한다.
- 요약: 때때로 문장을 요약한다.

그리고 오프라인 구조는 행동을 나타내는 것이 아니라 서술함으로써 배경을 제공하고 줄거리의 마지막이자 세 번째 요소인 인용은 여러 전개형태와 기능을 갖고 있다.

이야기는 인간의 역사와 함께 시작된 가장 오래된 문학장르이다. 지금도 이야기는 어린이들의 성경교수에 많이 사용될 뿐 아니라 그 교수효과도 매우 크다. 성경교수의 방법은 이야기 형식을 거쳐, 융판을 통한 교수, 슬라이드 그리고 영상매체를 통하여 시행되는 발달과정을 거쳐 왔다. 현대에도 이야기를 통한 성경교수는 매우 중요한 부분을 차지하고 있다. 이야기는

5) *Ibid.*, 37-38.

사용방법에 따라서 매우 큰 효과를 낸다. 심리학 연구에서는 시각자료의 사용이 교육에 큰 효과를 미친다는 긍정적인 측면도 있지만 동시에 시각자료는 어린이나 청소년들의 상상력을 제한하고 고착화시키는 부정적인 측면도 있음을 말한다. 이야기는 사람들에게 무한한 상상력을 키워주는 것으로 이야기를 통한 성경교육은 큰 효과를 볼 수 있다.

1. 이야기의 본질과 필요성

이야기란 무엇이며 어떤 것을 들을 때, 그것을 이야기로 인식하게 하는 요소는 무엇인가?[6] 이야기에 포함되어있는 어떤 특징이 독자들로 하여금 그것을 이야기로 간주하게 하는가? 이야기가 이야기되게 하는 특징의 첫째는 이야기는 시간의 흐름과 관계가 있다는 점이다. 곧 이야기는 정지되어 있는 것이 아니라 시간을 흐름을 따라서 움직인다는 점이다.

둘째로 시간의 흐름만이 아니라 사건들이 의미를 가지고 서로서로 연결되는 특징을 가지고 있다. 이야기는 일의 발생 사실만을 단순히 나열해주는 것이 아니라, 그 일들이 발생하는 이유를 포함하고 있다. 이러한 이유로 인하여 이야기의 주인공은 어떤 행동을 개시한다. 그리고 그 결과로 어떤 일이 발생하는데 결론으로 이끌어주는 이러한 연결된 사건들이 곧 이야기를 구성하는 것이다. 독자들은 이야기가 끝났는지 혹은 아직 끝나지 않았는지를 본능적으로 느낀다. 그래서 이야기가 아직 끝나지 않았을 때는 계속 무엇인가를 기대하게 된다.

셋째로 이야기는 '시작', '전개', '끝'을 구성하는 사건들의 시리즈다. 이야기의 '시작'에서는 어떤 행동이 나타날 수밖에 없는 상황을 설정해준

6) Thomas G. Long, *op. cit.*, 박영미 옮김, 133.

다. '전개' 에서는 요구되는 행동에 대한 일을 서술하면서 상황을 발전시켜 간다. '끝' 부분에서는 전개에서 취한 행동으로 발생한 결과를 보여준다. 끝부분은 독자들로 하여금 "이것이 바로 끝이다"고 느끼도록 만들어준다. 이것은 시작에서 제기된 상황이 어떻게 해결되었는가를 보여줌으로써 이야기가 끝났음을 독자들로 알도록 해준다.

성경이야기의 본질은 먼저 현대인을 위한 교훈을 지닌 문학적 형태라는 점이다. 옛날이야기만 아니다. 현대도 이야기 형태로 표현할 수 있다. 둘째, 이야기는 그 자체가 교수이다. 이야기의 마지막에 저자가 "이 이야기의 목적은 … 이다"고 말하지 않는다. 다시 말하면, 이야기는 요점을 나타내기 위하여 사용하는 것이 아니다. 셋째, 이야기를 듣는 사람으로 하여금 복음의 이야기에 참여하고 빠져들게 하는 것이다. 넷째, 이야기의 기능은 간접적인 의사전달의 형태를 취하고 있다. 다섯째, 이야기 내용은 다양한 의미로 해석될 수 있다. 마지막으로 이야기에 의하여 믿음이 살아난다.

이러한 특징과 본질을 지닌 이야기는 배경, 중심인물, 그리고 사건(줄거리)이라는 세 가지 기본적인 요소[7]로 구성되어있다. 또한 성경이야기에는 신학적인 사상이 내포되어있다. 그러나 그 형태는 이야기이다. 그러므로 성경이야기도 일반이야기를 대하듯 다루어야 한다. 아래에서는 이야기의 세 요소들을 한 가지씩 설명하고자 한다.

배경

배경에는 물리적 배경, 시간적 배경, 그리고 고유한 풍습, 관습, 신념을 담은 문화적 배경이라는 세 가지 요소가 있다.

이야기에서 배경이 중요한 이유는 두 가지다. 첫째, 배경은 등장인물들

---

7) Wilhoit & Ryken, *op. cit.* 최예자 역, 224-230.

이 행동을 일으키도록 상황을 설정하기 때문이다. 예를 들면, 마가복음 4:35-41에서의 폭풍의 배경과 창세기 18-19장의 롯이 살던 소돔이라는 타락한 도시라는 배경은 위험이 다가옴을 묘사한다. 그리고 어떤 급박한 행동을 일으킬 것을 촉구한다.

둘째 이유는, 배경은 사건의 역할 이상의 의미 곧 상징적인 의미를 지니기 때문이다. 그러므로 배경에 대한 연구는 매우 중요하다. 배경을 연구할 때에 집중적으로 질문을 해야 할 것들은 다음과 같다.

- 배경에 대하여 아는 것이 무엇인가?
- 그 배경이 이야기에 어떤 도움이 되는가?
- 배경들이 행동에 어떤 영향을 주는가?
- 배경이 전체 주제에 어떤 의미를 주는가?
- 배경이 사건 및 인물들과 어떤 관계를 갖는가?

이러한 질문들은 배경을 연구하는 방향을 제시할 뿐 아니라 내용파악에 도움을 주는 것들이다. 배경을 연구할 때 그림, 슬라이드, 그리고 지도를 사용하면 지리적 위치를 파악함으로 독자들에게 생동감을 준다. 그러나 이러한 시각적인 자료들이 없으면 성경사전, 주석 등을 이용하여 언어로 설명한다.

등장인물

이야기에서 독자들의 시선을 가장 많이 끄는 것은 등장인물이다. 왜냐하면 배경이나 줄거리가 모두 인물중심이기 때문이다. 그러므로 등장인물에 대한 이해가 무엇보다 필요하다. 등장인물의 기능과 역할은 다음과 같다.

성경에서 등장인물이 소개되는 방식은 다양한데 먼저, 화자가 인물들에 관하여 이야기하는 방식이다. 예를 들면, 마가복음 4:41에서는 '심히 두려워하여' 라는 구절은 등장인물들의 심리적 상태를 소개해준다. 둘째로는,

한 인물에 대한 다른 사람들이 소개하는 방식이다. 예를 들면, 마가복음 4:40-41에서 '저가 뉘기에' 라는 반응을 통하여 소개한다. 셋째로는, 38절('제자들이 깨우며 가로되 선생님이여 우리의 죽게 된 것을 돌아보지 아니하시나이까 하니')에서처럼 인물들의 말과 생각으로 소개하는 방식이다. 넷째로는, 인물들이 스스로에 대하여 스스로 소개하는 방식이고 마지막으로는, 인물들의 행동으로 소개하는 방식이 있다.

성경에서는 이야기하는 사람이 과거에 어떤 일이 일어났는지를 말해주는 경우도 있으나 대부분의 경우 직접 설명을 하지 않는다. 성경에서 말하는 사람들은 대체로 인물들의 행동을 통해 이야기를 전개한다.

그러므로 성경이야기의 인물을 실제 사람들로 생각해야 한다. 즉, "이야기에 나오는 사람에 대하여 내가 아는 것이 무엇인가"라는 물음에 해답을 찾아야 한다. 주어진 사례에서 끌어낼 수 있는 것은 최대한으로 다 끌어내고 필요한 경우에는 추론도 한다. 성경인물은 어디에서나 만날 수 있는 평범한 인물이므로 오늘날의 인물에 적용하면 도움이 된다.

사건(줄거리)

사건은 이야기의 가장 중심이 되는 부분이고 이야기를 이끌어가는 내용을 담는다. 좀 더 구체적으로 말하자면:

첫째, 이야기는 사건의 순서에 따라 전개되는데 이는 신문과는 대조가 되는 구조이다. 곧 신문은 최근의 소식에 대한 요약이 먼저 오고, 설명은 나중에 온다.

둘째, 사건에 있어서는 갈등구조가 매우 중요하다. 갈등의 종류에는 물리적 갈등, 인물들 간의 갈등, 혹은 도덕적/정신적 갈등 등이 있다. 예를 들면, 제자들과 그들을 위협하는 폭풍 사이의 갈등은 물리적 갈등이고, 예수님과 제자들 사이에서 볼 수 있는 갈등은 인물들 간의 갈등이고, 제자들이 주위상황에서 느끼는 두려움과 그들의 믿음 사이에서 생기는 갈등은 도덕적 혹은 정신적 갈등이다.

사건에 나타나는 갈등에서 중심이 되는 인물을 주인공이라 하고, 주인공을 반대하는 세력을 대적(對敵)이라고 한다. 독자는 주인공의 관점에서 행동을 경험하게 된다. 예를 들면, 마가복음 4장 내용에서의 제자는 성도들을 상징한다. 따라서 이야기를 가르칠 때는 1) "이야기에서 일어난 것이 무엇인가"하는 것에서 대답을 찾아내려 해야지 그 대답을 알고 있으리라고 가정해서는 안 된다. 2) 이야기는 점진적인 발전단계에 따라 나누어야 한다. 3) 구성의 갈등요인들을 확인해야 한다. 이를 위하여 독자들에게 분석적 사고가 필요하다. 그리고 결론에 가서는 이러한 갈등이 해결되는 방법에 관심을 두어야 한다. 4) 이야기는 일반적으로 인물들에 대한 시험과 인물들의 선택으로 구성되어 있으므로 그러한 구조를 확인하는 것이 필요하다. 5) 이야기에 대두되는 행위에 대한 의미를 찾아내야 한다.

이야기 전개 방식중의 하나는 어떤 특수한 상황 속에 처한 인물에 대한 묘사이다. 이러한 특수 상황에는 완력, 모략, 비상한 수완, 정신적/심리적인 시험, 도덕적/영적인 시험 등이 있다. 자신이 처한 상황에서의 인물들이 선택하는 내용이 줄거리를 구성한다.

2. 이야기의 기능[8)]

이야기는 하나님의 백성들로 하여금 하나님께 영광을 돌리고, 하나님을 깨닫고 인식하도록 도와주며, 또한 그의 섭리와 보호하심을 보게 해주며, 동시에 우리의 삶에 중요한 교훈들을 실례를 들어 제시해 준다.[9)]

8) T. Long, *op. cit.* 박영미 역, 141.
9) Gordon Fee, *op. cit.*, 오광만 역, 110.

즉, 이야기는 독자들로 하여금 등장인물을 자신과 동일시하도록 한다. 곧 성경이야기가 나의 이야기로 되게 한다. 성경이야기는 성경인물의 이야기로 끝나는 것이 아니라, 다른 사람과 나에 관한 이야기라는 특징을 갖는다. 이렇게 이야기의 인물과 자신을 동일시함으로 성경인물에게 생긴 일을 나에게 일과 같이 느끼게 해준다. 이러한 동일시는 독자들의 자발적인 의지로 일어난다. 이야기의 끝에 "자 너도 이제 가서 이같이 하라"고 말하거나 그렇게 암시함으로써 독자들로 하여금 말씀대로 살게 한다. 이야기의 기능은 독자들의 마음속에 이야기의 인물과 같이 되고 싶다는 소원을 넣어주는 것이다.

삶에 관한 성경의 주장에 대하여 응답하도록 한다. 이야기 중심인물의 삶을 보여주고 그에 대하여 독자들이 반응하게 한다. 이야기는 복수(複數)의 세계를 제시하고 독자들이 그 중에서 하나를 선택하도록 함으로써 효과를 일으킨다. 이야기의 이러한 기능은 독자를 등장인물 가운데서 한 사람으로 만들거나 삶의 본질에 관한 주장에 응답하도록 한다.

이야기는 독자로 하여금 이야기에 자연스럽게 동참하게 한다. 이야기의 자연적인 기능은 독자들로 하여금 그 음성을 듣게 하고, 행동에 참여케 하고, 구성에 가담하게 한다. 그러므로 이야기 교수를 위해서는 그 의미를 이해하기 전에 먼저 내용을 마음속으로 재현해야 한다.[10]

이렇게 함으로써 이야기는 독자로 하여금 이야기 속의 인물들이 겪는 일을 함께 경험하도록 한다. 따라서 이야기를 읽는 독자는 중심인물의 행동을 목격할 뿐 아니라 그 사건의 진행에 적극적으로 참여하게 된다. 그럼으로써 독자는 전개되는 장면을 눈으로 생생하게 그리고, 상상하고, 사건의 정신 속으로 들어가, 인물들과 하나가 될 수 있다. 즉, 이야기는 상상을 통

10) Norman Perrin, *The New Testament: An Introduction*(NY: Harcourt Brace Jovanovich, 1974), 165.

하여 독자로 하여금 그 배경과 사건을 재현하게 해줌으로써 성경이야기가 의도한 교훈을 얻게 한다.

성경교육에서 이야기 교수방법이 중요한 이유 곧, 이야기를 많이 가르쳐야 하는 이유로 다음과 같은 것들을 제시할 수 있다.

첫째, 이야기는 성경에서 많이 등장하는 형식이기 때문이다. 지면의 양(量)이라는 측면에서 볼 때, 이야기는 다른 문학형식보다 훨씬 많은 부분을 차지한다. 성경에는 전쟁 이야기들, 배신 이야기들, 유혹과 왕실 안에서 일어난 반역 이야기들, 농부들이나 어리석은 사람들에 관한 이야기들, 병 고치는 이야기들, 폭력적인 이야기들, 웃기거나 슬픈 이야기들, 죽음과 부활에 관한 이야기들[11]이 많이 나온다. 구약성경의 40%가 이야기이다. 구약의 창세기, 여호수아, 사사기, 룻기, 사무엘상하, 열왕기상하, 역대상하, 에스라, 느헤미야, 다니엘, 요나, 학개의 거의 전부가 이야기이고, 출애굽기, 민수기, 예레미야, 에스겔, 이사야, 욥기에도 이야기가 포함되어 있다.[12]

신약성경의 사복음서와 사도행전에도 이야기가 많이 포함되어 있다. 복음서에는 짧은 이야기와 일화(逸話)가 많이 있고 그것들은 서로서로 연결되어 있다. 사도행전에는 단편적인 이야기가 많이 있을 뿐 아니라 이야기 형식의 많은 설교들이 있다. 베드로나 스데반 그리고 바울이 재판을 받을 때에 자신을 변호한 형식도 이야기이다. 히브리서 11장도 믿음의 영웅들에 대한 교훈도 이야기이다. 서신서나 계시록에서도 세상의 재난과 구원에 대한 이야기가 나온다.[13] 이렇게 성경에는 이야기가 많아 성경은 이야기만을 수집한 것이라고 말하는 사람도 있다. 그러나 성경에는 이야기가 아닌 내용들이 더 많을 뿐 아니라 성경은 하나님의 계시의 기록이지 인간의 이야기가 아니다.

그러면 성경에는 왜 이야기가 많을까? 그 이유는 이야기가 하나님의 계

11) T. Long, *op. cit.*, 박영미 역, 123.

12) Gordon Fee & D. Stuart, *op. cit.*, 오광만 역, 109.

13) Amos Wilder, *Early Christian Rhetoric* (Cambridge: Harvard University Press, 1971), 67.

시의 목적을 드러내기에 잘 어울리는 문학형식이기 때문이다. 그러므로 성경교사는 이야기를 자주 가르쳐야 한다. 그럼에도 불구하고 성경교사나 설교자는 성경에서 가장 추상적이고 신학적인 형식인 서신서에 의존하고 있는 것이 현실이다.

이야기가 그리스도인에게 중요한 이유는 그리스도인은 어디에 있든지 이야기를 통하여 그의 믿음을 고백할 수 있기 때문이다. 신약 이야기의 특징은 항상 그리스도인인 나와 우리에 관한 것이다. 성경이야기는 우리로 하여금 이야기의 주인공이 되게 하며, 하나님과 관계를 갖게 해준다.[14]

둘째, 이야기에는 다른 문학형식보다 장점을 많이 가지고 있기 때문이다. 그 장점의 첫째는, 우리로 하여금 다양한 인물들을 만나도록 이끌어준다. 이야기 속에는 인간경험이 풍부하다. 그러므로 이야기를 통하여 사람들은 보다 쉽게 자신들과 자신의 경험들을 본다고 생각한다. 인물비평을 중심으로 하는 TIME 잡지의 창간자인 헨리 R. 루스 기자는 "사람에 관한 이야기에 중점을 두는 것은 'TIME' 이 처음이 아니라 성경이다"고 하였다.

둘째는, 이야기 형식은 우리가 살고 있는 시대와 장소와는 다른 세계 속으로 몰입하게 한다. 이야기는 사람들의 호기심을 야기하고 추진력을 만들어내기 때문이다. 즉, 독자들이 이야기를 계속하여 읽는 동안 "무슨 일이 일어났는가? 그 다음에는 어떤 일이 일어났는가? 앞으로는 어떻게 될까?" 등을 생각하게 한다.

3. 이야기의 해석

이야기는 "하나님께서 그의 창조 세계에서, 또 그의 백성들 가운데서 일

14) *Ibid.*, 56-57.

하고 계심을 보여준다."[15] 그러나 어떤 사람들은 이러한 이야기를 잘못 이해하기도 한다. 곧 그들은 이야기를 단순히 구약시대에 살았던 사람들에 관한 이야기로 생각하거나, 감추어진 의미가 가득 찬 풍유로 간주하거나, 항상 직접적으로 교훈을 주는 것으로 생각하는데 이는 이야기에 대한 올바른 이해가 아니다.

이렇게 이야기가 의도하지 않는 것에 사람들이 집착하는 이유를[16] 생각하자면 1) 개인적인 도움을 얻거나 자신의 상황에 유리하게 적용시킬 근거를 얻고자 하는 것이며, 2) 참된 의미를 찾기 위하여 시간을 들여 연구하고자 하는 생각이 없기 때문이며, 3) 성경의 모든 내용을 자신의 개인적 삶에 대한 교훈으로 곧바로 적용할 수 있다는 잘못된 기대 때문이다. 이렇게 잘못된 의도를 가지고 해석할 때는 풍유화, 탈(脫)문맥화, 선별성, 잘못된 연결, 재정의, 정경 이외의 권위에 의존하게 된다.

이야기 해석은 분명한 원리에 기초해야 하는데 그러한 원리들[17]로는 1) 본문을 역사적인 문맥에 두고, 2) 그 본문이 의미하는 것이 무엇인지를 결정하고, 3) 다른 해석자들의 것을 참조하라는 것이다. 1)을 위해서는 성경연대기에 대한 연구가 필요하다. 이스라엘의 역사는 다음의 4기간[18]으로 나눌 수 있다: 첫째, 정복, 사사, 그리고 통일왕국시대(BC 1400-931)로서 여호수아, 사사기, 룻기, 사무엘 상하, 열왕기상 1-11장, 그리고 역대기상 10장에서 역대하 9장까지이며 둘째, 분열왕국시대(BC 931-722)로서 열왕기상 12장에서 열왕기하 17장과 역대하 10-28장까지의 기간이다. 셋째, 유대왕국시대(BC 722-586)로서 열왕기상 18-25장과 역대하 29-36장까지의 기간의 사건들을 기록하고 있으며, 넷째, 포로기와 귀환기(BC

15) Gordon Fee & D. Stuart, *op. cit.*, 110.
16) *Ibid.*, 127-128.
17) Robert Chisholm, *op. cit.* 132.
18) *Ibid.*, 133-134.

586-433)로서 역대하 36:22-23은 고레스가 이스라엘 포로들이 예루살렘으로 귀환하는 것을 허락하는 조서를 기록하고 있다. 여기에는 에스라, 느헤미야, 그리고 에스더가 포함된다.

해석이란 본문이 역사적-문화적 문맥에서 독자들에게 의미하는 것은 무엇인가를 찾는 것이다. 이를 통하여 그 내용이 의도된 독자들에게 의미한 것이 무엇인지를 결정하려는 것이다.

본문의 의미를 결정하기 위해서는[19] 다음과 같은 과정이 필요하다: 첫째, 본문을 역사적, 문화적 그리고 폭넓은 문학적 문맥에서 본다. 둘째, 문맥을 문학적인 관점에서 평가하는 것인데 이를 위해서는 설화문학의 해석을 위한 기본원리로 제시한 다음의 일곱 가지를 참고할 수 있다.

- 이야기의 기본 요소들을 분석하고 그들이 어떻게 그 메시지에 도움이 되는지를 결정한다.
- 본문의 이야기구조, 드라마 구조 그리고 다른 구조적 특성들을 말하고 그들이 어떻게 이야기의 메시지와 영향에 도움이 되는지를 생각한다.
- 설화의 인용과 대화를 이야기의 형태와 스피치 기능의 관점에서 분석한다.
- 갭을 메꿀 때는 문맥을 잘 살피고 상식을 사용하고 과장을 피하면서도 조심스럽게 불분명한 것들을 해결한다.
- 해설자의 권위를 존중하고 사건과 인물에 대한 그의 평가를 찾는다. 이 때 제한적이고 이상적인 형식의 수사(修辭)의 사용에 조심한다.
- 개인이야기를 그들의 주된 구성과 연계하여 다양한 장르들이 어떻게 전체 메시지에 도움을 주는지를 생각한다.
- 본문들이 설화의 메시지에 어떤 영향을 미치는지를 살펴본다.

셋째, 이야기의 주제를 요약하고 어떻게 그 주제들이 전체 성경의 주제에 도움이 되는지를 판단한다. 넷째, 어떻게 그 이야기가 의도된 특정한 시기,

---

19) *Ibid.*, 184-185.

장소, 그리고 상황에 처한 독자들에게 영향을 끼쳤는지를 연구한다.

이야기는 외적 구조의 이해와 함께 내적 의미해석을 필요로 한다. 이러한 이야기를 해석할 때 기억해야 할 첫째는, 이야기 속에는 삶에 대한 평가가 들어있다는 점이다. 왜냐하면 이야기란 픽션이 아니라 경험이기 때문이다. 이야기에서는 인물에 관하여 말하지 않고 인물의 행위에 대하여 말한다. 그러므로 이야기를 읽을 때는 그것이 하나님과 사람 그리고 현실에 대하여 무엇을 말하는지를 생각해야 한다. 그리고 이야기의 의미는 언제나 이야기 속의 인물들과 연결이 된다는 점이다. 또한 등장인물들은 인물 이상의 의미 곧 인물들은 우리를 대표한다.

그리고 내용의 묘사에서 해석으로 나아갈 때 해야 할 두 단계가 있다. 첫 단계는 이야기의 내용이 무엇인가를 결정하는 것이고, 둘째 단계는 이야기에서 묘사하고 있는 내용을 우리가 어떻게 판단해야 하는가를 결정하는 것이다. 해석문제에 직면할 때 유의해야 할 점은 다음과 같다.

- 전문가가 아니라는 이유로 해석하지 않고 그냥 지나치지 말아야 한다. 해석을 하지 않으면 그 전 단계까지의 노력도 낭비에 지나지 않는다.
- 요약과 해석은 다르다. 요약은 해석의 기초가 되는 것이다.
- 이야기 중에 나오는 인물은 현실을 대변하는 것으로 가정해야 한다. 즉 이야기 속의 인물에게 일어나는 사건은 지금 우리에게도 일어난다.
- 그러므로 이야기에서 찾은 주제가 중심내용인지를 확인해야 한다.
- 올바른 해석을 위해서는 풍유적 또는 영적으로 해석을 하지 말아야 한다.

우리가 해석을 할 때 오류를 피하기 위하여 해야 할 점이 있다: 첫째, 성경의 이야기를 다룰 때 좋지 못한 점들을 피해야 한다. 그러기 위해서는 성경 이야기의 세계로 들어가지 않고 바로 영적인 원리나 적용 단계로 넘어가거나 이야기를 배경, 인물, 사건이라는 견지에서의 해석함이 없이 해석하거나 이야기를 풍부하게 전개하고서도 의미로 넘어가지 않거나 설화를 해석하지 않고 그냥 지나치지 말아야 한다.

둘째, 성경 세계와 우리 자신의 세계 사이에 다리를 올바로 놓아야 한다. 이렇게 하기 위해서는 이야기에 나오는 것들을 현재에 해당하는 것으로 대치하고 이야기에서 공감할 만한 경험들을 나누며 성경 이야기의 원리들을 자신의 삶에 적용시켜야 한다.

셋째, 성경 설화를 잘 가르치기 위해 필요한 두 가지 관점을 가져야 하는데 이야기 속의 등장인물의 경험을 재현시키는 것과 이 경험을 자신의 삶에 동일화하는 것이다.

피(Gorden D. Fee)는 이야기의 올바른 목적을 이해하기 위하여 필요한 이야기해석의 원리 열 가지를 다음과 같이 제시한다.

- 구약의 이야기는 직접적인 교리를 가르치지 않는다.
- 구약의 이야기는 다른 곳에서 명시적으로 교훈한 어떤 교리들을 실례로써 제시하는 것이 일반적이다.
- 이야기는 일어난 일을 그대로 기록한 것이다.
- 이야기 속에 나타나는 사람들의 행동이 반드시 모범이 되는 것은 아니다.
- 구약의 이야기에 등장하는 사람들이나 그들의 행동이 완전한 것은 아니다.
- 이야기의 끝에 그 된 일이 선하다던가 악하다는 언급이 반드시 나타나지는 않는다.
- 이야기는 모두 우리에게 필요한 내용을 모두 주지 않고 선별적이어서 불완전하다.
- 이야기는 신학적인 모든 문제들에 답변하기 위하여 기록된 것이 아니다.
- 이야기는 명시적으로 가르쳐주기도 하고 암시적으로 가르쳐주기도 한다.
- 성경의 모든 이야기의 주인공은 하나님이시다.

02_ 이야기 교수의 방법

이야기는 성경의 많은 부분을 차지함으로 이야기 교수는 매우 중요하면서도 가치가 있다. 그러나 성경교사들은 이야기 가르치기를 꺼려한다. 그 첫째 이유는, 성경이 말하는 세계는 우리가 살고 있는 현재의 세계와는 아주 동떨어져 있기 때문이다. 성경은 많은 전쟁이야기, 왕, 이상한 이름 등을 말한다. 둘째는 이러한 성경의 이야기를 가르치기 위해서는 문학형식으로서 이야기를 다루는 방법을 알고, 성경의 이야기 속의 사실들을 우리가 살고 있는 사회에 적용되는 의미로 옮길 수 있어야 하기 때문이다. 성경교사들도 성경이야기를 인물, 배경, 줄거리로 나누어 생각해야 하는데 이러한 관점에서 성경을 보는 안목이 갖추어지지 않았기 때문에 이야기를 가르치는 것을 꺼려한다. 셋째는 성경 이야기를 잘아는 사람들조차도 이야기에서 그 의미를 찾아내는 단계로 넘어갈 때는 어려움을 느끼기 때문이다. 즉, 어떤 사람들은 많은 이야기들을 알고 있으나 이러한 이야기에서 우리의 삶에 적용해야 할 과정에서는 어려움을 느낀다.

이러한 이야기는 그 독특한 요소들을 통하여 효과를 드러낸다. 아래에서는 그러한 이야기의 기능을 발휘하기 위한 수사적인 요소들과 이야기 교수 방법을 살펴보려고 한다.

1. 이야기의 수사적인 효과

이야기가 수사적인 효과를 내는 것은 이야기만의 독특한 요소들이 있기 때문이다. 이야기의 효과를 드러내는 요소들의 첫째는 단어의 선택이다. 이야기에서는 상징적인 의미를 나타내는 단어, 구를 많이 사용한다. 예를 들면, 요한은 가룟 유다가 최후의 만찬 식탁을 떠난 때를 '밤' 이라 하였다: "유다가 그 조각을 받고 곧 나가니 밤이러라"(요 13:30). 이는 '밤' 이라는 단어가 갖는 신학적인 상징을 의미한다. 이야기에 사용되는 단어들은 일반적인 것들이면서 또한 상징적인 의미를 띨 때가 많다.

둘째는 장소의 선정이다. 이야기에서 장소는 상징적인 의미를 나타내는 데 자주 사용된다. 마가복음 1장에서는 '광야' 라는 단어가 사용되었는데 이는 지형학적 정보와 함께 영적인 정보를 상징한다. 곧 '광야' 라는 단어를 통하여 그것이 갖는 영적인 의미를 전달하고 있다. '광야' 라는 단어의 선정을 통하여 당시의 영적으로 메마른 상황을 전달함으로써 앞으로 무엇인가 영적인 변화가 일어날 것을 의미하는 것이다.

셋째는 비슷한 이야기들의 나열이다. 성경이야기는 때때로 독자들로 하여금 다른 이야기를 생각나게 한다. 예를 들면, 성경에는 구약에서의 이야기와 신약 이야기 가운데는 비슷한 상황의 것들이 있다. 누가복음에서 예수님께서 과부의 아들을 일으키신 이야기를 할 때 독자들은 구약성경에 나오는 엘리야가 사르밧 과부의 집에 갔다가 그의 죽은 아들을 살리던 비슷한 상황(왕상 17:17-24)을 생각하게 된다. 그리고 창세기 29장에서 야곱이 원했던 라헬이 아닌 '다른' 딸 레아와 야곱을 결혼시킨 외삼촌 라반의 속임을 통하여 야곱 자신이 아버지 이삭을 속여서 에서가 아닌 '다른' 아들인 자신을 축복하도록 속인 일을 생각나게 한다.

넷째는 이야기의 배치를 통하여 효과를 나타낸다. 이야기는 그 목표를 성취하기 위하여 이야기를 배치할 때 효과의 극대화를 고려한다. 마가복음 8장에서 눈먼 사람은 두 번 안수를 받음으로 고침을 받았는데 첫 번째 안수를 받음으로 시야가 흐릿해지고, 두 번째 안수를 받음으로 밝히 보게 되었다. 이 이야기는 다른 이야기 곧 예수님은 누구신가와 그의 사역의 본질에 관하여 점차 밝히 알게 되어가는 이야기 속에 기록되어있다. 그렇게 함으로 이 두 이야기는 서로 연관되어 있음을 드러내는 것이다.

2. 이야기 교수방법

성경교수는 성경본문이 당대의 사람들에게 의미하는 것이 무엇인지를 가르칠 뿐 아니라 현대의 독자들에게 의미하는 것이 무엇인지를 가르치는 것이다. 성경교사는 성경본문이 원래의 독자들에게 의미한 것이 무엇이었는지를 파악함으로 그 본문이 지금의 신앙공동체에게 의미하는 것이 무엇인가를 제시하는 연결고리의 역할을 하는 사람이다.

그러므로 이야기를 가르치기 위하여 거쳐야 할 과정[20]은 주제 분석, 신학

20) Robert Chisholm, *Interpreting The Historical Books: An Exegetical Handbook* (Grand Rapids, Mich.: Kregel Publications, 2006), 188-189.

적 분석 그리고 현대적 적용 등이다. 먼저 본문의 주제를 해석학적으로 문학적으로 살펴보는 일이 필요하다. 이를 위해서는 우선 텍스트의 세계로 돌아가서 '이 본문이 고대 이스라엘의 상황에서 의미하는 것은 무엇이었나?' 라는 질문에 대답하는 것이다. 다음으로 신학적 분석의 과정이다. 곧 성경세계에서 나와서 '본문의 주제 분석에서 나오는 신학적 원리는 무엇인가?' '이러한 원리들은 전체 성경적 관점에서 주는 의미는 무엇인가?' 라는 질문에 대한 답을 하는 것이다. 마지막으로는 현대적 적용의 과정이다. 신학적 분석을 한 후에 현대의 세계로 돌아와서 본문이 강조하는 주제를 받아들이고, 이러한 신학적 관점에 근거하여 교육적 적용을 개발하는 것이다. 이러한 이야기들을 대할 때 하나님은 변하지 않으시는 분이라는 점과 이스라엘 사람들은 오늘날의 우리 성도들의 모델이 된다는 점을 고려해야 한다.

성경해석을 연구한 다음 그 다음 활동인 성경교수를 하기 위해서는 다음과 같은 단계들을 거쳐야 한다.[21] 설화에서 원리를 찾는 것은 이야기에서 도덕적 교훈을 찾아내고자 하는 것만이 아니라 신학적 원리를 찾아내고자 하는 것이다. 성경이야기에서 신학적 원리를 찾아내기 위해서는 다음과 같은 질문들을 한다.

- 해석과정에서 나타난 주제가 성경 전체 특히 신약성경에서 무엇을 의미하고 어떻게 발전되었는가?
- 그 이야기에서 하나님은 자신을 무엇으로 드러내시는가? 그 이야기에서 하나님과 사람들은 어떤 관계라 말하고 있는가? 그 이야기에서 하나님의 자기(自己)계시는 전체 성경에서 하나님의 자기(自己)계시와 어떤 차이가 있는가?
- 그 이야기에서는 사람들이 하나님께 어떻게 응답할 것을 말하는가? 그 이야기에서 우리들이 보는 인간의 응답을 성경전체에서 얻는 원리의 측면에서 어떻게 평가해야 하는가?
- 그 이야기는 성경의 기독론과 주제의 관점에서 어떻게 평가되어야 하

는가?

이야기를 실제로 가르칠 때는 다음 세 가지의 부분[21]으로 내용을 정리하면 효과적이다.

첫째, 본문은 무엇이며, 이 본문은 무엇을 말하는가?

둘째, 본문이 의미하는 것은 무엇인가? 원래 문맥에 본문을 놓아본다. 그리고 본문을 문학적 관점에서 평가한다. 이러한 평가를 위하여 1) 이야기의 기본적 요소들 즉, 배경, 인물, 줄거리 등을 분석하고 어떻게 그것들이 전하고자 하는 메시지에 도움을 주는지를 찾는다. 2) 본문의 설명구조, 드라마적 구조 및 기타 구조를 확인하고 어떻게 그것들이 이야기의 메시지에 영향을 주고 있는지를 설명해본다. 3) 이야기의 인용과 대화를 그들의 설명형태와 스피치의 기능의 관점에서 분석한다. 4) 간격을 메꿀 때 일반상식을 사용하여 그 문맥에 맞추어 분명치 않은 것들을 제거한다. 5) 해설자의 권위를 존중하고 사건과 인물에 대한 그의 평가를 찾아낸다. 6) 각개의 이야기들을 전체와 연계시키고 어떻게 다양한 장르들이 전체 메시지에 공헌을 하는지를 설명한다. 7) 문장 간의 관계를 눈여겨보고 어떻게 그들이 이야기의 메시지에 보탬이 되는지를 설명한다. 그 후에 이야기의 주제를 요약하고 전체 성경주제와 어떻게 연계되는지를 살펴본다. 마지막으로 그 이야기가 예상되는 독자들, 주어진 시대, 장소 그리고 환경에 영향을 끼치는지를 생각한다.

셋째, 문맥이 당대의 신앙의 공동체에 속한 독자들에게 무엇을 의미하는가를 찾아내기 위해서는 해석에 나타난 이야기의 주제가 성경 전체에 어떤 어감(語感)을 주며 또한 어떻게 점진적으로 발전되고 있는가? 이야기에서 하나님께서는 자신을 어떻게 계시하시는가? 그 이야기는 하나님께서 그의 백성들과의 관계에 대하여 무엇을 제시하시는가? 이야기에 나타난 하나님

---

21) *Ibid.*, 197-198.

의 자기 계시는 성경 전체에서의 자기 계시와 어떻게 비교되는가? 그 이야기는 백성들이 하나님께 어떻게 반응하고 관계를 갖게 하도록 통찰을 주는가? 우리는 성경전체의 원리의 관점에서 이야기에 나타난 인간의 반응을 어떻게 평가해야 하는가? 그 이야기는 그리스도 중심의 관점에서 그리고 성경주제의 관점에서 평가되어야 하는가를 생각한다.

03_ 이야기 교수의 실제

아래의 이야기 교수의 실제는 그 대상을 유년부 어린이로 하고 성경본문은 창세기 1장 특히 31절을 중심으로 하여 "기쁨을 창조하신 하나님"으로 정하였다. 교수목표로는 이 세상의 모든 것을 창조하신 하나님께서 기쁨도 창조하신 것을 알게 하며 어린이들로 하여금 하나님께 기쁨을 드리는 생활을 실천하도록 한다.

이러한 교수목표아래 다음과 같이 성경공부를 진행한다.[23]

(1 대지) 하나님은 모든 것을 만드셨어요.

---

23) 1994년 대한예수교장로회 총회 《새공과》 원고 인용.

하나님께서 만드신 세상은 참 아름답지요? 우리가 여행을 할 때 창을 통하여 바깥을 바라보면 '참 좋다' 고 말해요. 그러면, 우리가 살고 있는 아름다운 이 세상은 누가 만드셨을까요? (하나님이라고 대답하면)

하나님께서 만드셨다고 여러분이 말했는데 왜 그렇게 생각해요? 바로 성경말씀이 그렇게 말씀하기 때문이지요. 성경말씀 중에서도 특별히 창세기 1장은 하나님께서 이 세상을 만드신 것을 기록하고 있어요.? 하나님께서 천지를 창조하신 것을 살펴봅시다.

(창세기 1장 본문과 준비한 그림을 보면서 살펴본다.) 첫째 날에는 무엇을 만드셨지요? 예, 빛을 만드셨어요. 둘째 날에는 무엇을 만드셨나요? 예, 하늘을 만드셨어요. 셋째 날에는 무엇을 만드셨어요? 예, 바다와 땅 그리고 여러 종류의 식물들을 만드셨어요. 넷째 날에는 무엇을 만드셨나요? 예, 해, 달, 그리고 별들이지요. 다섯째 날에는 무엇을 만드셨을까요? 예, 물고기와 새들이지요. 여섯째 날에는 무엇을 만드셨어요? 예, 동물들과 사람을 만드셨어요.

이러한 모든 것을 만드신 하나님의 마음은 어떠했을까요? 성경에서 찾아서 말해볼 수 있어요? (창 1:4, 10, 12, 18) '하나님 보시기에 심히 좋았더라' 는 말씀이지요. 이 말씀은 바로 하나님께서 세상의 모든 것을 만드시고 기뻐하셨다는 말씀이어요. 그래요. 하나님께서는 이 세상을 만드시고 너무너무 기뻐하셨어요.

(2 대지) 하나님은 우리 마음에 기쁨을 주셨어요.

하나님께서는 세상을 창조하시고 매우 기뻐하셨어요. 그러나 하나님은 혼자만 기뻐하신 것이 아니라 하나님이 만드신 남자와 여자인 아담과 하와에게도 기쁨을 주셨답니다. 아담과 하와는 어디에서 살았을까요? 예. 에덴동산에서 살았어요. 그 곳은 이 세상에서 가장 아름다운 곳이었어요. 에덴동산에서 아담과 하와는 마음대로 뛰어 놀며, 먹고 싶은 것도 마음껏 먹고, 여러 동물들과 꽃과 나무와 함께 행복하게 지냈어요. 이렇게 자유롭고 평화롭게 사는 아담과 하와의 마음은 어떠했겠어요? 매우 기뻤겠지요? 하나님도 아담과 하와가 에덴동산에서 하나님이 창조한 모든 것들과 함께 기뻐하며 사는 것을 보시고 굉장히 기뻐하셨어요. 여러분들의 마음이 기쁘고 즐거울 때가 있어요. 하나님이 지으신 모든 것을 보고 사용하고 누릴 때마다 여러분의 마음에는 기쁨이 넘치게 되지요. 그 기쁨은 하나님께서 우리에게 주신 것입니다.

(3 대지) 하나님의 어린이들인 우리는 먼저 하나님을 기뻐해야 하지요.

우리의 기쁨은 누가 주셨다고 했어요? 예. 하나님께서 주셨어요. 여러분은 하나님을 사랑하나요? ('예' 라고 대답이 나오면 곧) 사랑하는 하나님을 생각하면 우리의 마음은 언제나 기뻐요. 하나님께서 기뻐하시는 일에는 여러 가지가 있어요. 하나님께서는 우리가 주일을 지키는 것을 기뻐하세요.

여러분은 주일마다 교회에 와요. 교회에 오면서 여러분은 화내고, 짜증내고, 싫어하면서 억지로 오나요? 아니에요? 그래요. 우리는 교회에 올 때 기쁘고 밝은 마음으로 환하게 웃으면서 와요. 하나님께서는 우리가 주일학교에 와서 예배드릴 때 기뻐하시고, 찬양드릴 때 기뻐하시고, 성경 말씀을 배우고 들을 때 기뻐하세요. 우리가 일주일 동안 헤어졌던 친구들과 선생님, 전도사님, 목사님을 만나 예수님의 사랑을 나눌 때 하나님께서는 기뻐하신 답니다.

하나님께서는 또 우리가 학교에서 열심히 공부하는 것을 기뻐하세요. 우리는 주일에는 교회에 오지만 다른 날에는 학교에 가서 공부를 하지요? 학교에 다니는 여러분이 학교에서 열심히 공부하는 것도 하나님께 기쁨을 드리는 일이어요. 학생이 열심히 공부해서 훌륭한 사람이 되는 것은 하나님께서 매우 기뻐하시는 일이에요. 예수님을 사랑하는 어린이가 학교에서 열심히 공부하고 또 배운 것을 열심히 예습, 복습하면서 최선을 다해 노력할 때에 하나님은 지혜도 주시고 기뻐하시지요. 하나님을 우리가 가정에서 부모님 말씀에 순종하는 것을 기뻐하세요. 하나님께서는 우리들이 집에 있을 때 부모님 말씀에 순종하기를 원하세요.

예수님도 어려서는 아버지 요셉이 하시는 목수일을 도우셨어요. 또 집안 일도 잘 도와드려서 동네의 많은 사람들과 하나님께 칭찬을 받으셨어요. 우리 부모님들은 열심히 일을 하시지요? 바로 우리를 위해서 일하시는 것이지요. 언제나 이렇게 우리를 위하여 수고하시는 부모님 말씀에 순종할 때 하나님께서는 제일 기뻐하신다는 것을 꼭 기억해야 해요. 이렇게 주일을 잘 지키고, 공부를 열심히 하고, 부모님 말씀에 순종할 때 하나님께 기쁨을 드리는 훌륭한 어린이가 될 수 있어요.

|11장|

복음서 교수

기도하면서 오래 참고, 인내하면서 전도하면 언젠가는 그 친구가 예수님을 마음속에 영접하게 되니까요.

그때 예수님께서는 가장 기뻐하시지요. 우리들은 열심히 전도해서 예수님께 기쁨을 드려야겠어요.

서론

복음서를 가르칠 때 부딪치는 문제의 첫째는, 예수님께서 친히 복음서를 쓰지 아니하셨다는 것, 즉 복음서는 예수님이 아니라 다른 사람들에 의하여 기록되었다는 것이고, 둘째는, 복음서가 1권이 아니라 4권이 있다는 점이다. 이러한 복음서를 효과적으로 가르치기 위해서 복음서 교수상의 특징과 방법에 대하여 살펴보고자 한다.

01_ 복음서 교수의 특징

복음서의 특징을 이해하기 위해서는 먼저 복음서가 4권인 이유를 이해하는 것이 필요하다. 그 이유 중 하나는 "예수님에 대한 책을 필요로 하는 각기 다른 기독교 공동체들이 존재하였"[1]기 때문이다. 즉, 마가복음이 제일 먼저 기록되고 그 후 여러 필요를 충족시키기 위하여 마태복음과 누가복음이 기록되었고 또 다른 이유로 요한복음이 기록되었다. 그러면서도 이 4권의 복음서는 동일한 가치와 동일한 권위를 지닌다.

1) Gordon Fee & D. Stuart, *op. cit.*, 오광만 옮김, 160.

요 10:3
내 양은 내 목소리를 듣나니

복음서는 예수님의 말씀, 설화, 비유, 하나님의 나라 등 여러 형태의 교훈들을 포함하고 있다. 그러므로 복음서를 가르칠 때는 각 내용의 특징에 따라 가르쳐야 한다. 그러나 복음서는 그 나름대로 독특하고 다양한 내용을 지닌 문학장르를 형성하고 있어서 해석할 때 어려움이 있다. 이러한 해석상의 어려움은 대부분 '난해 구절' 인 경우가 많다. 이러한 난해구절의 대부분은 '하나님의 나라' 와 관계된 것들이다. '하나님의 나라' 는 예수님의 사역의 핵심인 동시에 1세기 유대주의적 언어와 개념들로 제시된 것이다. 그러므로 성경교사는 이러한 구절들을 오늘의 상황에 맞추어 가르쳐야 하지만 그러한 일은 결코 쉽지 않다. 아래에서는 복음서를 효과적으로 가르치기 위한 전(前)단계로서 복음서 교수의 본질과 필요성을 먼저 살펴보려고 한다.

1. 복음서 교수의 본질과 필요성

복음서는 하나의 장르가 아니라 다양한 장르로 되어있다. 예를 들면, 마가복음 13장(마 24, 눅 21)에서는 묵시문학의 형태를 볼 수 있고, 누가복음 1-2장(마리아, 스가랴, 시므온)과 마태복음 11:25-30 그리고 요한복음 1장에서는 노래와 찬양들을 볼 수 있고, 예수님의 교훈들에서는 예언을 찾아볼 수도 있다. 이러한 장르의 다양성으로 말미암아 복음서에 대한 관심이 매우 크다. 왜냐하면 장르에 대한 이해에서부터 해석이 시작되기 때문이다.

복음서의 본질에 관해서는 세 가지의 이론[2]으로 설명할 수 있다. 첫째,

전기(傳記)로 보는 견해이다. 이러한 근거는 고대의 전기는 한 인물의 생애에 대한 이야기로서 독자들에게 영향을 끼치려는 목적의식을 가지고 그 개인의 인품이나 본질을 드러내기 위하여 역사적 사실들을 제시한다는 점이다. 그러나 일부 학자는 헬라 세계가 전기문학형태에 대하여 알고 있었으나 복음서는 이러한 형태를 따르지 않고 있다며 복음서가 전기류(傳記流)라는 것에 동의하지 않는다.

둘째, 드라마와 같은 역사(歷史)로 보는 견해이다. 이러한 견해의 근거로 복음서는 "역사를 무시하거나 의도적으로 방해하지 않으면서도 시대나 문화 그리고 특별한 흥미의 문제로 말미암아 원래의 사건으로부터 격리된 많은 사람들을 끌어드릴 수 있는 형태로 변형되었다"고 하였다. 이러한 주장은 어느 정도 일리가 있는 말이기는 하나 고대 복음장르의 핵심은 이 범주에 정확히 들지 않는다.

셋째, 독특한 장르로 보는 견해이다. 그래서 "복음서는 교회가 만든 새로운 장르이고 마가복음의 저자가 그 공헌자"[3]라고 말한다. 그리고 다른 학자는 "예수님의 생애에 관한 이야기를 그리스도인들 사이에서는 복음서라고 불렀다. … 그렇게 하면서 당대의 어떤 장르에서도 볼 수 없는 새로운 장르를 출현시킨 것이다. 그래서 그들은 새로운 것을 지칭한 새로운 단어를 만든 것이다"[4]고 하였는데 이는 복음서는 이전에 존재했던 어떠한 장르에 속하는 것이 아니라 독특한 장르임을 말하는 것이다.

복음서가 새로운 장르가 되느냐에 대한 논쟁은 그렇게 중요한 이슈는 아니다. 그러므로 여기서는 복음서의 특징에 대하여 살펴보면서 이 복음서를

---

2) Sidney Greidanus, *The Modern Preacher and the Ancient Text: Interpreting and Preaching Biblical Literature* (Grand Rapids, Mich.: William B. Eerdmans Publishing Company, 1988), 265-266.

3) Sidney Greidanus, *op. cit.*, 266, quoted from Wilder, *Early Christian Rhetoric*, 28.

4) Ralph Martin, *Mark: Evangelist and Theologian* (Grand Rapids, Mich.: Zondervan, 1972), 21.

어떻게 가르쳐야 할 것인지에 대한 근거를 찾아보려고 한다. 복음서의 특징을 다음의 네 가지[5]로 정리할 수 있다. 첫째, 케리그마(Kerygma)의 성격을 갖고 있다. 이러한 성격은 복음서의 특징을 신약에서의 용법과 연결시킬 때 찾을 수 있다. 복음은 선포되는 것이다. 복음서는 "예수께서 갈릴리로 오사 하나님의 복음을 선포하셨다(막 1:14; 고전 1:17; 갈 1:11)"고 말한다. 말틴(R. Martin)은 "신약은 복음을 말하고 반응을 나타내는 동사와 연결시키고 있지, 읽는 것을 나타내는 단어와 연결시키지 않는다. 당시의 전도자는 전달자로 혹은 좋은 소식의 선포자로 나타내었고 펜으로 기록한 글을 사용하는 서기관이 아니었다."[6] 원래의 복음이라는 말은 선포의 의미와 함께 케리그마라고 하는 기록된 복음서도 지칭하게 되었다. 이러한 복음서의 특성은 단순히 정보만이 아니라 믿음으로 간곡히 초대라는 점이다. 그래서 복음서는 "나사렛 예수님의 생애, 사역, 죽음 그리고 부활을 통하여 하나님의 구원하시는 역사에 대한 이야기를 전하는 것이다. 그리고 복음서라고 부르는 이유는 그 안에 로마서 1:16에서 선포한 복음의 본질이 있기 때문"[7]이라고 하였다.

둘째, 복음서의 특징은 좋은 소식이라는 점이다. 이는 복음이라는 단어와 연결된 의미이다. 곧 "복음서 저자들은 한 가지 목표를 가지고 있었다. 그들은 죄사(罪赦)함과 영생의 선물을 주시는 예수 그리스도를 통하여 하나님의 통치가 이 땅에 이루어진다는 좋은 소식을 전하는 것이었다"[8]복음서에서는 정죄까지도 회개, 용서와 같은 좋은 소식을 전하려는 의도로 선포되었다.

---

5) *Ibid.*, 266-268.

6) Ibid., 267 quoted from Martin, "Approaches to New Testament Exegesis" in *New Testament Interpretation: Essays on Principles and Methods*" (Ed.) I. Howard Marshall (Grand Rapids, Mich.: Eerdmans, 1977), 220-251.

7) Martin, *Mark*, 21.

8) *Ibid.*, 267, quoted from Lawson, *Matthew*, 9.

셋째, 복음서의 또 다른 특징은 예수님과 하나님의 왕국을 중심으로 한다는 점이다. 곧 복음서는 그 내용과 관계가 있다. 복음서는 예수님께 모든 초점을 맞춘다. 누가가 사도행전 1:1에서 말한 것처럼 복음서는 "예수 그리스도가 행하시고 …명하신 것"의 기록이다. 예수님의 메시지의 핵심은 하나님 왕국의 선포[9]라는 점에 대부분의 개혁파 학자들은 동의한다. 예수님은 스스로 하나님의 왕국을 선포하셨을 뿐 아니라(마 4:23) 제자들에게도 하나님의 왕국을 선포할 것을 명령하셨다(마 10:7). 기록된 복음은 다윗의 아들에 관한 족보로 시작하고, 왕국에 대한 다섯 개의 강론을 포함하고 있으며 왕이신 예수님이 "하늘과 땅의 모든 권세를 가진 분으로서" "모든 족속으로 제자를 삼"으라고 명령하심으로 마친다. 이처럼 복음서의 특징은 하나님의 왕국에 관한 좋은 소식을 선포하는 것이다.

넷째, 복음서의 마지막 특징은 케리그마적 역사서라는 점이다. 곧 복음서는 전기나 역사가 아님에도 역사서의 형태를 지니고 있기 때문이다. 이에 더하여 복음서의 특징으로 "전체 구약을 예수 그리스도 안에서의 성취"[10]를 강조한다.

2. 복음서의 기능

복음서를 교수하기 위해서는 먼저 복음서의 문학적 구조에 대한 고려가 필요하다. 그 이유는 문학적 구조는 신학적 목적을 위한 것이기 때문[11]이

---

9) *Ibid.*, 267, Marshall, *I believe in the Historical Jesus* (Grand Rapids, Mich.: Eerdmans, 1977), 222.

10) Graeme Goldsworthy, *Preaching the Whole Bible as Christian Scripture* (Grand Rapids, Mich.: William B. Eerdmans Publishing Co., 2000), 230.

11) *Ibid.*, 230.

다. 그리고 성경신학의 응용은 복음서의 전체 계획과 목적을 드러내는 기능을 한다.

복음서는 그리스도의 탄생, 생애, 교훈, 고난과 십자가 그리고 부활과 승천을 기록하고 있다. 곧 복음서는 하나님이신 동시에 육신의 옷을 입고 세상에 오셔서 죄인들을 구원하신 예수 그리스도에 대한 기록이다. 복음서는 이러한 예수 그리스도를 통하여 구원의 길을 제시해주는 것이다.

그러므로 복음서는 첫째로, 하나님께서 계획하신 구원의 길을 보여주는 기능을 한다. 구원은 하나님께 속한다. 복음서는 죄인된 인간이 구원을 얻기 위하여 하나님을 찾은 것이 아니고 하나님께서 먼저 인간을 찾으심을 보여준다. 그래서 이 성육신(成肉身)의 사건은 복음인 것이다. 사도 바울은 "… 깨닫는 자도 없고 하나님을 찾는 자도 없고 다 치우쳐 한가지로 무익하게 되고 선을 행하는 자는 없나니 하나도 없도다"(롬 3:11-12)고 하였다. 이러한 인간들에게 구원의 길을 보여주신다. 곧 요한은 "영접하는 자 곧 그 이름을 믿는 자들에게는 하나님의 자녀가 되는 권세를 주셨으니"(요 1:12)라고 하였다. 복음서는 죄인들에게 구원받을 수 있는 길을 보여준다.

둘째로, 죄인을 구원하시기 위한 하나님의 계획인 죄인들의 회개와 그리스도의 고난을 보여주는 기능을 한다. 죄의 결과는 매우 비참하다. 곧 죄의 삯은 사망이다. 그러므로 죄를 회개해야 한다. 복음서에는 죄를 지적할 뿐 아니라 그 결과로서의 심판을 보여준다. 일반 달란트 빚진 종의 심판(마 18:34-35); 악한 포도원 농부의 심판(마 21:43-36); 성령을 거스리는 죄(마 12:32) 등이다. 복음서의 핵심인 그리스도는 이러한 죄를 대신 지시기 위하여 이 땅에 오신 '하나님의 어린양' 이다(요 1:29, 36). 죄가 없으신 그리스도는 죄인을 대신한 어린양이 되어 고난을 받으심으로 사람들의 죄를 사(赦)하신다.

셋째로, 죄인들을 위한 구원의 길로서 믿음을 보여주는 기능을 한다. 이러한 믿음은 죄인들이 그리스도를 의지함을 말한다. 구약 성경에서 불뱀에

물린 이스라엘 백성들이 장대에 높이 달린 놋뱀을 바라볼 때 산 것같이 갈보리 산위의 십자가에 달리신 예수 그리스도를 믿고 의지할 때 구원을 얻게 된다. 이러한 구원의 길을 보여주는 것이 복음서이다.

3. 복음서의 해석

복음서는 문단을 본문으로 삼아 가르쳐야 한다. 복음서를 가르치기 위해서는 먼저 관찰과 해석이라는 단계를 거쳐야 한다. 특히 복음서를 해석할 때는 총체적으로 해야 한다. 여기서 총체적으로 해석한다는 의미는 문학적 해석, 역사적 해석 그리고 신학적 해석이라는 세 가지의 관점에서의 해석을 의미한다.[12] 이 세 가지 해석을 간략히 살펴보면 다음과 같다.

문학적 해석

문학적 해석은 단어에 중심을 두고 문장을 해석한다. 이를 위해서는 문법, 구문, 비사, 이중의미, 신적 수동태, 반복, 병행, 포괄, 교차대구(交叉對句) 등이다. 설화에 있어서는 배경, 장면, 인물, 대사와 행동, 해설자, 그의 관점과 해설 기술 등이다. 전체배경을 알면 교수할 성경본문이 그 안에서 어떤 기능을 하는지를 찾을 수 있다. 그리고 복음서는 4권이므로 병행구절들을 상호 비교하는 것도 중요하다. 이런 비교에서 얻을 수 있는 유익의 하나는, 각 복음서의 독특성을 볼 수 있는 것이며 다른 하나는, 병행구절은 모든 교회들이 처한 유사한 환경에 있는 다른 배경들을 이해하게 해준다.

---

12) 일반 달란트 빚진 종의 심판(마 18:34-35); 악한 포도원 농부의 심판(마 21:43-36); 성령을 거스리는 죄(마 12:32) 등이다.

역사적 해석

이 해석에서는 저자, 대상, 역사문화적 배경, 저술의 시기와 목적에 관심을 갖는다. 이 해석은 복음서가 원래의 청중에게 어떻게 이해되었는지를 이해하는 것이다. 이의 장점은 주관적이고 자의적인 해석을 방지할 수 있다는 점이다.

신학적 해석

이 해석법은 그리스도 중심의 해석을 하게 함으로써 성경교사로 하여금 복음의 핵심을 보는 눈을 개발시켜준다. 서신서의 해석을 위해서는 '문단별로 생각하는 법' 을 배워야 하지만 복음서는 그 독특성 때문에 수평적으로 생각하는 동시에 또한 수직적으로 사고해야 한다.[13] 수평적으로 사고한다는 것은 한 복음서를 연구할 때 다른 복음서의 병행 구절들을 의식해야 한다는 말이다. 이렇게 수평적으로 사고해야 할 이유[14]는 첫째, 병행구절들이 각 복음서의 특징을 인식하게 해줄 것이기 때문이다. 둘째 병행구들이 우리로 하여금 동일한 또는 유사한 자료들이 그 후 교회들에서 존속했던 각기 다른 종류의 문맥들을 인식하도록 해줄 것이기 때문이다.

그리고 수직적으로 사고한다는 것은 복음서를 연구할 때 예수님과 복음서 기자의 역사적 상황을 모두 인식하려고 노력해야 한다는 의미이다. 수직적 사고의 목적은 역사적 예수의 생애를 연구하려는 것이 아니라 복음서의 많은 자료들이 현재의 문맥에 배치된 것은 복음서 기자들의 공적이라는 사실을 인식시키려는 것[15]이다. 다음에서는 복음서의 교수방법에 대하여 살펴보려고 한다.

---

13) Sidney Greidanus, *op. cit.*, 297.
14) Gordon Fee & D. Stuart, *op. cit.*, 168-169.
15) *Ibid.*, 169-170.

02_ 복음서 교수의 방법

복음서에는 죄사함에 대한 직접적인 내용은 아주 적은 분량이지만 복음서 전체에 속죄에 대한 내용이 포함되어 있다. 그래서 복음서는 '속죄에 대한 책'이라고 할 수 있다. 복음서는 하나님께서 예수 그리스도를 세상에 보내셔서 십자가 위에서 죽게 하셔서 죄인들을 구원하신다는 신학적 목적에 따라 쓴 책들이다. 그리고 복음서는 십자가를 중심으로 저술되었고 상당히 많은 부분이 그리스도의 고난에 대한 것이다. 그러므로 복음서를 가르칠 때는 자연히 그리스도의 고난이 중심이 되어야 한다.

그런데 하나님께서는 우리에게 4권의 복음서를 주셨다. 그리고 각 복음서에는 독특한 특징이 있다. 그러므로 그리스도의 고난과 십자가를 중심으로 하더라도 각 복음서의 특징이 드러나도록 가르쳐야 한다. 왜나하면 복음서는 그 독특한 요소들을 통하여 효과를 드러내기 때문이다. 아래에서는 그러한 복음서의 기능을 발휘하기 위한 수사적인 요소들과 이야기 교수방법을 살펴보려고 한다.

1. 복음서의 수사적인 효과

4복음서를 세분(細分)한다면 공관복음이라고 하는 마태, 마가, 누가복음과 제4복음서 혹은 보충복음서라고 하는 요한복음으로 나눌 수 있다. 이 두 부분은 나름대로의 특징을 가지고 독특한 수사적 효과를 나타낸다.

많은 주석가들이 제안하는 것과 같이 4복음서는 각기 사자, 사람, 황소, 그리고 독수리로 비유되고 있다. 그리고 공관복음서들이 예수 그리스도의 사역과 교훈들을 중심으로 하고 끝부분에서 고난과 부활을 다루고 있지만 요한복음은 몇 사건들을 아주 깊이 있게 그리고 통일성을 가지고 다루고 있다. 그러므로 요한복음은 다른 복음서들보다 더 심오한 신학적인 주제들을 다루는데 도움이 된다. 반면에 공관복음서는 소주제들을 중심으로 하여 간략하게 정리해주고 있으므로 다양한 신학적 주제들을 다루기에는 적합하다. 예를 들면, 공관복음에는 30개 정도의 이적들이 기록되어 있지만 그 중에서 요한복음에 기록되어 있는 것은 세 개뿐이다(요 4:46-54; 6:1-12; 16-21). 그리고 공관복음에 없는 이적들이 다섯 개가 있다(요 2:1-11; 5:1-9; 9:1-7; 11:1-44; 21:1-14).

특히 공관복음은 예수님의 교훈과 사역 그리고 이적에 대하여 대체로 짧게 서술하고 있을 뿐 아니라 다양한 주제들, 곧 하나님 나라, 율법, 광야, 산, 길, 성전, 천한 자(세리, 과부, 어린이), 구제, 기도 등을 다루고 있다. 그러나 요한복음은 그리스도 곧 기독론에 중심을 둘 뿐 아니라 그리스도의 행적에 대하여 자세히 기록하고 있다. 예를 들면, 요한복음 13:1-11의 제자들의 발을 씻어주시는 예수님을 기록할 때도 예수님의 행동 하나하나를 매우 자세하게 기록하고 있다. 이러한 공관복음과 요한복음의 특징을 가르침의 중심으로 삼으면 원래 저자들이 의도한 내용을 효과적으로 나타낼 수 있을 뿐 아니라 그 의미를 잘 전달할 수 있을 것이다.

2. 복음서 교수방법

복음서를 효과적으로 가르치기 위해서는 다음과 같은 과정[16]을 거치는 것이 좋다. 첫째, 복음서를 재조명하기: 교수본문과 전체 설화간의 연계성을 체계적으로 찾아본다. 이를 위해서는 다음의 4단계를 밟을 수 있다.

- 바로 전후의 구절들을 면밀히 살펴서 그 관계를 이해한다.
- 교수본문에서의 중요한 단어를 살펴보고 성경 다른 곳에서 사용된 용례(用例)를 찾아본다.
- 교수본문에서 계속적으로 반복되는 어귀를 살펴서 그 어구(語句)가 주는 의미를 찾아본다.
- 본문에 나오는 이미지, 주제, 암시, 수사적 특성을 찾아본다.

둘째, 현대적 이미지를 생각하기: 성경본문을 현재의 삶, 글, 영화등과 같은 현대 상황에서의 생각, 이야기, 은유, 이미지, 예화 등을 찾아본다. 셋째, 성경본문의 줄거리를 만듦: 본문의 이야기와 이미지를 무의식에서도 작용하게 함으로서 교수상의 이미지를 만든다. 일상(日常)의 삶이 성경교수 내용의 배경이 될 수 있다. 그리고 성경교수의 줄거리를 잡고 엉켜있는 문제들을 풀어간다. 성경교수가 창조적이 되게 하려면 다음의 세 가지를 생각한다.

16) *Ibid.*, 175.

- 이 교수본문이 전체성경 이야기의 관점에서 볼 때 질문이나 답을 하고 있는가?
- 교수본문이 질문을 던진다면 그 답은 성경전체 이야기 어디에서 찾을 수 있나?
- 성경교수 본문이 답을 하고 있다면, 성경전체 이야기 어디에서 그에 대한 질문을 찾을 수 있는가?

넷째, 성경교수 본문내용을 만들어 감: 교수본문을 만드는 것은 과학적인 문제가 아니라 기술적인 문제이다. 여기에 어떤 정해진 방법은 없다. 다섯째, 성경본문을 가르치기: 성경을 가르치는데 다음의 세 가지를 고려해야 한다.

- 성경교수는 하나의 행사이다. 성경본문을 가르치는 행사이다.
- 성경교수는 특정한 사람들에게 전하는 것이다.
- 성경교수는 말로 전하는 것이다.

03_ 복음서 교수의 실제

아래의 복음서 교수의 실제[17]는 그 대상을 유년부 어린이로 하고 성경본문은 누가복음 15:1-7을 중심으로 하여 "기뻐하시는 예수님"으로 정하였다. 그리고 교수목표로는 어린이들로 하여금 전도하는 것이 하나님을 제일 기쁘게 해드리는 것임을 알게 하며 실제로 전도를 해보도록 한다.

이러한 교수목표아래 다음과 같이 성경공부를 진행한다.

(대지 1)-잃어버린 것을 찾을 때 기뻐하지요.

목동 아저씨는 양들을 보살피는 일을 해요. 아침부터 밤늦게까지 목동 아

17) David J. Ourisman, *From Gospel to Sermon: Preaching Synoptic Texts* (St. Louis, Missouri: Charlice Press, 2000), 10-15.

저씨는 100마리나 되는 양들을 보살핍니다.목동 아저씨는 양들을 데리고 들로 산으로 다니면서 맛있는 풀을 뜯어 먹게 합니다. 양들을 데리고 산과 들을 돌아다닐 때 무서운 이리나 늑대가 나타나면 가지고 있는 막대기로 물리칩니다. 참 씩씩한 아저씨지요. 목동 아저씨는 양들이 맛있게 풀을 뜯어 먹을 수 있도록 삘리리 삘리리 하며 아름다운 피리소리도 들려주지요. 양들을 넓은 들판에서 실컷 뛰어 놀게 하고 먹게 한 후 날이 저물면 목동 아저씨는 양들을 데리고 집으로 돌아와요. 목동 아저씨는 양들을 우리 속으로 들여보내면서 양의 수를 세어보지요. 하나, 둘, 셋 … 아흔 아홉! 어? 이게 웬일일까? 가만히 살펴보니 아기 양 '음메야' 가 없어졌어요. 착한 목동 아저씨는 아기 양 음메야를 찾으러 오던 산길로 다시 올라갔어요. 캄캄한 밤이라 산속 길은 매우 무서웠습니다.

"음메야, 음메야, 아기양 음메야?" 목동 아저씨는 안타까운 마음으로 아기 양을 부르면서 산속을 헤맸어요. 저쪽에서 아기양의 울음소리가 들려왔어요. 아기양은 나무 뒤에 숨어서 무서워 벌벌 떨고 있었어요. 목동 아저씨는 아기 양에게로 얼른 달려가서 아기 양을 감싸 안았어요,

"무서웠지? 아기 양아, 이제는 아무 걱정하지 말아라. 내가 왔으니까!" 목동 아저씨는 귀여운 아기 양을 어깨에 메고 집으로 돌아왔어요. 잃었던 아기 양을 찾은 목동 아저씨의 마음은 말할 수 없이 즐겁고 기뻤어요. 너무나 기뻐서 동네 사람들을 다 불러서 잔치를 베풀었어요.

예수님이 양을 인도하는 그림

예수님은 선한 목자이에요. 죄를 짓고 주님을 떠난 사람을 찾으시는 선한 목동 아저씨지요. 그리고 찾으면 잔치를 베풀고 기뻐하는 분이시지요.

(대지 2)- 예수님을 안 믿는 사람이 주님을 믿을 때 기뻐하셔요.

예수님은 우리와 같이 믿음을 가지고 열심히 교회에 나오는 사람들을 사랑하셔요. 예쁘게 예배를 드리고, 아름답게 찬양을 하며, 간절히 기도하는 우리의 모습을 보시면서 매우 기뻐하시지요. 그리고 예수님께서 아주 기뻐하시는 일이 또 한 가지 있어요. 무엇일까요?

예수님께서는 70명의 제자를 뽑으시고 두 사람씩 짝을 지어서 믿지 않는 사람들에게 전도하도록 보내셨어요. 예수님께서는 70명의 제자들에게 전도하는 법을 가르쳐 주셨어요. "'평안하시길 바랍니다. 하나님의 나라가 가까왔으니 회개하십시요' 라고 말하고 나서 그 집에서 너희를 환영하면 들어가고 환영하지 않으면 너의 발의 먼지도 떨고 나오너라"고 가르쳐 주셨어요. 70명의 제자들은 예수님이 가르쳐 주신대로 했어요. 많은 사람들이 제자들의 말을 듣고 믿었어요. 제자들은 전도하며 귀신들린 자도 고쳐주었어요. 예수님의 제자들은 전도를 마친 후에 예수님께 돌아와서 말했어요. "예수님! 예수님이 가르쳐 주신대로 저희가 다녀왔습니다. 저희들이 귀신을 쫓아냈어요"하며 기뻐서 어쩔 줄 몰랐어요. 그러자, 예수님께서 대답하셨어요. "그런 것보다 더 기쁜 일은 믿지 않는 사람이 예수를 믿어 그 이름이 하늘나라에 기록되는 일이란다"라고 말씀하셨어요. 예수님께서 제일 기뻐하시는 일은 무엇일까요? 예수님은 믿지 않는 사람이 예수님을 믿고 하나님의 자녀가 되는 것을 제일 기뻐하셔요.

(대지 3)- 우리가 다른 어린이를 예수님께로 인도하면 예수님은 기뻐하시지요.

우리 주위에는 믿지 않는 친구들이 아주 많이 있지요? 믿지 않는 친구에게 우리들이 해야 할 일중의 하나는 예수님을 전하는 일이어요. 믿지 않는 친구들에게 처음 전도할 때는 예수님에 대한 이야기를 듣지도 않고, 들으려고 하지도 않고 무조건 반대할 때가 많아요. 그래도 우리들은 때를 얻든지 못 얻든지 예수님에 대한 이야기를 항상 전해야 해요. 기도하면서 오래 참고, 인내하면서 전도하면 언젠가는 그 친구가 예수님을 마음속에 영접하게 되니까요. 그때 예수님께서는 가장 기뻐하시지요. 우리들은 열심히 전도해서 예수님께 기쁨을 드려야겠어요.

| 12장 |

예언서 교수

하나님께서 말씀하셨습니다. "너는 박넝쿨도 아끼거든 내가 이 성 사람들을 아끼는 것은 너무나 당연하지 않느냐?". 하나님은 창조주입니다.

예언서는 아주 복잡해 이 성경의 교수하기가 [illegible] 책이다. 그러나 성경의 많은 부분이 예언서에 속하므로 예언서를 가르치지 않을 수가 없다. 예언서는 현대와는 다른 비유와 [illegible] 도전의 장르 [illegible] 성경에 말씀하고(11). 이것을 명령으로 당에 거하는 자들을 미혹하는(14) 것들에 대하여 [illegible]

서론

예언서는 아주 복잡하여 성경을 교수하고자 할 때 이 부분을 제외하고 가르치려는 경향이 있다. 그러나 성경의 많은 부분이 예언서에 속하므로 예언서를 가르치지 않을 수가 없다. 예언서는 현실과는 다른 비전을 우리에게 제시한다. 예를 들면, 스가랴 5장은 앞부분에서 날아가는 두루마리가 도적의 집과 망령되게 맹세하는 자의 집을 불사르는 것을 보여준다. 요한계시록 13장은 바다에서 나와서 용처럼 말하고(11), 이적을 행함으로 땅에 거하는 자들을 미혹하는(14) 짐승에 대하여 말한다.

이러한 구절들을 어떻게 다룰 것인가? 성경에서 보여주는 이상한 세계로 우리 자신이 먼저 들어가야 한다. 예언서는 환상의 형태를 띠고 있다. 대부분의 예언서는 그 당시로나 지금 현실로나 진실한 것이 될 수 없는 것을 우리 앞에 제시한다. 예언은 우측 뇌(腦)를 사용해서 읽어야 하는 글이다. 왜냐하면 이미지로 가득 차있기 때문이다. 이미지는 우리의 문자적인 감각보다는 신비적인 감각에 호소하는 것이다.

01_ 예언서 교수의 특징

예언서는 해석하는데 있어 어려움이 많아서 많은 성경교사들이 예언서를 가르치기를 주저하게 된다. 해석하기에 어렵다는 것은 자연히 가르치기에도 어려움이 있음을 말하는 것이다. 어려워도 가르쳐야 하는 것이 성경이요 예언서이다. 이러한 예언서의 필요성과 특징에 대하여 생각해보고자 한다.

1. 예언서의 필요성과 특징

'예언' 의 정의를 통하여 예언서에 대한 올바른 이해를 올바로 할 수 있다. 이를 사전에서는 "예언자들의 영감된 선포, 신적 의지와 목적에 대한 영감된 선포"[1]라고 정의하고 있다. 많은 사람들은 예언을 말할 때 "장차 일어날 일에 대해 예고 또는 예견하는 것"이라고 정의한다. 그래서 예언서라고 하면 선지자들의 시대와는 관계가 먼 곧 예수님의 오심에 대한 예고와 새로운 시대에 대한 예언만을 의미하는 것으로 생각하게 되었다. 그런데 예언서를 분석하여 보면 "구약 예언의 2퍼센트 미만이 메시아에 대한 예언이고 5퍼센트 미만이 새 언약의 시대를 말하고 1퍼센트 미만이 장차 될 사건들과 연결되어 있다. … 그들이 선포한 것은 우리들의 미래가 아니라 이스라엘과 유다 그리고 그들 주위에 있는 다른 나라들의 긴박한 미래가 대부분이었다.[2] 그러므로 예언서를 바로 이해하기 위해서는 예언이 선지자들에게는 미래의 예언이지만 우리에게는 성취된 과거임을 기억해야 한다.

예언은 예언자들을 통하여 하나님의 말씀을 우리가 듣는 것이다. 그러나 이러한 예언서를 독자들이 이해하기에 어려움을 느끼는 것은 나름대로의 이유가 있다. 곧 예언서들이 연대기별로 기록되어 있지 않아서 역사적인 배경을 잘 알 수 없는 경우가 많기 때문이고 또한 어디서 한 예언이 끝나고 다른 예언이 시작되는지를 잘 알 수 없는 경우가 있을 뿐 아니라 예언들이 시(詩)의 형식으로 되어 있다는 것도 예언서를 바로 이해하는데 어려움을 주는 요소이기 때문이다.[3]

예언서 이해를 어렵게 하는 다른 요소는 '역사적 괴리의 문제이다.'[4] 즉, 예언서는 하나님께서 당대의 사람들에게 주신 것[5]인데 현대의 사람들은 당시의 여러 상황에 대한 이해가 부족하기 때문에 예언서에 대한 이해가 어려운 것이다. 우리들은 고대 이스라엘의 종교적, 역사적, 문화적 환경과는 다른 환경 가운데 있기 때문에 선지자들이 의미했던 것을 그대로 이해하기가

---

2) Gordon Fee & D. Stuart, *op. cit.*, 230.
3) *Ibid.*, 231.
4) *Ibid.*, 231.
5) Thomas E. Fountain, *op. cit.*, 175.

쉽지 않은 것이다.

2. 예언서의 기능

예언서를 잘 가르치기 위해서 먼저 예언이 가지고 있는 기능에 대하여 살펴보자. 예언의 기능[6]으로는 첫째, 예언을 듣는 사람들에게 유익을 준다. 곧 하나님께서는 예언을 듣고 순종하는 사람들을 구원하시고 순종치 않는 사람들을 벌을 주신다. 그래서 당대의 일들을 해석함으로써 당면한 상황을 통하여 예언자들은 자기 백성들을 연단시키시며 회개케 하시는 분은 하나님이심을 보여준다. 또한 후손들에게 실제 사례를 통하여 구원의 주님이 오심을 준비케 하기도 하였다.

예언은 또한 오늘날의 성도들을 인도하시는 계시이다. 예언을 통하여 우리는 이 세상에서 어떻게 살아야 할 것인지를 깨닫게 된다. 베드로도 "또 우리에게 더 확실한 예언이 있어 어두운데 비취는 등불과 같으니 날이 새어 샛별이 너희 마음에 떠오르기까지 너희가 이것을 주의하는 것이 가하니라" (벧후 1:19)고 하였다. 그러므로 예언은 주어진 당대보다 그 후손들에게 더 큰 교훈을 주게 되는데 그 당시에는 시간적으로도 매우 짧을 뿐 아니라 듣는 사람도 한정되었으나 기록된 예언은 더 오랜 기간 그리고 더 많은 사람들이 읽을 수 있기 때문이다.

둘째로는, 예언서를 올바로 가르치기 위해서는 예언자들의 기능을 이해해야 한다. 피(Fee)는 예언자들의 기능을 다음의 세 가지[7]로 제시한다: 첫째, 예언자들은 언약 시행의 중보자(仲保者)들이었다는 점이다. 곧 하나님

---

6) *Ibid.*, 175-176.

7) Gordon Fee & D. Stuart, *op. cit.*, 232-238.

은 예언만을 주신 것이 아니라 그것을 시행하시는 분이신데 예언은 선지자들을 통하여 하나님께서 선포하신 것이다. 예언자들은 당시의 사람들에게 율법을 지키면 복을 받을 것이고, 지키지 않으면 벌을 받을 것임을 전하였다. 이는 예언자들을 통하여 하나님께서 선포하신 언약의 시행이다. 율법에서 예언한 축복은 '생명, 건강, 번영, 농작물의 풍성함, 존경 그리고 안전 등' 이며, 벌(罰)은 '죽음, 질병, 가뭄, 기근, 위험, 파멸, 패배, 추방, 빈곤 그리고 치욕 등'[8]이다.

둘째, 예언자들의 메시지는 자신들에게서 나온 것이 아니라 하나님에게서 나온 것이라는 점이다. 그 이유는 선지자는 스스로 된 것이 아니라 하나님의 세움을 받았기 때문이다. '선지자' (nabi)는 히브리어에서 '부르다' 라는 뜻을 가진 'nabu' 에서 왔다. 그리고 '선지자' 는 다른 사람 곧 대부분의 경우에 하나님을 대신하여 말하는 사람을 가리킨다. 사무엘의 시대에는 이들을 선지자라 부르지 않고 선견자(先見者)라고 불렀다. 그 뜻은 미래의 감추어진 것을 아는 사람을 의미한다. 그리고 헬라어 프로페테스(prophetes)라는 단어에도 '다른 사람을 위하여 말하는 사람' 이라는 의미를 담고 있다.[9] 그래서 선지자들은 메시지를 전할 때 '여호와의 말씀이 이러하니라' 혹은 '여호와께서 말씀하시니라' 는 말을 자주 사용한다.

이 선지자들은 하나님의 말씀에 따라 왕을 세우기도 하고 폐하기도 하였으며(왕상 19:16; 21:17-22) 전쟁을 선포하기도 하고(왕하 3:18-19; 대하 20:14-17; 호 5:5-8) 전쟁을 반대하기도 하였다(렘 27:8-22). 그러므로 예언은 선지자들이 깨달은 하나님의 말씀만이 아니라 하나님께서 선지자들이 전하라고 지시하신 말씀[10]이다.

셋째, 예언자들의 메시지는 자신들이 생각해낸 것이 아니라는 점이다.

---

8) *Ibid.*, 234.

9) Thomas E. Fountain, *op. cit.*, 174.

10) Gordon Fee & D. Stuart, *op. cit.*, 236.

선지자들이 전한 내용은 때에 따라 경고이기도 하고 약속이기도 하였다. 이는 하나님의 영감을 받아 전한 것이므로 선지자들의 예언은 시대에 따라 재구성은 되었을지라도 그 내용에는 변함이 없다. 예를 들면, 호세아 4:2은 "오직 저주와 사위와 살인과 투절과 간음뿐이요"라고 하였는데 여기에서 '저주'는 '여호와의 이름을 망령되이 일컫지 말라'(출 20:7; 신 5:1)라는 십계명의 제3계명이며, '사위'는 '거짓 증거하지 말라'는 제9계명이며, '살인'은 '살인하지 말라'는 제6계명이며, '투절'은 '도적질하지 말라'는 제8계명이며 '간음'은 '간음하지 말라'는 제7계명의 말씀을 재구성한 것이다. 이러한 예언서의 기능은 이러한 예언자들의 기능에 기초하고 있다.

3. 예언서의 해석

성경에는 해석하지 않아도 이해할 수 있는 부분도 있고 해석을 필요로 하는 부분도 있다. 성경해석을 위해 참고할 수 있는 것으로는 각권(卷)의 역사적인 배경, 개요, 각 권의 특징 및 해석상의 문제점등을 알려주는 성경사전, 각절(節)의 의미를 해설해주는 주석(註釋)류, 간단하면서도 유익한 지침을 제공하는 성경핸드북 등[11]이 있다.

예언은 세 가지의 형식으로 되었다. 첫째, 소송의 형식인데 이러한 형식에서는, 하나님은 피고인 이스라엘을 기소하는 원고, 검사, 재판관으로 묘사된다. 둘째, 화(禍)의 형식은 임박한 파멸을 예고하는 것인데, 이에는 또한 세 가지의 요소, 즉 선언, 원인, 그리고 파멸의 예고 등이 있다. 마지막으로는, 약속의 형식으로 여기에는 미래에 대한 언급, 급진적인 변화, 축복의 언급 등[12]이 포함된다.

---

11) *Ibid.*, 239-240.

선지서들은 시(詩)라는 특별한 장르로 기술되었다. 그 이유는 읽고 쓰는 기술이 제대로 발달하지 않은 고대 이스라엘은 기억에 많이 의지하였기 때문이다. 그래서 선지자들은 하나님의 말씀을 백성들에게 가르치기 위하여 그들에게 익숙한 시(詩)를 즐겨 사용하였다.

그러면 이해하기 어려운 예언서를 어떻게 해석할 것인가? 첫째, 예언서를 구원의 역사와 연관된 신학적인 관점에서 해석해야 한다. 이러한 신학적 해석은 하나님 중심적인 해석이고, 예언과 성취를 연결하며, 그리고 예수 그리스도 안에서의 성취로 간주하는 것[13]등이다. 이를 위해서는 예언서의 낯선 이미지에 연결되는 친숙한 내용을 찾아내야 한다. 이렇게 하기 위해서는 예언서의 세세한 부분들을 이미 잘 알려져 있는 성경내용과 연관을 지어야 한다.

둘째, 예언서는 민속문학적 관점에서 해석해야 한다. 예언의 이미지와 상징의 의미를 당시의 민속적인 관점에서 찾아야 한다. 악한 사람들의 집을 불살라 버리는 날아가는 두루마리가 당시에 의미했던 것은 악(惡)에 대한 하나님의 심판이다. 계시록 13장에 나오는 큰 이적을 행하고 사람들을 속이는 짐승은 세상에서의 악의 권세를 말한다. 마음에 떠오르는 친밀한 것은 예수님께서 "거짓 그리스도들과 거짓 선지자들이 일어나 큰 이적과 기사를 보여 할 수만 있으면 택하신 자들도 미혹하게 하리라"(마 24:24)고 하신 것을 의미한다. 예언서의 해석은 자주 이렇게 간단하게 이루어질 수 있다.

셋째, 예언서는 상징의 관점에서 해석해야 하는데 그 이유는 많은 부분이 상징적이기 때문이다. 이러한 경우 사물들은 어떤 특정한 것을 상징한다. 예를 들면, 천사가 포도를 포도주 틀에 던지는 것은 악에 대한 하나님의 심

---

12) *Ibid.*, 245-246.

13) Sydney Greidanus, "선지서 설교를 위한 지침들" 《그말씀》, 1997. 6. 126-128.

판을 상징하고(계 14:19), 흰 세마포 옷은 천국에서의 성도들의 영적인 순결을 상징한다(계 19:14). 이러한 경우에, 이미지는 문자적으로는 참이 아니지만 실재를 생각나게 하는데 사용된 상징이다.

이러한 것을 기초로 하여 파운튼(T. E. Fountain)은 예언서 해석을 위한 구체적인 규칙 7가지를 다음[14]과 같이 제시하였다. 첫째, 모든 예언이 하나님으로부터 왔기 때문에 참된 해석은 하나님만이 하신다. 그러므로 예언은 사사로이 해석해서는 안 되고, 다른 예언들과 조화가 되어야 한다. 둘째, 성경에서 주어진 해석은 어떤 곳에서든지 수용될 수 있어야 한다. 셋째, 예언을 인도하는 영은 예수 그리스도를 증거함을 고려해야 한다. 넷째, 예언들은 자주 한번 이상 성취되며 이들은 즉각적이면서 또한 미래적인 것임을 기억한다. 다섯째, 어떤 예언들의 몇 가지 요소들은 때때로 다른 요소들과 다른 때에 성취되기도 한다. 여섯째, 예언은 산문과 문학뿐 아니라 시적이며 상징적인 언어로 기록된다. 일곱째, 예언의 해석은 그것의 언어나 광범위한 문맥에 따라 문자적이거나 상징적일 수 있다. 예언서를 해석할 때는 이러한 원리에 기초하면 바른 의미를 찾아낼 수 있다.

14) Thomas E. Fountain, *op. cit.*, 186-187.

02_ 예언서 교수의 방법

예언서의 교수는 예언서의 특징, 해석방법 그리고 그 기능에 기초해야 한다. 그래야 예언서를 효과적으로 교수할 수 있다. 그러면 예언서를 가르쳐야 하는 이유는 무엇인가?[15] 그 이유의 첫째는, 예언서를 통하여 하나님께서 주시는 심오한 진리를 깨달을 수 있기 때문이다. 성도들만이 아니라 많은 성경교사들 그리고 목회자들조차도 예언서는 이해하기 어렵고, 복잡하다고 생각하여 가르치거나 설교하기를 두려워하지만 다른 신학적인 책들도 어렵고 복잡하기는 마찬가지이다. 가르쳐야 할 둘째 이유는, 예언서를 가르치기가 어렵다고 하여도 일단 해석하는 방법을 알게 되면 두려움 없이

15) Wilhoit & Ryken, *op. cit.*, 264.

예언서를 가르칠 수 있기 때문이다. 대부분의 사람들이 예언서 해석하기를 두려워하는 것은 막연한 두려움 때문이다. 셋째 이유는, 하나님께서는 성도들이 예언서를 알기를 원하시기 때문이다. 예언에 속하는 내용이 성경에 많은 것은 우리가 그것을 알기를 하나님께서 원하신다는 것을 간접적으로 말해주는 것이다. 예언서를 가르치기 위한 준비로 이러한 예언서들의 수사적인 효과를 찾아본 후에 예언서의 교수의 실제를 제시할 것이다.

1. 예언서의 수사적인 효과

예언은 시적(詩的)인 언어와 상징적(象徵的)인 언어로 선포되고 기록됨으로써 예언의 의미를 모호하게 만들기도 한다. 여기에 사용된 '상징어' 란 광범위한 문학적 형식을 포함하는 용어이다. 그래서 때로는 사람들이 상징어와 거짓을 혼동하기도 한다. 일상대화에서 우리가 상징어를 사용한다고 해도 상대방을 속이려는 의도에서 그렇게 하는 것이 아닌 것같이 성경저자들도 그러하다. 어떤 면에서 보면 모든 단어들은 다 상징이다. 그러나 여기에서 상징어라 말할 때는 이러한 단순한 의미의 상징어가 아니다. 일상대화에서 우리가 쓰고 말하는 단어들은 실재를 의미하는 문자적 언어이다. 한 단어가 문자적이거나 실재적으로 의미하는 바를 가리키지 않는다면 그것은 상징적으로 사용된 것이다. 예를 들면, '다윗의 집' 이라고 할 때의 '집' 은 건물을 의미하는 것이 아니고 가계(家系)를 말한다. 이러한 단어가 상징어이며 좀 더 구체적으로는 은유이다.

이러한 상징적 언어는 특별한 효과를 제공한다. 즉, "고상한 생각을 소개하고 강한 힘을 주며, 아름다움을 위하여 의미의 감추어진 것을 전해주고, 어떤 사상이 수용되게 하기 위하여 부드럽게 한다"[16) 이러한 상징어에 속하는 것에는 비사(比辭), 히브리 관용어, 표상, 상징, 비유, 풍유, 우화, 수수께끼, 잠언, 시 그리고 예언 등이다. 그리고 비사에 속하는 것으로는 직유, 은유, 환유(換喩), 제유(提喩), 돈호법(頓呼法), 의인법(擬人法), 과장법(誇張法), 의문형(疑問形), 반어법(反語法), 완곡어법(婉曲語法), 완서법(緩舒法), 췌언법(贅言法) 등이 있다.

상징에 대한 실례(實例)로는 그리스도에 대한 첫째 예언인 창세기 3:15[17]에서 볼 수 있다: "내가 너로 여자와 원수가 되게 하고 너의 후손도 여자의 후손과 원수가 되게 하리니 여자의 후손은 네 머리를 상하게 할 것이요 너는 그의 발꿈치를 상하게 할 것이니라 하시고". 이 구절은 시의 형태로 되어 있을 뿐 아니라 '너(뱀)의 후손', '여자의 후손', '머리', '발꿈치' 등은 상징어로 되어 있다. 창세기 3:14에서의 '뱀'은 문자적으로 들의 짐승이지만 사탄을 상징하기도 하다. 하나님께서 '뱀과 여인의 후손'에 대하여 말씀하셨을 때 '뱀의 후손'은 마귀의 자녀들이고 '여인의 후손'은 예수님을 가리킨 것이다. 뱀의 머리상처는 사탄세력의 파멸에 대한 상징이요, 여인의 발뒤꿈치 상처는 십자가에서 예수님께 행해진 육체적 해(害)를 의미한다. 예언에 상징적인 언어가 사용되었다는 것은 예언의 성취가 문자적이거나 역사적인 것이 아니라 영적인 것임을 의미한다고 생각해야 한다. 그러므로 예언서를 해석함에 있어서는 문맥을 고려하여 그에 맞는 해석을 해야 한다.

모든 예언서가 시어(詩語)나 상징어로 된 것은 아니지만 그것이 예언서의 특징이므로 예언서에서 그것들을 구별해내어야 한다. 이렇게 예언은 상징성을 통하여 그 의미를 더 분명하고 확실하게 드러낸다.

---

16) Thomas E. Fountain, *op. cit.*, 92.
17) *Ibid.*, 185.

2. 예언서 교수방법

이러한 예언서를 교수함에 있어서 생각해야 할 점은 먼저, 예언서를 가르치는 성경교사의 자세는 학습자들의 관점에 강한 영향을 끼친다는 점이다. 그러므로 성경교사는 이러한 예언의 글들의 신비성을 의심하는 말을 해서는 안 된다. 성경교사가 이러한 예언서를 분명하게 다룬다면, 학습자들도 예언서를 해석할 수 있다는 확신을 갖게 될 것이다.

둘째, 예언서에는 수수께끼 같은 부분도 있다. 그러한 것을 대할 때, 그 의미를 찾으려고 호기심을 갖게 되는데 이것이 예언서 교수에서 중요하다. 마지막으로는, 예언서를 공부하는 학습자들을 적당하게 통제해야 한다. 이러한 문제의 해결책은 지도자가 잘 준비하고 토론의 주도권을 가짐으로써 가능하다.

예언서를 가르칠 때는 예언서의 형식[18]을 고려해야 한다. 즉, 예언의 본래의 분위기와 느낌을 전하려는 노력을 해야 한다. 예언이 시의 형식을 띨 때는 예언에서 사용된 이미지를 그대로 드러내야 하고, 은유의 형식을 띨 때는 학습자들로 하여금 이 새롭고 놀라운 광경속에 참여하도록 해야 한다. 선지서의 교수는 여호와의 말씀을 청중들에게 직접 전달해주는 형식, 누가 하나님의 언약을 깨뜨렸으며 그 결과의 무서움에 대하여 의심을 남기지 않는 형식, 그리고 하나님의 인애와 궁극적인 구원을 전해줄 수 있는 형식이어야 한다.

예언서를 가르칠 때는 예언서는 당시의 이스라엘 백성과 관계가 있는 것인데 성경교사가 예언서를 가르치는 대상은 현대를 살고 있는 한국 성도들이라는 점이다. 이들 두 그룹 사이에는 역사적, 문화적, 공간적, 그리고 시

18) Syndey Greidanus, *op. cit.*, (1997), 130-133.

간적 간격이 놓여있다. 이러한 간격을 무시하고 이스라엘의 생활과 오늘 우리의 생활을 같은 대상으로 보고 가르쳐서는 안 된다.

그러므로 성경교사는 성경 예언서의 상황과 현재 우리의 상황을 적절하고 타당하며 균형있게 가르쳐야 한다. 그렇게 하기 위해서는 예언서 당시와 현재 사이에서 적당한 연관성을 찾아야 한다. 이러한 연관성으로는 이스라엘 백성과 오늘날의 성도 모두가 하나님의 언약 백성이라는 점이다. 그리고 그들에게나 우리에게나 하나님께서 요구하시는 것은 같다. 곧 너의 하나님 여호와를 사랑하고 네 이웃을 사랑하라는 점이다. 이러한 이스라엘 백성과 오늘날의 성도를 연관시켜서 가르쳐야 하는 근거는 어제나 오늘이나 영원토록 동일하신 하나님 때문이다. 그리고 예언서의 메시지는 하나님과 이 땅에 하나님의 나라를 회복하시리라는 것인데 이러한 메시지는 오늘날에도 마찬가지다. 그러므로 이러한 합당한 연관성을 근거로 해서 예언서를 가르쳐야 한다.

예언서를 올바로 가르치기 위해서는 다음의 네 단계[19]를 거쳐야 한다: 첫째, 당시의 역사적 상황을 이해하고 그들의 사고방식과 생활방식 그리고 그들의 문제점이 무엇인지를 발견해야 한다. 둘째, 하나님께서는 이러한 상황에서 무엇을 말씀하시는지를 찾아내야 한다. 선지자들도 상황가운데서 삶을 지배하는 영적인 원리를 찾아 가르쳤다. 그 이유는 하나님께서는 모든 것을 주관하시는 분이시므로 모든 상황가운데서 뜻하시는 것이 있으시기 때문이다. 셋째, 예언자들의 그림언어와 상징언어에 관심을 가져야 한다. 그러한 언어의 의미가 문맥과 다른 성경구절들과 조화를 이루어야 한다. 넷째, 예언서를 보는 시각에 한계가 있음을 인정해야 한다. 특히 예언서는 여러 관점을 가지고 있는 경우가 많다. 당시 상황에 적용되는 의미와 오늘까지 적용되는 의미가 있다. 이러한 과정을 거쳐 준비하게 되면 예언서를 바르게 가르칠 수 있다.

---

19) Dennis Lane, "선지서를 어떻게 설교화할 것인가", 《그말씀》, 1997. 6. 180-186.

03_ 예언서 교수의 실제

여기에서는 먼저 위의 절에서 논의한 예언서 교수방법 곧 예언서의 특징, 해석방법 그리고 그 기능에 기초하여 그 시대적인 상황 안에서 그 의미를 찾아내는 방법의 실제를 제시하려고 한다. 이를 위하여 본문은 요나 3:1-4을 선택하였고 그 대상은 초등부[20]로 제한하였다.

20) 대한예수교장로회총회, 《주일학교 계단공과 말씀 믿음 삶》, 초등부 3, 3/4학기, 2001, 37과 회개를 외친 요나.

〈교수내용〉

요나는 북쪽 이스라엘 나라의 선지자입니다. 하나님은 요나에게 동쪽에 있는 앗수르 나라 니느웨로 가서 하나님의 말씀을 전하라고 하였습니다. 요나는 못마땅했습니다. 앗수르 나라는 하나님을 믿지 않을 뿐 아니라 이스라엘 나라를 침공하여 괴롭혔습니다. 이스라엘 사람들은 그런 나라는 망하여 없어져야 한다고 생각했습니다. 그래서 요나 선지자는 서쪽 바다를 건너서 다시스로 도망치려고 했습니다. 그러나 큰 풍랑을 만난 뱃사람들이 요나를 바다에 던짐으로 큰 물고기의 뱃속에까지 들어갔다가 하나님의 도움으로 겨우 살아났습니다.

요나 선지자

하나님께서는 다시 요나 선지자를 부르셨습니다. "니느웨로 가서 하나님께서 심판하실 것을 전하라"고 하셨습니다. 요나 선지자는 무서웠지만 니느웨로 갔습니다. 성이 얼마나 큰지 걸어가는데만도 사흘이 걸렸습니다. 요나는 종일토록 "40일 후에는 니느웨가 무너집니다. 어서들 회개하시오"하고 외쳤습니다.

도무지 생각지 못했던 일이 일어났습니다. 니느웨 백성이 하나님을 믿고 하나님의 심판을 두려워하며 금식하며 베옷을 입고 재를 뒤집어쓰고 울며 회개했습니다. 왕도 따라서 회개했습니다. 악한 마음과 악독한 짓들을 뉘우치며 회개했습니다.

참으로 놀라운 일이 일어났습니다. 이것은 요나 선지자의 힘으로 된 것이 아닙니다. 하나님의 신 곧 성령께서 역사한 것입니다. 멸망 받을 니느웨 사람들은 회개하여 구원받게 되었습니다. 요나 선지자는 화가 치밀었습니다. 요나 선지자는 전도를 중단하고 성에서 나가 초막을 짓고 그 안에서 햇빛을 피하려고 했습니다. 그러나 너무 엉성하여 햇빛이 계속 들어왔습니다.

하나님은 박넝쿨을 자라게 하여 햇빛을 가려 주셨습니다. 요나 선지자는 기뻐하며 박넝쿨을 귀하게 여겼습니다. 그러나 하나님께서 벌레를 준비하셔서 박넝쿨을 갉아먹게 하시자 박넝쿨은 곧 시들었습니다. 메마른 동풍이 사정없이 불어오고 햇빛이 따갑게 요나의 머리를 내리쬐었습니다. 요나 선지자는 또 하나님께 불평을 했습니다.

하나님께서 말씀하셨습니다. "너는 박넝쿨도 아끼거든 내가 이 성 사람들을 아끼는 것은 너무나 당연하지 않느냐?" 하나님은 창조주입니다. 우주를 지으시고 다스릴 뿐 아니라 사람을 지으시고 아끼고 사랑하십니다. 그래서 아무리 죄인이라도 용서하여 구원하려고 하십니다. 요나 선지자는 이것을 깨달았나 봅니다. 부끄러워서 대답하지 못한 것 같습니다.

| 13장 |

시서교수

내가 여호와의 집에 영원히 거하리로다,' 라고 하며 노래를 마칩니다. 여호와의 집은 성전이나 성막입니다. 거기서 하나님께 예배하며 하나님을 섬기겠다는 것입니다.

다윗은 하나님의 은혜가 고마웠습니다. 그래서 '... [illegible] 기름으로 내 머리에 바르셨으니 내 잔이 넘치나이다.' 라고 노래했습니다. 하나님은 다윗이 양같이 약하지만 무서운 [illegible] 주셨습니다. 머리에 기름을 부어 높여주셨습니다.

그래서 그 은혜가 넘친다고 노래하며 '... [illegible] 정녕 나를 따르리니' 라 노래했습니다.

서론

"여호와는 나의 목자시니", "너희는 세상의 소금이니"와 같은 문장에서 시인(詩人)들은 자신의 생각을 시(詩)로 표현한다. 어떤 사람들은 시편을 설교하거나 가르치는 것에 대해 반대하면서 제시하는 이유로는, 시편이 싫다는 것도 아니고, 시편에서 의미를 찾기가 어려워서도 아니다. 그들은 시편을 설교하거나 가르칠 내용으로 보기보다 노래로 불러야 할 시가(詩歌)로 보기 때문이다. 이러한 시(詩)에서 사용되는 언어는 일상적인 용어와는 달라서 사람들은 시를 어렵게 생각한다. 그러나 시의 해석에 관한 몇 가지의 규칙만 배우면 시서(詩書)를 가르칠 수 있다.

성경에서 전체가 시인 책은 시편, 아가, 잠언, 애가 등이며, 거의 전부가 시인 책은 욥기, 전도서, 이사야, 기타 예언서들이며 그리고 산문으로 쓰여진 책 중에서도 일부분이 시적 언어를 사용하는 것이 있다. 또한 가장 신학적인 신약의 서신서들 조차도 시적 언어를 사용하기도 한다. 예를 들면, 에베소서 2:4-5 "우리의 허물로 죽었던 우리를 그의 자비하심으로 그리스도와 함께 우리를 살리셨도다"에서 '죽었던' '살리셨도다' 라는 단어들은 시적 언어에 속한다.

성도들에게 특히 성경교사들에게 있어 시서(詩書)는 이해하여도 좋고, 이해하지 않아도 좋은 것이 아니고 꼭 이해해야 하는 것이다. 왜냐하면 성경에서 시는 많은 곳에 포함되어 있어서 피할 수 없는 장르이기 때문이다. 그러므로 성경교사는 시서의 교수에 대한 지식이 필요하다. 아래에서는 먼저 시서의 교수에서의 특징들을 살펴보려고 한다.

01_ 시서 교수의 특징

성경교사들은 시서를 가르쳐야 된다는 부담감을 가질 수는 있으나 그 자체를 두려워할 필요는 없다. 왜냐하면 모든 성경교사들은 시서를 확신있게 그리고 효과적으로 가르칠 수 있기 때문이다. 시서를 가르치기 위해서는 먼저, 시서의 필요성과 특징, 그리고 기능과 해석법을 알아야 한다. 아래에서는 먼저 시서의 필요성과 특징에 대하여 살펴보려고 한다.

1. 시서의 필요성과 특징

시는 이미지로 표현하기 때문에 문자적으로 표현하기 어려운 내용들을 압축하여 정확하게 전달한다. 그러므로 시 이외의 방법으로는 그 의미와 느낌을 그대로 전달하기 어려울 때 시(詩)가 필요[1]하다. 이미지로 표현된 히브리 시(詩)는 감각에 호소하여 독자의 마음을 움직인다. 곧 시인들은 독자의 이성적인 사고에 호소하기보다 정서적인 감성에 호소한다. 그래서 시의 내용은 용서, 찬양, 신뢰, 섭리, 경배, 경건, 그리고 구원과 감성과 연결되어 있다.

또한 자녀들에게 율법을 가르칠 때 암송에 의지하였던 고대 이스라엘 백성들에게 시(詩)는 리듬에 맞춰 율법을 가르치며, 전승하며, 보존하는 수단이었다. 성경의 시는 일반 시와는 달리 음악적이다. 이는 명제적 사고가 아니라 감정에 호소하기 위한 것이며, 그리고 어떤 사실에 대한 지식적인 이해를 넘어 감성적인 반응을 자극하기 위한 것이다. 그래서 시의 어휘는 비유언어로 되어 있다. 그러므로 성경교사들은 시(詩)의 비유언어들이 의미하는 것을 찾아내야 한다. 시의 올바른 의미를 찾아내려고 할 때 시(詩)에서 의도하지 않는 것을 끄집어내려고 무리해서는 안된다.

이러한 시는 산문과는 다른 형태적인 특징[2]을 갖고 있다. 이러한 시서의 형태를 이해하면 시의 기능을 파악하고, 해석하며, 그리고 가르치는데 더 효과적일 수 있다. 이러한 시의 형태상의 특징으로는 첫째, 반복이다. 이것은 대구법(對句法)이라고도 한다. 많은 시에서 우리는 후반부와 전반부가 대구(對句)를 이루는 것을 볼 수 있다. 이러한 반복은 진부함을 느끼게 하는 것이 아니라 도리어 시편의 아름다움과 힘을 드러낸다. 둘째 특징은, 비유적인 표현이다. 시에는 많은 이미지가 나타난다. 이러한 이미지를 이해해야지만 비유적으로 해석해야 되는 단어나 구절을 문자적으로 해석하는 오류를 피할 수 있다. 마지막으로는, 시는 인위적(人爲的)인 언어이다. 곧 시

---

1) Gordon Fee & D. Stuart, *op. cit.*, 259-262.

2) Tremper Longman III, *How to read the Psalms*, 한화룡 옮김, 《시편을 어떻게 읽을 것인가?》 (서울: 한국기독학생회 출판부, 1989), 116-118.

는 일상적 언어의 형식을 취하는 산문과는 달리 인위적 언어의 형식을 취하지 않는다.

시를 읽을 때 정서적 느낌을 가지고 읽으면 산문이 표현하지 못하는 이스라엘 백성들의 감정을 느낄 수 있다. 이러한 시의 특징을 지적하는 것은 시와 산문사이의 우열(優劣)을 말하는 것이 아니라 시의 본질적인 특징을 드러내려는 것이다. 이러한 시의 특징을 좀 더 구체적으로 제시하자면[3] 첫째, 시는 산문보다 전인(全人)에 더 직접적으로 호소한다. 그 이유는 시는 독자들의 상상력을 불러일으키고, 감정을 자극하며, 지성을 만족시키고, 의지에 말을 하기 때문이다. 자신이 전하고자 하는 긴급한 메시지를 드러내야 하는 선지자들도 시의 이러한 특징 때문에 시를 자주 사용하였던 것이다. 둘째, 시는 읽는 독자들에게 즐거움을 준다. 시는 산문보다 더 문학적이어서 읽기에 좋고 노래하기에는 더욱 좋기 때문이다.

2. 시서의 기능

시는 '예배하는 자와 하나님 사이를 연결하는 핵심적인 기능[4]'을 한다. 이러한 시의 수사적 기능은 그 목적에서 찾을 수 있다. 시의 목적에 대하여 페린(Laurence Perrine)은 "마음을 달래어 주거나, 편안하게 하여 주는 것이 아니라, 생각을 일깨워서 삶에 자극을 주고 사람에게 생기가 있게 해주는 것"이라고 하였다. 시는 우리가 사용하는 단어들의 의미의 폭을 넓히고, 우리가 늘 사용하는 언어에 신선하고 새로운 길을 만든다. 우리의 마음에 있는 심오한 상상력을 아주 섬세하게 조율함으로써 우리의 생각하는 바와 느

3) *Ibid.*, 114-116.

4) Gordon Fee & D. Stuart, *op. cit.*, 265.

끼는 바를 변하게 한다. 시를 들을 때 주의를 집중하게 하여 수사적인 효과를 더하거나 예리하게 하기도 하고 반복하여 부름으로써 믿음의 공동체 전체의 소유물이 된다.

이러한 기능과 더불어 시편은 예배의식의 기도문으로 사용되었다. 시편은 히브리 시로서 예배에서 노래로 부르거나, 반복하여 암송하는 시이다. 이러한 시편은 유대인이나 기독교인이 모인 신앙공동체의 예배에서 널리, 광범위하게, 그리고 끊임없이 그 역할을 다하였다. 시편의 종교적 기능[5]으로는 1) 예배의식에(liturgical) 사용되었다. 곧 시는 예배의 지침서이다. 곧 시는 하나님을 예배하는 사람이 자신의 생각과 감정을 표현하는 방법으로 사용된 것이다. 2) 경건한 기도문에(devotional) 사용되었다. 곧 시는 하나님과의 관계에서 실제의 예로서 우리의 감정을 표현함에 있어 어떠한 마음을 가져야 할지를 배울 수 있다. 3) 목회적인 분야에(pastoral) 사용되었다. 시는 하나님께서 우리들을 위하여 행하신 일들에 대한 반성(reflection)과 묵상의 중요성을 가르쳐준다.

3. 시서의 해석

그러므로 성경의 시를 해석하려면 상징적인 언어에 대한 이해와 시(詩)의 구성에 대하여 알아야 한다. 시를 구성하고 있는 요소로는 주제(主題)와 변화이다. 주제는 그 시를 지배하고 있는 주된 사상이다. 변화는 시인이 주제를 발전시켜 나가는 특수한 방식이다. 시를 각 부분으로 나누는 것은 시의 통일성을 보여주는데 필수적인 과정이다.

시의 구성에 대한 이해를 위하여 시편 1편을 실례를 들어보자.

---

5) *Ibid.*, 281-282.

- 주제: 의인이 받게 되는 축복: "복 있는 사람은 …"
- 첫째 변화: 논지를 제시한 후 첫 변화는 의인이 피해야 할 세 가지 행동을 제시한다.

  "악인의 꾀를 좇지 아니하며, 죄인의 길에 서지 아니하며, 오만한 자의 자리에 앉지 아니하며"

이 세 문장은 하나의 주제로 묶을 수 있다.

- 둘째 변화: 의인이 적극적으로 실천에 옮긴다.

  "오직 여호와의 율법을 주야로 즐거워하여, 그 율법을 주야로 묵상하는 자로다"
- 셋째 변화: 시인은 그가 생각하는 의인의 모습을 완성하기 위하여 다시 변화를 제시한다. 여기서는 직유를 사용하여 의인을 열매를 맺는 나무에 비유한다.

  "저는 시냇가에 심은 나무가 시절을 좇아 과실을 맺으며 그 잎사귀가 마르지 아니함 같으니 그 행사가 다 형통하리로다"
- 넷째 변화: 대조법을 사용하여 의인의 축복을 악인들의 무익함과 대조한다.

  "악인은 그렇지 않음이여 오직 바람에 나는 겨와 같도다"
- 다섯째 변화: 전체 시의 요약으로서 악인의 심판과 의인의 축복을 대조한다.

  "대저 의인의 길은 여호와께서 인정하시나 악인의 길은 망하리로다"

대부분의 시는 세 부분으로 나눌 수 있다. 첫째 부분인 서두에서는 중심 주제를 제시한다. 둘째 부분에서는 특수한 변화를 수단으로 하여 그 주제를 발전시킨다. 마지막 부분에서는 결론을 유도하면서 글을 마무리한다. 이를 요약하자면 다음과 같다.

- 시를 구분하여 나누는 원리는 '비슷한 것끼리' 곧 같은 주제끼리 함께

묶는다.

- 여러 단위로 구분하는 것은 몇 가지 본질적 기능을 하는데 시의 통일성을 보여주고, 또한 시를 전체적으로 보게 한다.
- 여러 단위로 구분하는 것은 시의 흐름을 시각화할 수 있게 한다.
- 윤곽을 잘 보면 여러 단위로 나누는 과정은 단순하며 어렵지 않다.

시[6]는 상징의 언어로 되어있고 또한 주제와 변화로 구성되어있는데 이를 내용상으로는 찬양, 탄식, 감사, 신뢰, 회상, 지혜, 제왕 등으로 분류할 수 있다. 그 중 하나인 찬양시의 구조는 경배의 요청으로 시작(103:1-2, 113:1, 92:1)하고, 하나님을 찬양하는 이유를 말하는데 그 시는 "이는 … 이로다"(92:1), " …으니"(92:4), "… 이로다"(96:1, 5)의 형태를 띠고 있으며, 찬양하라는 요청으로 끝을 맺는다(47:5-6, 48:1-2).

둘째는, 탄식시인데 이 시에는 세 가지의 유형의 불평이 있는데 1) 자신의 생각과 행동으로 인해 괴로움을 당할 때(42:5, 11, 43:5)의 불평이고, 2) 다른 사람들의 행동에 의해 괴로움을 당할 때(42:3)의 불평이며, 3) 하나님 자신에게 실망할 때(42:9)의 불평이 있다. 이러한 불평시는 일곱 가지의 요소 곧, 호소구(呼訴句), 하나님께 도움을 간청(12:1, 17:1상), 불평(22:6-7), 죄의 고백 또는 무죄항변(69:5, 26:5), 대적에 대한 저주(109:8-9), 하나님의 응답의 확신, 찬송 또는 축복(26:12) 등으로 구성되어 있다.

셋째는, 감사시인데 소원을 들으심에 대한 감사(56:12)이고, 넷째는, 신뢰의 시인데 하나님의 선하심과 권능을 신뢰하는 것으로 찬송으로(46) 신뢰하고, 한탄 중에도(3:3-6) 신뢰함을 나타낸다. 여기에 속한 시는 9편(11, 16, 23, 27, 62, 91, 121, 125, 131)이 있다.

다섯째는, 회상의 시인데 이는 과거에 있었던 구속적 행위를 언급하는 것으로 출애굽(77:16), 다윗 왕조의 수립(89, 132) 등이 있다(78, 105, 106,

---

6) *Ibid.*, 26-43.

135, 136). 여섯째는, 지혜시인데 하나님은 우리가 어떤 삶을 살기를 원하시는가?(1:1, 6, 19:7)에 대한 해답을 추구하는 것이며 마지막 일곱째는, 제왕시(帝王詩)인데 이는 찬양시에 포함되기도 한다. 여기에는 두 그룹이 있는데 하나는, 이스라엘의 인간 왕에 초점(20, 21, 45)을 두고, 다른 하나는, 하나님을 왕이라 선포(47:7, 98)하는 것이다.

그리고 시를 문장의 형태상[7]으로 볼 때는 세 가지 곧 동의 대귀법, 반의 대귀법, 종합 대귀법 등으로 나눌 수 있다. 동의 대귀법은 둘째 행이 첫째 행의 의미를 반복 또는 강화하는 것이고, 반의 대귀법은 둘째 행이 첫째 행의 사상과 대조를 이루는 것이며, 종합 대귀법은 둘째 행은 어떤 방법으로든지 많은 정보를 제공함으로 첫째 행을 부연 설명하는 것이다.

시의 해석에서 오류를 범하지 않기 위하여 주의해야 할 점들이 있다.

- 이스라엘 사람들은 시의 여러 유형들과 그 차이점을 알고 있었다.
- 모든 시는 독특한 유형을 가지고 있으며 이를 통하여 주제의 변이(變異)나 제기되는 문제들을 알 수 있다.
- 시의 각 유형은 각기 주어진 특별한 기능 곧 의도된 목적을 따라 만들어졌다.
- 시에 있는 단어나 소리의 배열 또는 반복과 같은 다양한 패턴을 이해한다.
- 각 시는 하나의 문학적 단위로 읽어야 한다. 곧 시편은 잠언과는 다르게 한 편을 세분하지 않고 전체로 취급해야 한다.

시의 교수는 위에서 논의한 시의 특징을 고려한 해석에 근거해야 할 뿐 아니라 이러한 시의 기능에 따른 것이어야 한다. 아래에서는 시서의 교수 방법에 대하여 살펴보려고 한다.

---

7) Gordon Fee & D. Stuart, *op. cit.*, 248-249.

02_ 시서 교수의 방법

시를 가르칠 때는 시의 특징, 기능 그리고 해석방법을 염두에 두어야 한다. 왜냐하면 시는 역할이나 목적에 있어서 다른 장르와는 다르기 때문이다. 그러므로 시서 교수의 방법을 논의하기 전에 먼저 시서의 수사적인 효과에 대하여 살펴보려고 한다.

1. 시서의 수사적인 효과

시편은 독특한 문학적 방법을 사용하여 노래로 부를 수 있는 형식을 취함으로써 수사적인 효과를 만들어낸다. 곧 이러한 시는 무엇인가를 더 말하므로, 시는 평범한 언어가 하는 것보다 더 집약하여서 말을 하는 종류의 언어라고 말할 수 있다.

그러므로 시라는 형식은 깊은 의미를 표현하게 해준다. 시는 우리로 하여금 하나님에 대한 믿음에서 정서적인 감동을 받게 하며, 우리가 살아가는 길에서 어떤 도덕적이고 윤리적인 변화를 맞게 하며, 전에는 보지 못하던 것을 볼 수 있는 새로운 세계관을 가지게 한다.

시는 사람들의 마음에 있는 상상력의 깊은 세계로 파고든다. 이는 하나의 이미지를 사용하여 세상의 모든 것을 보는 우리의 지각을 변화시키기도 한다. 예를 들면, 하나님을 차갑고 몰인정하신 분으로 생각하는 사람에게는 "여호와는 나의 목자시니 내가 부족함이 없으리로다"(시 23:1)는 시를 통하여 하나님을 따스함과 위안을 주는 '목자'의 이미지로 그들의 고정관념이나 생각을 바꾸게 해준다. 시는 이러한 수사적인 효과를 강조하기 위하여 병행법(竝行法)을 사용한다.

2. 시서 교수방법

시편은 어떻게 가르칠 것인가?[8] 시를 가르칠 때는 사람들로 하여금 상상력의 깊은 세계로 파고들게 해야 한다. 시편은 시적인 언어를 쓰기 때문에 시편을 세심하게 읽고 해석하면, 시를 구성하고 있는 특별한 의미들을 이해할 수 있다.

특히 시의 병행법이라는 특성을 이해하면 시의 구절에서 감각적인 느낌을 받으며, 어감의 미묘한 차이를 찾아내며, 충분한 내용을 얻을 수 있게 된다. 병행법을 사용하는 구절에서는 동일한 뜻을 나타내기는 하지만 그 의

---

8) T. Long, *op. cit.*, 박영미 역, 86-96.

미에는 발전이 있다. 다른 말로 하자면, 뒷 구절은 앞 구절을 전진하게 하거나, 후원하거나, 완성하게 하거나, 넘어가게 한다는 의미이다. 그러므로 시편을 가르칠 때는 그 저자가 강조하는 중심이 되는 아이디어와 시편의 배경 이미지들에 대한 표현에 주의를 기울여 가르쳐야 한다.

시를 가르칠 때는 시의 대조적인 영역을 잘 묘사해야 할 뿐 아니라 듣는 사람들에게 시각적으로 생생하면서도, 풍부한 감정의 효과를 나타낼 수 있도록 새롭게 재창조하여야 한다. 성경교사는 성경본문이 나타내고자 하는 의미를 잘 해석하기 위해서는 본문의 의미와 더불어 그 의미를 잘 드러낼 수 있는 현대적인 경험 안에서 실례(實例)로 찾아내어야 한다.

그러므로 시편을 가르칠 때의 첫째 방법으로는, 이미지 그대로 생각하도록 해야 한다. 시에 있어서는 이러한 '가장 기본적인 요소' 가 '가장 중요한 요소' 이다. 왜냐하면 '시인은 이미지로 생각하기' 때문이다. 어떤 주제이든 시적 상상은 모든 주제를 그림으로 바꾼다. 곧 시인(詩人)은 내용을 사진화하는 사람이다. 시인들은 독자들의 상상력 곧, 이미지 감지능력, 이미지로 사고하는 능력에 호소한다. 이는 우리의 오른편 뇌의 활동[9]이다. 우리가 시편에서 볼 수 있는 단어들도, 곧 천둥, 굴, 초장, 서리, 말, 개, 바위, 검 등과 같은 이미지들이다.

루이스(C.S. Lewis)도 "시는 우리의 감각에 호소한다 … 시인들은 항상 들은 푸르고, 천둥이 치고, 입술은 붉다고 말한다. 시는 예외가 없이 사물들은 충격적이거나 즐거움을 주는 것들로 말한다. 사물들이 푸르거나, 딱딱하거나, 차거나 시끄럽다고 말하는 것은 그것들이 우리의 감각을 자극하는 모습을 말해주는 것이다[10]고 하였다.

그러므로 성경을 교수하고자 할 때는 시의 이미지가 요구하는 다음의 세 가지 요소를 기초로 해야 한다. 첫째, 시서의 이미지를 이미지로 '체험' 하

---

9) 하루야마 시게요, *op. cit.* 박해순 역, 28.

10) C.S. Lewis, *op. cit.*, 131-132.

는 것이다. 즉, 시인이 말하는 것을 보고, 듣고, 만져볼 수 있어야 한다. 이러한 이미지가 우리의 상상 속에서 구체화될수록, 시와의 만남은 더욱 풍부하게 될 것이다. 둘째, 단순히 '체험' 하는 것을 넘어, 이미지들을 '해석' 하는 것이다. 가장 간단한 해석의 형태는 이미지의 의미, 곧 암시적 의미를 찾아내는 것이다. 즉, 사전적인 의미 이상을 넘어 단어가 주는 정서적인 연상들로 나아가야 한다. 셋째, 이미지를 재현하고, 그 암시적 의미를 결정하는 것을 넘어서 현대 시인들이 '이미지의 논리' 라고 부르는 것에 관하여 생각한다. 즉, 왜 그 시인이 이곳에 그러한 구체적인 이미지를 사용했는지 그 이유를 생각해야 한다. "왜 이 이미지가 여기에 사용됐나?"를 묻는 것은 시적 이미지 이해를 위하여 필요하다.

이러한 이해에 기초하여 볼 때 시서는 이미지로 되어있기 때문에 시서를 효과적으로 가르치기 위해서는 이미지를 경험해야 한다. 시서에 언급된 이미지의 그림과 슬라이드는 시서를 가르치는데 매우 중요한 자료이다. 이미지를 이야기의 정의(情意)적인 형태라는 관점에서 본다. 즉 이미지는 사람 속의 감정을 일깨우므로 시서를 가르칠 때는 정의적인 반응을 억제시키기보다는 장려해야 한다. 시서는 이야기보다 특수하고 '난해한' 형태라는 일반적인 관념을 버려야 한다.

시편을 가르칠 때의 둘째 방법으로는, 언어가 비유이기 때문에 시는 비유의 원리에 근거해야 한다는 것이다. 이러한 비유에 대한 전문적 용어는 은유와 직유인데 이 둘은 그 형태에서부터 차이가 있다. 직유의 형태는 '… 같다' 이다. 예를 들면, 시편 1:3 '그는 시냇가에 심은 나무와 같으니' 이다. 은유의 형태는 '갑' 은 '을' 이다. 예를 들면, 시편 23:1의 '여호와는 나의 목자시니' 이다.

직유와 은유는 비교하는 두 사물 사이의 유사성을 강조한다. 여기에는 두 부분이 있는데, 하나는, 그림을 묘사하는 부분이고, 다른 하나는, 두 사물이 어떻게 유사한가를 분석하는 부분이다. 예를 들면, 시편 119:105의 '주의 말씀은 내 발의 등이요' 이다. 여기에서 주의 말씀과 발의 등이 어떻게 연관되는지를 결정하기 전에 등을 들고 어두운 길을 걷는 사람을 상상해야 한다. 왜냐하면 은유와 직유는 비유 이전에 이미지이기 때문이다.

성경교사가 먼저 비유의 뒷부분인 등(燈)을 경험함으로써 비교의 다른 앞부분인 '말씀' 의 풍성한 의미를 전달할 수 있다. 이러한 의미는 은유라는 단어 그 자체가 제시하고 있다. 곧 이는 헬라어 어원에서 유래하는데 헬라어 '메타' (meta=over)+ '페레인' (pherein=to carry)는 한 가지 이상의 의미를 전달한다.

은유적 표현인 시편 84:11의 "여호와 하나님은 해요 방패시라"에서 먼저 '해와 방패' 의 문자적 그림을 생각하되 그러나 생각에 그쳐서는 안 된다. 성경교사에게 필요한 것은 '해와 방패' 의 성질을 통하여 하나님의 어떤 본질을 전하려고 하는가를 생각해야 한다는 점이다.

은유와 직유는 시적(詩的) 수식어 이상이다. 즉, 그것은 언제나 현실의 이해와 진리의 표현방법인 것이다. 그것의 전제는 하나의 경험을 사용하여 다른 것에 도움을 준다는 것이다. 하나님에 대하여 산문으로는 표현할 수 없는 것을 비유를 통하여 표현할 수 있다. 은유와 직유의 비교는 이해의 한 방법이라는 것을 생각하면 그것이 성경에 나타나는 것은 매우 자연스러운 일이다.

시서를 가르치는 셋째 방법으로는, 시서를 픽션으로 대하는 것이다. 성경의 시에 나타나는 수사법은 문자적 표현이 아니라 픽션형식의 원리를 강화한 것이다. 이러한 픽션의 방법으로는 은유법과 직유법, 과장법, 의인법, 돈호법 등이 사용된다.

이러한 비유를 가르칠 때 유의해야 할 것은 첫째, 복음주의자들은 성경을 문자적으로 해석한다고 하여서 문자적 해석만을 고집하지 말아야 한다. 그렇게 하면 잘못된 해석을 하게 된다. 성경 전체를 문자적으로 해석해서는 안 된다. 둘째, 비유의 말에서 비현실적인 말은 "시적 파격"이고 중요한 것은 비유의 말을 본질상 사실적이거나 문자적이라기보다 픽션이라는 것을 파악하는 것이다. 셋째, 비유가 그 문맥에서 어떠한 구체적 기능을 갖고 있는가를 생각해야 한다.

03_ 시서 교수의 실제

아래의 시서 교수의 실제[11]는 그 대상을 초등부 어린이로 하고 성경본문은 시편 23:1-6을 중심으로 하여 제목은 "여호와는 나의 목자"로 정하였다.

〈교수내용〉

다윗은 베들레헴에서 양을 치던 목동입니다. 하나님께서는 선한 목자처럼 다윗을 인도하셔서 이스라엘의 왕을 삼으셨습니다. 다윗은 선한 목자처럼 백성을 다스려서 훌륭한 왕이 되었습니다.

다윗은 감사하며 이렇게 노래를 지어 불렀습니다. "여호와는 나의 목자

11) 대한예수교장로회총회, 《주일학교 계단공과 말씀 믿음 삶》, 초등부 2, 3/4학기, 2001 37과 "여호와는 나의 목자".

시니 내가 부족함이 없으리로다." 하나님을 목자라고 하였습니다. 목자는 양떼를 먹이고 지키고 인도합니다. 그처럼 하나님은 다윗을 돌보고 지켜주시고 인도해 주셨습니다. 하나님께서 선한 목자같이 자신을 돌봐주셔서 조금도 부족한 것이 없게 하시므로 만족하여 감사드린다고 하였습니다.

또 "나를 푸른 초장에 누이시며 쉴만한 물가로 인도하신다"고 노래했습니다. 목자는 양떼를 몰고 풀밭으로 가서 배부르게 먹이고 물을 마시게 하고 누워 쉬고 즐기게 해줍니다. 그래서 "내 영혼을 소생시키시고 자기 이름을 위하여 의의 길로 인도하시는도다"라고 노래했습니다. 선한 목자 같으신 하나님께서 다윗의 마음을 지켜주셔서 어려움 속에서도 믿음으로 말씀대로 옳게 살게 해주셨습니다. "내가 사망의 음침한 골짜기로 다닐지라도 … 주께서 나와 함께 하심이라"고 노래했습니다.

다윗은 양들을 죽음의 위험으로부터 지켜주었습니다. 이처럼 하나님께서도 몇 번이나 죽음의 위험에서 다윗을 구해주셨습니다. 하나님은 목자가 지팡이로 무서운 짐승들을 쫓아버리고 양떼를 지키시듯 다윗을 지켜주셨습니다.

다윗은 하나님의 은혜가 고마웠습니다. 그래서 "여호와께서 내 원수의 목전에서 내게 상을 베푸시고 기름으로 내 머리에 바르셨으니 내 잔이 넘치나이다"라고 노래했습니다. 하나님은 다윗이 양같이 약하지만 무서운 짐승 같은 원수들을 이기게 하시고 높여 주셨습니다. 머리에 기름을 부어 높여 주셨습니다. 그래서 그 은혜가 넘친다고 노래하였습니다. "나의 평생에 선하심과 인자하심이 정녕 나를 따르리니"라 노래했습니다.

다윗이 착하고 훌륭한 일만 한 것은 아닙니다. 큰 죄를 지어 고통을 당했습니다. 지금도 그로 인하여 고통을 당하고 있습니다. 그러나 회개하면 하나님께서 불쌍히 여기셔서 용서하시고 선한 목자처럼 더 사랑하고 돌봐주십니다. 과거에도 그랬지만 다윗은 앞으로도 그렇게 하실 것을 믿고 바랐습니다.

"내가 여호와의 집에 영원히 거하리로다"라고 하며 노래를 마칩니다. 여호와의 집은 성전이나 성막입니다. 거기서 하나님께 예배하며 하나님을 섬기겠다는 것입니다. 하나님을 믿으며 죽을 때까지 하나님의 말씀대로 살겠다는 말입니다.

하나님은 다윗의 선한 목자이었습니다. 하나님은 우리의 선한 목자입니다. 하나님은 우리를 돌보시고 지키시고 인도하십니다.

|·14장|

비유 교수

예수님은 친절하게 가르쳐 주셨어요. "하나님의 말씀을 배우고도 깨닫지 못하면 씨를 뿌리고도 열매를 맺지 못하는 밭처럼 되고, 말씀을 듣고 잘 배우면 많은 열매를 맺는 좋은 밭처럼 된다"고 하셨어요.

비유를 완전히 이해하고 가르치기 위해서는 먼저 [illegible] 알아야 한다. 특히 예수님의 비유들은 일상생활에서 끌어낸 것이다.

어려운 신학적인 문제들을 평이하고 쉽게 이해할 수 있는 [illegible] 영적 의미를 지닌 세속적인 이야기들이다.

예수님은 명확하고 설득력 있게 가르치시기 [illegible] 비유의 방법을 사용하셨다.

서론

비유를 완전히 이해하고 가르치기 위해서는 먼저 비유가 무엇을 의미하고 그 용도가 무엇인지를 알아야 한다. 특히 예수님의 비유들은 일상생활에서 끌어낸 것이며, 어려운 신학적인 문제들을 평이하고 쉽게 이해할 수 있도록 구성된 이야기들이다. 곧 성경의 비유들은 영적 의미를 지닌 세속적인 이야기들이다. 예수님은 명확하고 설득력이 있게 가르치시면서도, 사람들이 잘 기억하도록 하기 위하여 비유의 방법을 사용하셨다.

비유는 그 속에 많은 의미를 담고 있으므로 비유가 포함하고 있는 세부사항들을 그냥 지나쳐서는 안 된다. 예를 들면, 누가복음 15:11-32에 나오는 탕자에 관한 비유는 죄인을 품으시는 하나님의 사랑은 한이 없고, 끝도 없음을 보여주는 것이라고 주장한다. 그러나 그러한 관점에서 이 비유를 해석한다면, 작은 아들이 제 정신이 드는 것은 무엇을 의미하며, 두 형제 사이의 적대의식이나, 큰 아들을 대하는 아버지의 행위의 타당성 등에 대하여 질문을 제기하게 되면 혼란이 일어난다. 그래서 어떤 사람들은 비유는 가르치고자 하는 의미를 명확하고 쉽게 하려는 의도보다도, 이해하기 어렵게 하려는 의도가 있다고 주장하기도 한다. 그들은 비유는 신비한 비밀이 그 속에 포함되어있는 것으로서 듣는 사람들이 분별하여 끄집어내어야 할 진실을 품고 있다고도 말한다.

그러나 비유는 이와 같이 일부러 모호하게 만들어 독자들이 이해하기 어렵게 한 것이 아니다. 사람들은 예수님의 말을 기쁘게 듣고, 쉽게 이해하였다. 예수님의 비유들은 생기가 있고, 단순한 그림들로서 실제의 삶에서 끌어낸 것들이었다. 이러한 쉬운 이해가 원래 비유가 의미하는 것이요, 비유를 사용하는 목적이다. 이제 이러한 비유를 가르칠 때의 특징을 아래에서 살펴보고자 한다.

01_ 비유 교수의 특징

이 절(節)에서는 비유가 왜 성경에 필요한지와 비유가 가지고 있는 특징을 살펴보고 비유가 가지고 기능은 어떠한 것인지 그리고 이 비유를 어떻게 해석해야 하는지에 논의하고자 한다.

1. 비유의 필요성과 특징

비유는 한 가지 방법으로만 읽어야 하는 것은 아니다. 비유는 독자들에게 다양하게 읽고 이해하는 융통성을 갖도록 요구한다. 비유는 격언, 윤리적인 금언, 풍유, 전래 이야기, 도덕적인 예, 본을 보이는 인물에 이르기까지,

많은 문학 형식에 적용할 수 있다. 그러므로 비유는 실제적인 의미와 상징적인 의미 모두를 다 가지고 있다.

비유는 이야기들, 잠언적인 금언들, 문학적인 인물들, 인기가 있는 슬로건 등과 같은 것[1]들에 포함되어 있다. 이러한 비유는 자연이나 일상생활로부터 끌어낸 은유나 직유이며, 그것이 지닌 생생함이나, 기이함을 통하여 듣는 사람의 주의를 끌게 된다. 그리고 그것들을 어떻게 적합하게 적용할 수 있을까를 생각할 수 있도록, 사람들의 마음을 충분한 의혹 속에 둠으로써, 사람들이 활발한 사고를 하도록 한다. 비유가 주는 이러한 의미는 1) 비유를 '은유나 직유' 라고 할 때 비유는 상징적인 전달방법이라는 것과 2) 비유는 그 생생함과 기이함 때문에 독자들을 활발한 생각 안으로 들어가게 하는 것이라는 점이다.

비유는 크게 두 가지[2]로 나눌 수 있는데 하나는 은유이고, 다른 하나는 직유이다. 그 차이점으로는 은유는 암시적(暗示的)인 비유인데 반하여 직유는 명시적(明示的) 비유이다. 직유는 '…는 …와 같다' 라는 문장의 형태를 갖는 반면에 은유는 '…는 …(이)다' 의 문장의 형태를 취한다. 실례(實例)를 들어 말한다면 '신부의 얼굴은 보름달과 같다' 고 말하는 것은 직유이고, '시간은 금이다' 고 진술하는 것은 은유인 것이다. 다시 말하면 직유는 두 대상간의 외적인 유사성에 근거하여 비교하는 것이라면 은유는 두 대상간의 내적인 유사성에 근거하여 비교하는 것이기 때문에 직유에 있어서의 내적인 면에서나 은유에서의 외적인 면을 통해서는 아무런 유사성도 발견할 수 없다.

1) T. Long, *op. cit.*, 175.
2) 한춘기, 《교회교육, 그 이론과 실제》(서울: 총신대학교 출판부, 2000), 26.

2. 비유의 기능

은유는 어떤 개념을 정의함에 있어서 그 의미를 명료하게 하여줄 뿐 아니라 개념의 의미를 더욱 풍부하게 한다. 특히 중요한 개념들을 정의함에 있어서 은유의 사용이 필요하다. 철학사(哲學史)에 나오는 중요한 철학자들 가운데 그 누구도 은유의 사용을 회피한 사람은 없었으며, 현대의 모든 지적인 사고에서도 은유의 사용은 피할 수가 없다. 만일 우리의 사고에서 은유를 배제한다면 언어는 메마르게 되고 사고의 폭은 좁아짐으로써 사고를 필요로 하는 분야의 탐구는 그 결과가 현저하게 위축될 것이다. 예를 들면, 교육을 말할 때 성장, 주형, 예술, 그리고 회복 등의 은유적 개념을 사용하지 아니 하고서는 교육에 대한 개념을 제대로 정의하거나 논의하기가 힘들다.

이렇게 은유는 대상에 대한 이해의 폭을 넓혀주며 설명을 쉽게 할 수 있게 해주기 때문에 사람들이 은유를 즐겨 사용하고 있다. 뿐 아니라 은유는 그 본질상 어떤 개념이 가지고 있는 독특한 본질들을 분명하게, 강하게 제시해 주기도 한다. 물론 이러한 특정한 면에 대한 강조 때문에 쉐플러(I. Scheffler)가 지적한 대로 은유에는 풍자적(caricature)인 요소가 있기는 하나, 은유를 통하여 추구하는 바가 사전적(辭典的)인 개념이라기보다는, 그 독특성을 통하여 그것의 본질을 보여주는데 있다는 것을 감안한다면 풍자로서의 기능도 수용될 수 있다.

은유는 진리를 전혀 보여주지 못하는 규정이나 진리를 전혀 전하지 못하는 서술적 정의들의 기능과는 달리 의미가 있고 참된 진리를 나타내는 기능을 하고 있다. 이러한 기능의 표현과정을 다음과 같이 설명할 수 있다. 곧 하나의 은유적 표현은 원(原) 관념과 보조관념으로 구성되며, 은유는 보조관념이 특성으로 가지고 있는 '연상(聯想)적인 함의' 의 체계를 원관념에 적용시킴으로써 성립한다. 그러므로 예컨대, '인간(원관념)은 늑대(보조관념)

다' 라는 은유적 표현을 이해하기 위해서는 '늑대' 의 서술적 의미를 알아야 하고 또는 사전적 의미로서의 '늑대' 라는 말을 사용할 줄 알아야 하고 '늑대' 라는 말로써 연상되는 '상투적(常套的)인 의미체계' 를 알아야 한다. 이렇게 함으로서 은유적 표현은 그것과 대등한 직의적(直意的) 표현보다 더 구체적인 대상을 나타내며, 경이감을 주게 되는 것이다.[3]그러나 이러한 은유의 기능에 대한 많은 논의는 종합적으로 크게 다음[4]의 두 가지로 압축할 수 있다.

첫째, 은유는 일반적인 개념을 설명하고 예시한다. 즉 은유는 친숙한 것에서부터 새로운 것으로 나아가도록 도와준다. 다시 말하면 나타내고자 하는 어떠한 중요한 생각들을 가지고 있으나 그것을 직의적인 방법으로는 구체적으로 서술한다거나 설명하기에 어려움을 느낄 때 암시적인 은유로는 쉽게 나타낼 수 있을 때가 있다. 즉 사람은 누구나 곧 어린아이들조차도 '금(金)이 귀하다' 는 것을 안다. 그러므로 시간의 귀중함을 강조할 때 '시간은 금(金)이다' 라는 은유를 사용함으로써 금이 귀한 것처럼 시간이 귀중하다는 것을 가르칠 수 있다. 그 이유는 모든 사람들에게 귀한 것으로 인식되고 있는 금(金)을 비유로 하여 시간의 귀중함을 아이들에게 가르치는 이러한 은유는 어린이들에게 시간의 귀중함에 대한 이해의 폭을 넓혀주기 때문이다. 이러한 비유는 실재를 그대로 보여주는 것은 아니지만 실재를 반영하기 때문이다.

둘째, 은유는 이미 익숙하게 알고 있는 것과 익숙하지 못한 것 사이의 새로운 관계와 유사성을 유추하도록 해준다. 어떤 것에 대하여 배우는데 그것이 이미 잘 알고 있는 것과 어떠한 공통점이 있다는 것을 안다면, 공부하는 그 대상을 이미 알고 있는 어떠한 것과 유사한 것으로 간주함으로써 그

3) 최병태, "교육의 비유적 설명에 관한 연구", 서울대대학원, 미간행 논문, 1981. 9.

4) Thomas F. Green, *The Activities of Teaching* (McGraw-Hill Kogakusha Ltd., 1971), 56.

대상의 학습에 도움이 될 수 있다. 이와 같이 은유는 많은 유익점을 주기도 하지만 같은 이유로 잘못 인도하기도 할 수 있기 때문에 주의해야 한다.

은유는 이러한 기능을 가지고 있는 반면에 또한 한계성(限界性)도 가지고 있다. 쉐플러[5]는 두 가지 면에서 그 한계성을 말하고 있다. 첫째로, 제시된 은유가 알맹이가 없는 빈약한 것일 수 있다. 곧 여러 많은 중요한 특성이 있음에도 불구하고 중요치 않은 특성을 은유를 통하여 어떠한 개념으로 나타내고자 할 경우이다. 그 대상의 특정한 측면만을 나타내기 때문에 그 개념을 올바로 이해하기 위해서는 다른 관점에서의 조명을 필요로 한다. 그래서 피터스 (R.S. Peters)는 은유적 표현이 이렇게 특정한 한 부분만을 부각시킴으로써 그 의미를 왜곡시키는 사실을 가리켜 풍자와 같다고 말한다. 쉐플러가 지적하는 이러한 한계성이 은유가 빠지기 쉬운 오류이다.

둘째로, 사용한 은유가 맞지 않을 수가 있다. 즉 직유는 외적인 비교를 하기 때문에 그 직유가 오류를 범하고 있는지 아닌지를 쉽게 판단할 수 가 있다. 그러나 은유는 내적인 면을 비교하는 것이기 때문에 그 은유가 잘못되었다고 할지라도 쉽게 그 오류를 찾아내지 못함으로써 상대방을 잘못 이해하도록 인도하기가 쉽다. 삽화로서의 기능이 소극적인 한계성이라고 한다면 이러한 잘못된 길로 인도하는 기능은 은유의 적극적인 한계성이라고 할 수 있을 것이다.

3. 비유의 해석

비유에 대한 해석은 성경교사들에게는 너무나 어려운 일이다. 비유는 겉으로 보기에는 단순하지만 실제로는 수많은 깊은 영적 의미가 들어있다.

---

5) I. Scheffler, *op. cit.*, 48.

그러므로 비유를 해석하는 사람은 두려움을 갖게 된다. 예수님께서 선한 사마리아인의 비유를 말씀하시기 전에 율법사에게 "네가 어떻게 읽느냐?" (눅 10:26)고 물으신 것을 해석자 자신에게 물어야 한다.

비유를 해석하는데는 두 가지[6]가 있다. 하나는 실제적 해석이요 다른 하나는 상징적 해석이다. 비유는 의미를 가감하지 않고 있는 것 그대로 읽을 수도 있고, 좀 더 깊으면서 좀 덜 분명하게 보이는 현실을 대표하고 있는 것으로도 읽을 수 있는 양면성을 가지고 있다. 하나의 실례로 욥을 생각해보자. 욥은 자기 이외에는 아무 것도 나타내지 않는다. 그저 욥일 뿐이다. 그러나 동시에 욥은 그 자신에 더하여 인간의 삶에서 염증을 느끼는 모든 사람을 대표하는 상징도 된다.

곧 비유는 실제적인 의미와 상징적인 의미를 모두 가지고 있다. 그럼에도 불구하고 어떤 사람은 실제적인 의미만을 다루는데 그칠 수 있다. 그러나 이것이 마지막이 아님을 비유는 독자들의 마음속에 어떤 느낌을 준다. 곧 비유의 상징적인 의미를 찾아낼 것을 요구한다.

비유를 해석할 때는 그 속에서 언급된 것들의 의미를 찾아내는 것과 비유를 들은 청중이 누구인지를 밝히는 것이다. 이럴 때 비유해석의 과제는 다음의 세 가지[7]이다: 1) 비유를 반복하여 읽는 일 2) 예수께서 원래의 청중들이 간파하기를 기대하였던 내용을 찾아내는 일 3) 원래의 청중들이 그 이야기를 어떻게 이해하였어야 했는지 또 그들이 무엇을 들었어야만 했는지를 결정하도록 노력하는 일 등이다.

예수님의 비유는 이야기이다. 그러나 예수님의 비유에 대한 해석은 이야기를 해석할 때와 같은 일반적인 해석법 보다는 구체적인 법을 요구한다. 비유분석의 단계는 넷으로 나눌 수 있다. 여기에 제시된 네 가지 단계는 비

---

6) T. Long, *op. cit.*, 박영미 옮김, 173.

7) Gordon Fee & D. Stuart, *op. cit.*, 오광만 옮김, 205-208.

유를 해석하는데 있어 매우 중요한 방법이다.

첫째, 비유는 이야기로 대하는 단계이다. 이는 문자적인 내용을 이미지, 배경, 인물 그리고 사건으로 확인하고 재현(再現)하는 것을 포함한다. 비유는 옛날이야기의 구조와 같다. 즉, 갈등, 반복, 종결의 강조, 보편적 인물로 구성되어 있다. 그러나 이러한 단계의 비유는 너무 단순하여 사람의 흥미를 끌지 못하나 시작 단계로서 필요하다.

둘째, 비유의 내용을 우화적으로 혹은 상징적으로 해석하여야 하는지를 규명하는 단계이다. 비유에서 필요한 기술은 그 단어가 의미하고 있는 그대로 이중적 의미를 갖는 것이다. 예를 들면, 씨 뿌리는 비유에서 '씨를 뿌림' 은 복음을 전파하는 것이고 '다양한 토양' 은 복음을 듣는 사람을 나타내며, '열매를 맺고, 맺지 못함' 은 복음을 듣는 사람의 반응의 정도를 상징한다. 모든 비유의 세세한 부분은 상징적으로 해석되도록 의도된 것이다.

셋째, 상징적 의미를 규명하기 위하여 비유가 내포하고 있는 사상이나 주제를 규명하는 단계이다. 이것은 상징을 해석하는 것과는 다른 것이다. 씨 뿌리는 비유에서의 세세한 부분이 의미하는 것을 규명하기 위해서는 그 비유를 전체의 관점에서 해석하고자 해야 한다. 복음은 전파될 때 저항을 받는다. 듣는 사람주의 일부에게서 열매를 맺게 될 것이다. 구원은 복음을 듣는 사람의 반응에 달려있다.

넷째, 비유의 주제를 적용할 방법을 결정하는 단계이다. 그러기 위해서는 비유가 원(原) 수신자들에게 어떻게 적용되는지를 먼저 생각해야 한다. 그리고 그것이 오늘 우리에게 어떻게 적용될 수 있는지를 분석한다. 많은 경우에 비유의 주제는 매우 보편적인 것으로서 두 집단 모두에게 같이 적용된다. 씨 뿌리는 비유는 이러한 유형에 속한다. 우리가 하나님의 말씀의 전파에 대한 실제적인 기대를 갖는 것이 한가지의 적용이다. 모든 사람이 복음에 긍정적으로 반응하는 것은 아니다. 다른 한편, 일부 사람들이 긍정적으로 반응함을 인하여 용기를 얻게 된다. 주된 적용은 복음에 순종하게 하는 것이다. 이 비유의 핵심은 하나님의 말씀에 대한 반응을 생각하라는 것이다.

02_

비유 교수의 방법

비유는 어떻게 가르쳐야 효과적일까? 이 항(項)에서는 비유의 수사적인 효과와 비유를 가르치는 방법을 위한 실제적인 제안에 대하여 생각해보기로 한다.

1. 비유의 수사적인 효과

비유가 가지고 있는 세 가지 이미지 기능[8]중에서 첫째는 풍유화(암호)이

8) Thomas Long., *op. cit.*, 박영미 옮김, 181-187.

다. 비유를 암호로 본 것은 비유가 하나님의 나라를 풍유적으로 상징화함을 말하는 것이다. 풍유에서는 이야기 속에 등장하는 각 사항들이 이야기 밖에 있는 어떤 것들이나 사람 혹은 동물들을 표상한다. 즉, 마태복음 21:33-41을 읽을 때에 "포도원의 소작인들은 이스라엘을 나타내며, 사랑하는 아들은 예수님"으로 이해한다. 그러나 모든 비유를 다 이렇게 읽고 이해해서는 안 된다. 공관복음의 비유들은 풍유적이지 않다.

이러한 암호형식이 독자들에게 영향을 미치는 방법은 1) 암호는 독자들이 이미 알고 있고, 믿고 있는 바를 확실하게 확인하여 준다. 그러므로 독자들은 풍유의 본문들로부터 새로운 정보를 얻지 못하고, 이미 알고 있는 낡은 정보를 얻는다. 2) 암호는 독자들이 이미 알고 있고, 믿고 있는 것을 명확하게 해준다. 하나님과 이스라엘 사이의 관계를 아는 독자는, 이야기 속의 주인과 소작인의 관계를 '보게 된다.' 곧 그 관계를 명확하게 보게 된다. 3) 암호는 독자들의 자격이 내부 사람이라는 것을 증명하여 준다. 외부 사람들은 암호로 된 비유에 있는 실재적인 의미만을 받게 되고, 오직 내부 사람만이 상징적인 의미를 받게 된다. 암호로 된 비유를 읽고, 안다는 것은 그 사람이 충실한 신자임을 증명하는 것이다.

비유가 가진 이미지 기능 중에서 둘째는, 직유 혹은 단지(vessel)인데 19세기에는 비유를 암호의 개념에서 단지의 개념으로 교체되었다. 이는 "천국은 마치 …과 같다"의 형식이다. 곧 '…의 성격이 천국과 같다'는 것이다. 직유는 아는 것과 모르는 것이 하나의 교차점에서 결합한다. 이렇게 직유를 사용하는 비유들은 정확하게 단지라고 부르는데 그 이유는 그것들이 상징하고자 하는 심오한 현실에 있는 하나의 단면만을 가리키기 때문이다.

비유의 이미지 기능 중에서 셋째는, 은유(예술의 대상)인데 근래에 와서는 비유를 단지의 개념에서 예술의 대상으로 본다. 즉, 비유는 가르침을 주는 데에 강조를 둔 교육학적인 방법이 아니라 미적인 창작품들이다. 즉, 비유는 독자들을 여러 만남을 통하여 인간의 상황을 보고 이해하는 새로운 방법들을 도입한다는 것이다. 이러한 생각의 근거는 비유가 풍유나 직유가 아니라 은유라는 것이다. 즉, 비유는 하늘나라 그 자체에 관한 경험을 불러 일으키는 문학적인 힘을 가지고 있다는 말이다. 이 때 독자들은 자기들이 알고 있는 것을 확인하거나 배우겠다는 기대를 가지고 가는 것이 아니라 그 비유 안으로 끌려 들어가서 그 하늘나라가 주장하는 바를 경험하기를 기대한다.

비유의 이러한 세 가지 이미지 기능은 서로 경쟁하기보다 독자들이 비유를 읽을 때 함께 사용하면 비유들의 문학적인 범위를 훨씬 더 생산적이고 참된 것이 되게 한다. 공관복음의 비유들은 위의 세 가지 이미지가 가지고 있는 수사적인 형태의 예들을 다 포함하고 있다. 그러므로 독자들은 어떤 비유를 대할 때에, 그것을 무엇으로 읽을 것인가를 물으면서 비유에 접근해야 한다. 곧 암호로 읽을 것인가, 단지로 읽을 것인가, 예술의 대상으로 읽을 것인가, 아니면, 이 세 가지가 조금씩 혼합된 것으로 읽을 것인가를 생각해야 한다.

2. 비유 교수방법

비유를 가르치기 위해서는[9] 먼저 묘사부분을 다루어야 한다. "하나님의 말씀이 어떻게 내 발의 등불이 되는가"를 단정하기에 앞서 우리는 등불을 가지고 어두운 밤길을 걸어가는 사람에 대한 그림을 그려야 한다. 직유나 은유는 비유이기 전에 하나의 이미지이기 때문이다. 성경교사는 하나의 사물을 다른 사물에 빗대어 의미를 전달하는 방식인 직유와 은유를 통하여 작가나 화자의 의도를 파악하도록 가르쳐야 한다.

9) Wilhoit & Ryken, *op. cit.*, 244-246.

좀 더 구체적으로는 비유의 해석원리를 통하여 교수방법을 찾을 수 있다. 즉, 비유의 중요한 핵심적 요점을 드러내 가르쳐야 한다. 선한 사마리아 사람의 비유에서 "누가 내 이웃인가"라는 물음에 대한 해답을 찾아야 한다. 두 번째로는 당시의 관점에서 가르쳐야 한다. 현대인들에게 '선한 사마리아 사람'은 동정심이 많은 사람, 다른 사람들을 돌봐주는 선한 사람으로 이해되지만 예수님 당시에는 다르게 이해되었다. 곧 유대인들의 멸시와 저주를 받는 사람들이었다. 세 번째로는, 비유를 말한 사람 곧 복음서의 비유에서는 예수님의 의도를 드러내어 가르쳐야 한다. 곧 선한 사마리아 사람의 비유는 우리 이웃을 사랑해야 한다는 것에 그치는 것이 아니라 우리의 사랑은 무조건적이어야 하며 무한한 것이어야 함을 말한다. 그러므로 선한 사마리아 사람의 비유를 가르칠 때는 버림받은 사람들을 사랑해야 한다는 교훈의 관점에서 가르쳐야 한다.

03_ 비유 교수의 실제

여기에서는 먼저 위에서 논의한 비유 교수방법 곧 비유의 특징, 해석방법 그리고 그 기능에 기초하여 그 시대적인 상황 안에서 그 의미를 찾아내는 방법의 실제를 제시하려고 한다. 이를 위하여 본문은 마태복음 13:1-9, 18-23을 선택하였고 그 대상은 유년부[10]로 제한하였다.

〈교수내용〉

예수님께서 갈릴리 바닷가로 나가셨어요. 바다는 잔잔하고 물새들이 노래했어요. 사람들이 모여들었어요. 예수님께서는 바닷가에 있는 배위로 올

10) 대한예수교장로회총회, 《주일학교 계단공과 말씀 믿음 삶》, 유년부 3, 3/4학기, 2001.

라가셨어요. 사람들에게 하나님의 나라를 가르쳐 주셨어요.

예수님은 씨 뿌리는 이야기를 해주셨어요: "농부가 씨를 뿌리러 밭으러 갔어요. 어떤 씨는 길가에, 어떤 씨는 돌밭에, 어떤 씨는 가시떨기에, 어떤 씨는 좋은 땅에 떨어졌어요.

길가에 떨어진 씨는 새가 와서 먹어 버렸어요. 돌밭에 떨어진 씨는 뿌리가 없어서 말라 버렸어요. 가시떨기에 떨어진 씨는 가시 때문에 자라지 못하였어요. 그러나 좋은 땅에 떨어진 씨는 백 배, 육십 배, 삼십 배의 열매를 맺었어요."

사람들은 귀를 기울여 열심히 듣고 있었어요. 제자들은 예수님의 말씀의 뜻을 알 수가 없었어요. 그래서 예수님께 물어 보았어요

예수님은 친절하게 가르쳐 주셨어요. "하나님의 말씀을 배우고도 깨닫지 못하면 씨를 뿌리고도 열매를 맺지 못하는 밭처럼 되고, 말씀을 듣고 잘 배우면 많은 열매를 맺는 좋은 밭처럼 된다"고 하셨어요.

제자들은 머리를 끄덕이면서 좋은 땅과 같은 좋은 마음이 되어야겠다고 다짐하였어요.

참고문헌

Archer, Gleason L., *Encyclopedia of Bible Difficulties*, Grand Rapids Mich. : Zondervan Publishing House, 1982.

Avery, Margaret, *Teaching Scripture*, Wallington, Surrey, UK: The Religious Education Press, Ltd., 1951.

Blair, Christine Eaton, *The Art of Teaching the Bible*, Louisville, KY: Geneva Press, 2001.

Bowman, Raymond A., "The Book of Ezra and the Book of Nehemiah" in *Interpreter's Bible*, III, Abingdon. 19XX.

Bruce, Barbara, *7 Ways of Teaching the Bible to Children*, Nashville, Tenn.: Abingdon Press, 1996.

Chisholm, Robert B. Jr., *Interpreting The Historical Books: An Exegetical Handbook*, Grand Rapids, Mich.: Kregel Publications, 2006.

Cohen, A., *Proverbs*, London: Socino Press, 1961.

Coleman, Lucien E. Jr., *How to Teach the Bible*, Nashville, Tenn.: Broadman Press, 1979.

Conyers, A. J., *How to read the Bible* (Downers Grove), IL, Inter Varsity Press, 1986, 정옥배 역, 《어떻게 성경을 읽을 것인가?》, 한국기독학생회 출판부, 1989.

DeWelt, Don., *Sacred History and Geography-Workbook and Teaching Manual on the Seventeen Historical Books of the Old Testament*, Grand Rapids, Mich.: Baker Book House, 1956.

Doty, William G., *Letters in Primitive Christianity*, Philadelphia: Fortress

Press, 1973.

Dunbar, Howard, Mildred Marcett, and Frank McCloskey, *A Complete to Good Writing*, N.Y.: D. C. Heath, 1951.

Enslin, Morton Scott, *Christian Beginnings*, New York and London: Harper and Brothers Publishers, 1938.

Fee, Gordon D., & Douglas Stuart, *How to Read the Bible for All Its Worth*, Grand Rapids, Mich.: Zondervan Corporation, 1982., 오광만 역, 《성경을 어떻게 읽을 것인가》, 서울: 성서유니온, 2000.

Fountain, Thomas E., *Keys to Understanding and Teaching Your Bible*, Nashville, Tenn.: Thomas Nelson Publishers, 1983.

Gardner, Howard, *Frames of Mind: The Theory of Multiple Intelligences*, New York: Basic Books, 1983.

Garrett, Duane H., *Proverbs, Ecclesiastes, Song of Songs*, Nashville: Broadman Press, 1993.

Gate, Robert L., *An Introduction to The Historical Books of the Old Testament*, Nashville, Tenn.: Broadman & Holman Publishers, 1994.

Geisler, Norman L. & William E. Nix, *A General Introduction to the Bible*, revised and expanded, Chicago: Moody Press, 1986.

Green, Thomas F., *The Activities of Teaching, McGraw*-Hill Kogakusha Ltd., 1971.

Greidanus, Sidney, *The Modern Preacher and the Ancient Text: Interpreting and Preaching Biblical Literature*, Grand Rapids, Mich.: William B. Eerdmans Publishing Company, 1988.

"선지서 설교를 위한 지침들", 《그말씀》, 서울: 도서출판 두란노, 1997. 6.

Halverson, Delia, *New Ways to tell the Old, Old Story*, Nashville, Tenn.: Abingdon Press, 1992.

Harper, Norman E., *Making Disciples*, 이승구 역, 《현대기독교교육》, 서울: 도

서출판 엠마오.

Hayes, John H., *Introduction to the Bible*, Philadelphia: The Westminster Press, 1976.

Hirst, Paul H., *The Logic of Education*, London: Routledge and Kegan Paul, 1970.

C. R. Jaarsma, R. H. Postma & J. Tuls, *Outline of sacred History*, Grand Rapids, MI: The Van Noord book and Publishing Co.

Kidner, Derek, *Proverbs: an Introduction and Commentary*, Tyndale Old Testament Commentaries, Downers Grove, Ill.: InterVarsity Press, 1964.

Lane, Dennis, "선지서를 어떻게 설교할 것인가", 《그말씀》, 1997. 6. Lazareth, William H. and Ralph O. Hjelm, *Helping Youth and Adults Know Doctrine*, Philadelphia, Penn.: The Lutheran Church Press, 1963.

Lewis, C. S., "The Language of Religion" in *Christian Reflection*, Grand Rapids, Mich.: Eerdmans, 1967.

Lohse, Eduard, *The New Testament Environment*, (tr.) by John E. Steely, Nashville, Tenn.: Abingdon, 1974 revised.

Long, Thomas G., *Preaching and the literary forms of the Bible*, Philadelphia: Fortress Press, 1989. 박영미 옮김, 《성서의 문학유형과 설교》, 대한기독교서회, 1995.

Longman, Tremper III, *Literary Approaches to Biblical Interpretation*, Grand Rapids, Mich.: Academie Books, 1987.

Magalit, Leticia A., *How to Lead Bible Studies*, 정재영 옮김, 《효과적인 성경공부》, 서울: 한국기독학생회 출판부, 1985.

Martin, Charles G., "Proverbs" in *The New Layman's Bible Commentary*, (ed.) by G. L. D. Howley, F. F. Bruce, and H. L. E. Ellison, Grand Rapids, Mich.: Zondervan Publishing House, 1979.

Martin, Ralph, *Mark: Evangelist and Theologian*, Grand Rapids, Mich.:

Zondervan, 1972.
Mickelsen, A. Berkeley, *Interpreting The Bible*, Grand Rapids, Mich. Wm. B. Eerdmans Publishing Company, Reprint 1991.
Monroe, Alan H., *Principles and types of Speech*, Scott Foresman and Company, 1939.
Murray, A. Victor, *Teaching the Bible especially in Secondary Schools*, Cambridge: Cambridge University Press, 1955.
Murray, Dick, *Teaching the Bible to Adults and Youth, Nashville*, Tenn.: Abingdon Press, 1987.
Ourisman, Davis J., *From Gospel to Sermon: Preaching Synoptic Texts,* St. Louis, MO: Chalice Press, 2000.
Perrin, Norman, *The New Testament: An Introduction*, NY: Harcourt Brace Jovanovich, 1974.
Pierce, Rice A., *Leading Dynamics Bible Study*, Nashville, Tenn.: Broadman Press, 1969.
Price, J. M., *Jesus the Teacher*, Nashville, Tenn.: The Sunday School Board, Southern Baptist Convention, 1946.
Richards, Lawrence O., *Creative Bible Teaching*, Chicago: Moody Press, 1971.
Scheffler, Israel, *Conditions of Knowledge*, University of Chicago Press.
Shaheen, David, *Growing a Jr. High Ministry*, Loveland, Colorado: Group Books, 1986.
Smith, Christian & Melinda Lundquist Denton, *Soul Searching: The Religion and Spiritual Lives of American Teenagers*, Oxford: Oxford University Press, 2005.
Sproul, R. C., *Knowing Scripture*, Downers Grove, Ill.: Intervarsity Press, 1978.
J. David Stone, *The Complete Youth Ministries Handbook* Vol. 1, Nashville,

Tenn.: Abingdon Press, 1979.
Swindoll, Charles S., *The Gift of God, Anaheim*, CA: Insight For Living, 1992.
Towns, Elmer L., *Teaching Teens*, Grand Rapids, Mich.: Baker Book House, 1965.
Tremper Longman III, *How to read the Psalms*, 한화룡 옮김, 《시편을 어떻게 읽을 것인가?》, 서울: 한국기독학생회 출판부, 1989.
Vos, Howard F., *Effective Bible Study*, Grand Rapids, Mich.: Zondervan Publishing House, 1956.
Wendt, Harry, *Leader's Manual for Crossways*, Minneapolis, MN: Crossways International, 1994.
Wilder, Amos, *Early Christian Rhetoric*, Cambridge: Harvard University Press, 1971.
Wilhoit, James C. & John M. Dettoni, *Nurture that is Christian*, Wheaton, Ill.: A Bridgepoint Book, 1995.
Wilhoit & Ryken, *Effective Bible Teaching*, Grand Rapids, MI: Baker Book House, 1996, 최예자 외역, 《성경을 효과적으로 가르치는 비결》, 도서출판 프리셉트, 1996.
Zuck, Roy B., *Basic Bible Interpretation*, Wheaton, Ill.: Victor Books, 1991.
_________, *Precious in His Sight*, Grand Rapids, Mich.: Baker Books, 1996.
_________, *Spiritual Power In Your Teaching*, Chicago: Moody Press, 1971, 권성수 역, 《성령과 교육》, 지혜문화사, 1982.
http// www.I-ksta.org.
1994년 대한예수교장로회 총회 《새공과》 원고.
대한예수교장로회총회, 《주일학교 계단공과 말씀 믿음 삶》, 유년부 1, 3/4학기, 1999.
대한예수교장로회총회, 《주일학교 계단공과 말씀 믿음 삶》, 초등부 2, 3/4학기, 2001.

대한예수교장로회총회, 《주일학교 계단공과 말씀 믿음 삶》, 초등부 3, 3/4학기, 2001.

대한예수교장로회총회, 《주일학교 계단공과 말씀 믿음 삶》, 청년2부 2, 3/4학기, 2001.

최병태, 《교육의 비유적 설명에 관한 연구》, 서울대대학원, 미간행 논문, 1981.

하루야마 시게오(春山茂雄), 腦內革命, 박해순 역, 《뇌내혁명 2》, 서울: 사람과 책, 1997.

한춘기, 《교회교육, 그 이론과 실제》, 서울: 총신대학교 출판부, 2000.

제목색인

인명색인